Wirtschaftspolitik

Hans Peter Grüner

Wirtschaftspolitik

Allokationstheoretische Grundlagen und politisch-ökonomische Analyse

8., überarbeitete, erweiterte und aktualisierte Auflage

Hans Peter Grüner
Heidelberg, Deutschland

ISBN 978-3-662-63690-9

Die Deutsche Nationalbibliothek verzeichnet diese Publikation in der Deutschen Nationalbibliografie; detaillierte bibliografische Daten sind im Internet über http://dnb.d-nb.de abrufbar.

Planung/Lektorat: Nora Valussi
Springer Gabler ist ein Imprint der eingetragenen Gesellschaft Springer-Verlag GmbH, DE und ist ein Teil von Springer Nature.
Die Anschrift der Gesellschaft ist: Heidelberger Platz 3, 14197 Berlin, Germany

À Carmen, Tim, et Charlotte

Vorwort zur achten Auflage

Die achte Auflage enthält einige Erweiterungen und Verbesserungen. Ich danke Carl-Christian Groh, Lukas Mahler, Marco Reuter und Linnéa Rohde für viele hilfreiche Kommentare.

Vorwort zur siebten Auflage

Die siebte Auflage enthält einige Verbesserungen und detailliertere Erklärungen. Ich danke Fabian Greimel und Inken Töwe für viele hilfreiche Kommentare.

Vorwort zur sechsten Auflage

Die sechste Auflage enthält einige Verbesserungen und detailliertere Erklärungen zu einzelnen Punkten. Der Abschnitt über Finanzsystemstabilität wurde deutlich erweitert. Er umfasst nun ein Modell zu Fristentransformation und Bank Runs und führt auf dieser Basis in regulatorische Fragen ein.

Vorwort zur fünften Auflage

Das Buch wurde überarbeitet, erweitert und aktualisiert. Dabei lege ich mehr Gewicht auf die Analyse spezieller Bereiche der Wirtschaftspolitik in Teil III. Trotz der Erweiterung des dritten Teils wird dort nur ein erster Einblick in wichtigen Teilbereiche der Wirtschaftspolitik gewährt, die jeweils eigene Lehrveranstaltungen verdienen. Angesichts teilweise kurzer Studiengänge mit wenig Zeit für solche Spezialveranstaltungen kann ein breiter Überblick aber durchaus sinnvoll sein. Das Buch ist deshalb weiterhin als eigenständige Grundlage für eine Einführung in die Wirtschaftspolitik in einem anspruchsvollen Bachelorstudium gedacht. Es kann aber auch in Verbindung mit der Lektüre weiterführender Literatur als ein Ausgangspunkt für einen Kurs im Masterstudium genutzt werden.

Ich danke Johannes Bubeck, Tobias Etzel, Felix Jarman und Christoph Siemroth und Studentinnen und Studenten der Universität Mannheim für viele hilfreiche Kommentare und Markus Richter für Hilfe beim Erstellen des PDFs.

Vorwort zur vierten Auflage

Das Buch wurde an vielen Stellen überarbeitet, erweitert und aktualisiert. Zu einigen Übungsaufgaben im Text werden jetzt Lösungsansätze mitgeliefert, und es gibt eine Reihe neuer Übungsaufgaben. Neu sind die Abschnitte über fiskalische Nachhaltigkeit und über Geldpolitik und Finanzsystemstabilität. Ich danke Jana Friedrichsen und Philipp Zahn für eine Reihe hilfreicher Anmerkungen.

Vorwort zur dritten Auflage

Die dritte Auflage enthält eine Reihe von Verbesserungen, detailliertere Erklärungen und aktualisierte Referenzen.

Vorwort zur zweiten Auflage

Die zweite Auflage enthält eine Reihe von Verbesserungen, detailliertere Erklärungen und zusätzliche Übungsaufgaben. Hinzugekommen ist ein Abschnitt über Wettbewerbspolitik und eine detailliertere Analyse der Informationsaggregation im politischen Prozess. Ich danke neben den Studierenden meiner Vorlesungen in Mannheim auch Tobi Klein und Elisabeth Schulte für hilfreiche Anmerkungen und Mirjam Ehler für Hilfe beim Erstellen des Textes.

Vorwort

Dieser Text vermittelt einen Zugang zur theoretischen Forschung über das Zustandekommen wirtschaftspolitischer Entscheidungen. Der Text hat drei Teile: Der erste Teil stellt in knapper Form die allokationstheoretischen Grundlagen dar, die bei der Diskussion von Wirtschaftspolitik nützlich sind. Zunächst werden mögliche Zielsetzungen staatlicher Wirtschaftspolitik diskutiert. Anschließend gehen wir anhand einiger Beispiele der Frage nach, wo die Grenzen staatlichen Wirtschaftens gezogen werden sollten. Der zweite Teil des Textes beschäftigt sich mit einem anderen theoretischen Ansatz der Analyse wirtschaftspolitischer Entscheidungen. Hier geht es um die Frage, warum in einer Demokratie bestimmte wirtschaftspolitische Entscheidungen getroffen werden. Zunächst werden grundlegende formale Modelle demokratischer Entscheidungsprozesse dargestellt. Ein besonderes Schwergewicht dieser politisch-ökonomischen Analyse liegt auf Theorien, die das Zustandekommen oder das Scheitern von Reformen untersuchen. Ebenfalls werden wir in diesem Teil theoretische Modelle der politischen Einflussnahme von Interessengruppen vorstellen. Im dritten Teil des Textes werden schließlich Anwendungen der politökonomischen Grundmodelle auf wichtige wirtschaftspolitische Entscheidungen vorgestellt.

Der Inhalt des Textes ergänzt den Stoff, der gemeinhin in Lehrbüchern zur Makroökonomik behandelt wird, um eine allokationstheoretische und politökonomische Analyse. Der größere Teil des Textes beschäftigt sich mit der politisch-ökonomischen Analyse der Wirtschaftspolitik. Diese Wahl wurde getroffen, da sich gerade im letzten Jahrzehnt auf diesem Gebiet eine Menge getan hat. Die Auswahl der Anwendungen im dritten Teil ist dabei eklektisch. Die ausgewählten Bereiche der Wirtschaftspolitik, die hier behandelt werden, betreffen die Bereiche der Fiskalpolitik, der Wachstumspolitik, der Geldpolitik und der Arbeitsmarktpolitik.

Zum Verständnis des Textes ist der Besuch der Einführungsveranstaltungen in Mikro- und Makroökonomie oder die Lektüre entsprechender einführender Lehrbücher notwendig. Vorkenntnisse in Spieltheorie sind sehr nützlich, sie sind aber zum Verständnis des Textes nicht unbedingt erforderlich, da alle notwendigen spieltheoretischen Konzepte auf dem Wege in knapper Form erläutert werden. Dennoch ist eine vertiefende Einführung wünschenswert. Hierfür sind Leser auf die Bücher *Spieltheorie* von Jürgen Eichberger oder *Games in Business and Economics* von Roy Gardner verwiesen. Schwierigere Passagen dieses Textes sind durch einen Stern (*) in der Überschrift gekennzeichnet.

Ich danke den Studentinnen und Studenten der Universitäten Bonn und Mannheim, die mir mit Kritik früherer Versionen dieses Textes weitergeholfen haben. Mein Dank gilt auch Silke Becker, Martina Behm, Carsten Hefeker, Alexandra Kiel, Ursula Nurgenç und Kerstin Tullius für ausführliche und sehr nützliche Kommentare.

Inhaltsverzeichnis

KAPITEL 1

Einführung

In diesem Text geht es um Wirtschaftspolitik. Unter Wirtschaftspolitik wollen wir all jene Maßnahmen des Staates verstehen, die sich auf das wirtschaftliche Geschehen, also auf die Allokation von Produktionsfaktoren im Produktionsprozess sowie die Distribution von Gütern, richten. Zwei Sichtweisen der Wirtschaftspolitik werden der Reihe nach ergriffen. Zunächst wird untersucht, wie sich staatliche Politik auf das wirtschaftliche Ergebnis auswirkt und welche Ergebnisse für einen Staat überhaupt erreichbar sind. Verbindet man diese Sichtweise mit vorgegebenen Zielvorstellungen, so lässt sich aus dieser Perspektive auch nach einer optimalen Wirtschaftspolitik suchen. Die zweite Sichtweise betrachtet hingegen das politische System, welches Wirtschaftspolitik hervorbringt, selbst als Teil des Allokationsprozesses. Bei dieser Sichtweise werden alleine die durch die Verfassung beschriebenen Grundregeln als vorgegeben angesehen. Diese zweite Sichtweise ermöglicht es, das Zustandekommen von Wirtschaftspolitik zu analysieren und das Verfehlen von Zielen zu verstehen.

1.1 Analyse möglicher Ergebnisse der Wirtschaftspolitik

Die erste Sichtweise geht von einem hypothetischen Staat aus, der nicht Teil des Wirtschaftsgeschehens ist und Handlungen im Hinblick auf „die Wirtschaft" ergreift. Dieser Staat kann Regeln festsetzenden, und ist mit einem kostenlosen Gewaltmonopol ausgestattet. Das Gewaltmonopol ermöglicht es, die Einhaltung der Regeln durchzusetzen. Unter diesen Annahmen kann man untersuchen, welche Möglichkeiten dem Staat gegeben sind, um die Allokation von Ressourcen zu steuern. Legt man bestimmte Wertvorstellungen zugrunde, so lässt sich dann auch die Frage nach einer optimalen Wirtschaftspolitik stellen. Typische Fragestellungen, die aus dieser Sichtweise erwachsen, sind: Welche Allokationen der Ressourcen kann der Staat erreichen? Welche Auswirkungen hat ein staatlicher Eingriff auf das

© Springer-Verlag GmbH Deutschland, ein Teil von Springer Nature 2022
H. P. Grüner, *Wirtschaftspolitik,* https://doi.org/10.1007/978-3-662-63691-6_1

Marktgeschehen? Welche wirtschaftspolitischen Ziele gibt es? Welche Zielkonflikte sind zu berücksichtigen? etc.

Bei dieser Analyse wird in diesem Text ein besonderes Gewicht auf die Abgrenzung von Staat und Markt gelegt. Bestimmte Grundregeln, die die Allokation der Ressourcen in einer Ökonomie bestimmen, kann man dabei als das „Wirtschaftssystem" konstituierend ansehen. Viele Wirtschaftssysteme verlassen sich auf eine marktwirtschaftliche Ordnung. Diese ist durch den staatlichen Schutz der Eigentumsrechte an Ressourcen und durch die damit verbundenen Rechte zum Tausch charakterisiert.

Die Konzentration der Wirtschaftswissenschaften auf Märkte als Instrument zur Allokation von Ressourcen bedarf einer näheren Begründung. Die beiden Hauptsätze der Wohlfahrtstheorie können als eine wissenschaftliche Rechtfertigung der prominenten Stellung der Märkte in der Ökonomik gelten. Der erste Hauptsatz führt Bedingungen an, unter denen Marktgleichgewichte Pareto-optimal sind. Der zweite Hauptsatz gibt Bedingungen an, unter denen alle Pareto-Optima als Marktgleichgewichte gestützt werden können. Allerdings ist die marktwirtschaftliche Ordnung nur ein Mechanismus unter vielen möglichen, der zur Allokation von Ressourcen genutzt werden können. In einer interessanten Arbeit untersuchen zum Beispiel Michele Piccione und Ariel Rubinstein (2007) einen alternativen Mechanismus, den der „Dschungel-Ökonomie". Dieser Mechanismus basiert im Wesentlichen auf der Androhung von Gewalt. Piccione und Rubinstein zeigen, dass unter bestimmten Voraussetzungen alle sogenannten „Dschungel-Gleichgewichte" Pareto-optimal sind, d. h. dass ein analoges Resultat zum ersten Hauptsatz der Wohlfahrtstheorie gilt.[1] Die Analyse von Rubinstein und Piccione zeigt, dass Pareto-Optimalität auch durch einen recht archaischen Allokationsmechanismus erreicht werden kann. Zwar würden sich die Resultate vermutlich ändern, wenn man in einem entsprechenden Modell asymmetrische Informationen z. B. über die Anfangsausstattung einführt. Dieselbe Kritik kann man aber auch gegen über dem Arrow-Debreu-Gleichgewichtsmodell anbringen. Vor diesem Hintergrund zeigt sich, dass die beiden Hauptsätze der Wohlfahrtstheorie für sich genommen noch keine perfekte Rechtfertigung für eine marktwirtschaftliche Ordnung darstellen.

---

1   Betrachten Sie eine Bevölkerung von n Individuen, unter denen n verschiedene Objekte aufgeteilt werden müssen. Jedes Individuum hat eine strikte Präferenzordnung aus der Menge der Objekte und jedes Individuum kann nur Objekt konsumieren. Individuen sind mit einer Ausstattung an Macht x_i versehen. Individuen mit einer höheren Macht können solche mit einer niedrigeren Macht von einem Objekt verdrängen.

Eine stabile Allokation ist eine eindeutige Zuordnung von Objekten zu Individuen, die die folgende Bedingung erfüllen. Es gibt keine zwei Paare von Objekt und Individuum so dass jeweils ein Individuum das Objekt des anderen Individuums vorzieht und eine größere Ausstattung als dieses Individuum hat.

Tatsächlich gibt es bei einer strikten Präferenzordnung ein eindeutiges Gleichgewicht, wenn sich die Werte von x_i alle unterscheiden. In diesem Gleichgewicht wird zunächst das Individuum mit dem höchsten Wert von x das Objekt erhalten, das ihm am besten gefällt. Das nächste Individuum nimmt dann das aus seiner Sicht beste Objekt aus der Menge der verbleibenden Objekte usw. Es lässt sich zeigen, dass diese Zuordnung Pareto-optimal ist, so dass man sagen kann, dass dieses Gleichgewicht Pareto-optimal ist.

Wenigstens ist der Marktmechanismus aber ein prominenter Mechanismus, der sich in der historischen Entwicklung herausgebildet und über die Zeit hinweg Bestand hat. Alleine deshalb lohnt es sich schon, sich mit Märkten auseinanderzusetzen.

Ein wichtiges Teilgebiet der Analyse der Wirtschaftspolitik betrifft die Frage nach der Notwendigkeit eines wirtschaftspolitischen Eingreifens in den Marktprozess. Es gibt in der wissenschaftlichen Literatur eine ausgedehnte Diskussion, ob und wann der Markt eine effiziente Allokation der Ressourcen gewährleistet. Die allgemeine Gleichgewichtstheorie beschreibt eine Idealsituation, in der dies der Fall ist. Gelingt es dem Markt außerhalb dieser Idealsituation nicht, eine effiziente Allokation herbeizuführen, so spricht man von Marktversagen. Liegt Marktversagen vor, so stellt sich die Frage, ob der Staat durch einen anderen Mechanismus als den Marktmechanismus ein besseres Ergebnis erreichen kann. Dieser Problematik wollen wir uns anschließend annehmen. Dabei verfolgen wir einen informationsökonomischen Ansatz und sehen die Aufgabe einer Wirtschaftsordnung als die Zuordnung eines Ergebnisses zur Realisation oft nur dezentral verfügbarer Informationen.[2]

1.2   Politisch-ökonomische Analyse

Die zweite Sichtweise der Wirtschaftspolitik begreift Wirtschaftspolitik als Ergebnis eines ebenfalls zu analysierenden politischen Prozesses. Fragestellungen hier sind etwa: Wie kommt es zu Inflation? Weshalb verschulden sich Staaten? etc. Diese zweite Sichtweise wird oft mit dem Begriff der politischen Ökonomie belegt.

Welche Schwierigkeiten es macht, Wirtschaftspolitik ohne den politischen Prozess zu analysieren, verdeutlicht eine Analyse der folgenden typischen Definition: „Unter Wirtschaftspolitik versteht man jenen Teil der Staatspolitik, der sich auf die Gestaltung der Volkswirtschaft oder Teile derselben richtet."[3] Hier wird Wirtschaftspolitik über zwei weitere Begriffe definiert, den Staat und die Volkswirtschaft. Der Staat wird also idealerweise als etwas gesehen, das nicht Teil der Volkswirtschaft ist. Er generiert eine Politik, die sich auf die Volkswirtschaft richtet. Diese Politik ist die Wirtschaftspolitik. Die Schwierigkeiten einer solchen begrifflichen Trennung von Staat und Volkswirtschaft werden deutlich, wenn man sich Definitionen der Begriffe Volkswirtschaft und Staat zur Hilfe nimmt. So ist die Volkswirtschaft nach dem oben zitierten Lexikon „Die Gesamtheit aller unmittelbar oder mittelbar auf die Wirtschaft einwirkenden Kräfte." Dies legt nahe, dass der Staat als „ein durch repräsentativ aktualisiertes Zusammenhandeln von Menschen dauernd sich erneuerndes Herrschaftsgefüge, das die gesellschaftlichen Akte auf einem bestimmten Gebiet in letzter Instanz ordnet"[4] eben auch als Teil der Volkswirtschaft gesehen werden sollte. Poli-

---

2   Darauf, dass es in der Volkswirtschaftslehre nicht nur darum geht, optimale Ergebnisse auf Basis zentral verfügbarer Informationen zu berechnen, sondern dass es genau darum geht, damit umzugehen, dass das relevante Wissen nur dezentral verfügbar ist, hat Hayek (1945) hingewiesen.

3   Gablers Wirtschaftslexikon, 10. Auflage.

4   Reinhart Beck, Sachwörterbuch der Politik, 2., erweiterte Auflage.

tik ist aus dieser Sichtweise nur ein Teil des Bemühens der Menschen, knappe Ressourcen nutzen zu können.[5]

Die Idee, Staat und Wirtschaft als zusammen zu analysierende Einheiten zu begreifen, ist nicht neu. Bereits Plato hat in seiner Diskussion eines idealen Staates die wirtschaftlichen Verhältnisse der politischen Entscheidungsträger als Determinante ihrer Entscheidungen verstanden. Die Klasse der Herrschenden sollte nach Plato kein Eigentum besitzen und von den Bürgern nur eine Summe erhalten, die „zur Deckung der Jahresausgaben genügt"[6]. Auch wurde den Angehörigen der Herrschaftsklasse in Platos idealem Staat nicht das Recht gegeben, eine Frau zu haben oder eigene Kinder aufzuziehen. Diese Maßnahmen sollten den Einfluss wirtschaftlicher Zielen der Herrschenden auf ihre politischen Entscheidungen ausschließen. Bereits Plato hat also erkannt, dass die wirtschaftlichen Verhältnisse, in denen sich die Staatslenker befinden, von Bedeutung für das politische Ergebnis sind.

Andere Staatstheoretiker betrachten den Staat schlicht als ein Herrschaftsinstrument einer bestimmten Klasse. Thomas More erschien der Staat insgesamt als „eine Verschwörung der Reichen, die unter dem Vorwand des Gemeinwohls ihren eigenen Vorteil verfolgen und mit allen Kniffen und Schlichen danach trachten, sich den Besitz dessen zu sichern, was sie unrecht erworben haben, und die Arbeit der Armen für so geringes Geld als möglich für sich zu erlangen und auszubeuten. Diese sauberen Bestimmungen erlassen die Reichen im Namen der Gesamtheit, also auch der Armen, und nennen sie Gesetze."[7] Auch im Denken von Rousseau sind wirtschaftliche Verhältnisse und Staat eng verbunden. Die Abkehr vom idealisierten Naturzustand vollzieht sich nach Rousseau in zwei Schritten: der Erfindung des Eigentums und das Einsetzen einer Obrigkeit. Die Erfindung des Eigentums beschreibt Rousseau wie folgt: „Der Erste, dem es in den Sinn kam, ein Grundstück einzuengen und zu behaupten: ‚Das gehört mir!', und der Menschen fand, einfältig genug, ihm zu glauben, war der eigentliche Gründer der bürgerlichen Gesellschaft"[8] Die Obrigkeit entstand nach Rousseau, indem „der Reiche" vorschlug, sich zu vereinigen. Beide Schritte begreift Rousseau als unheilvoll. Die geschaffene staatliche Macht artet in Willkür aus und schränkt die Freiheit großer Teile der Bevölkerung ein. Bei Rousseau ist also das Entstehen des Staates an das Entstehen des Eigentums und damit an die Wirtschaft gebunden.

Nicht nur bei der Analyse der Allokation in einem Feudalsystem wäre die Vernachlässigung des Zusammenhangs von Staat und Wirtschaft ein Fehler. Auch in einem demokratischen System ist die Verteilung von Ressourcen nur zu verstehen, wenn Politik und Wirtschaft gemeinsam analysiert werden. Typische Fragestellungen, die aus dieser Sichtweise erwachsen, sind: Weshalb kommt es zu hoher Inflation, zu Arbeitslosigkeit oder zu Staatsverschuldung? Weshalb gelingt es nicht, bestimmte wirtschaftspolitische Reformen durch-

---

5   Der Staat kann schon alleine deshalb nicht als unabhängig von der Wirtschaft gesehen werden, da das Gewaltmonopol nur durch individuelle Entscheidungen erhalten bleibt, die gerade im Hinblick auf wirtschaftliche Bedingungen getroffen werden.

6   Platon, Staat. Zitiert nach Störig, kleine Weltgeschichte der Philosophie, 13. erw. Auflage, S. 170.

7   More, Utopia. Zitat entnommen aus Störig: Kleine Weltgeschichte der Philosophie, 295 f.

8   Zitiert nach Störig: Kleine Weltgeschichte der Philosophie, S. 375.

zuführen? Welche Rolle für die Allokation von Ressourcen spielt die Einflussnahme von Interessengruppen im politischen Prozess? Die politisch-ökonomische Analyse liefert dabei zunächst keine Anhaltspunkte für die Bestimmung einer wünschenswerten Wirtschaftspolitik, da sie das Entstehen von Wirtschaftspolitik nur erklärt. Diese Analyse kann allerdings bei der Konstruktion der Entscheidungsregeln in einer Verfassung nützlich sein, denn sie hilft zu verstehen, wie sich bestimmte konstitutionelle Regeln auf das politische Ergebnis auswirken.

Die Tatsache, dass politische Entscheidungen tatsächlich nicht unabhängig von wirtschaftlichen Interessen getroffen werden, bedeutet aber nicht, dass die Analyse der Auswirkungen einer exogenen Wirtschaftspolitik uninteressant wäre. Eine solche Analyse ist erstens als Grundlage für jede Diskussion über Wirtschaftspolitik erforderlich. Zweitens ist sie notwendig, um bei einer politisch-ökonomischen Analyse die Interessenlage der Akteure zu identifizieren. Schließlich liefert die normative Analyse Vorgaben, die bei der Konstruktion einer Verfassung Berücksichtigung finden können. Tatsächlich fallen aus formaler Sicht die Analyse einer optimalen Staatsverfassung und die Analyse einer optimalen regelgebundenen Wirtschaftspolitik zusammen. In der Folge sollen daher beide Sichtweisen zum Zuge kommen.

Literatur zu Kapitel 1

– Hayek, Friedrich August (1945) „The Use of Knowledge in Society", *American Economic Review,* 35, 519–530.
– Piccione, Michele und Ariel Rubinstein (2007) „Equilibrium in the Jungle", *Economic Journal,* 117, 883–896.

Teil I
Allokationstheoretische Grundlagen

KAPITEL 2

Ziele staatlicher Wirtschaftspolitik

In diesem Kapitel werden einige wichtige Zielvorgaben staatlicher Wirt- schaftspolitik vorgestellt. Mögliche Zielvorgaben werden oft in sogenannte Hauptziele und Unter- oder Zwi-
schenziele eingeteilt. Zu den so beschriebenen Hauptzielen zählen Effizienz, Gerechtigkeit
und Freiheit, die im Folgenden zunächst besprochen werden. Im Anschluss wird der Bezug
der Unterziele (etwa Vollbeschäftigung oder Preisniveaustabilität) zu den Hauptzielen diskutiert.

2.1 Effizienz

Die Wirtschaftstheorie geht meistens von unveränderlichen Präferenzen der Individuen über
mögliche Ergebnisse als dem Ausgangspunkt aller Überlegungen über kollektive Entscheidungen aus. Präferenzen werden also durch die Theorie nicht in Frage gestellt und ihre
Herkunft wird nicht weiter analysiert.

Auf der Basis vorgegebener Präferenzen lassen sich verschiedene normative Konzepte
aufbauen, die letztlich zur Beurteilung der Wirtschaftspolitik herangezogen werden können. Das am wenigsten umstrittene Konzept ist sicherlich das der Pareto-Effizienz (oder
Pareto-Optimalität) eines kollektiv auszuwählenden Ergebnisses x aus einer Menge möglicher Ergebnisse X. Ist ein Ergebnis x gegenüber einem zweiten Ergebnis x' Pareto-
inferior, so liegt es nahe, x als wünschenswertes Ergebnis zu verwerfen, da niemand durch
Alternative x' schlechter gestellt und einige bessergestellt würden. Es liegt also nahe, nur
Pareto-optimale Ergebnisse als wünschenswert zu deklarieren. Die Pareto-Optimalität eines
möglichen Ergebnisses sollte also eine notwendige Bedingung dafür sein, dass es als erstrebenswert betrachtet werden kann.

Unter Umständen ist das Kriterium der Pareto-Optimalität aber zu stark, um wirtschaftspolitische Vorgaben zu machen. Dies ist der Fall, wenn beim Vorliegen privater Information
bestimmte Ergebnisse, die unter voller Information erreichbar wären nicht erreichbar sind.

© Springer-Verlag GmbH Deutschland, ein Teil von Springer Nature 2022
H. P. Grüner, *Wirtschaftspolitik,* https://doi.org/10.1007/978-3-662-63691-6_2

Wir werden später ein schwächeres Effizienzkriterium kennenlernen, das der beschränkten Pareto-Optimalität, welches dieser Tatsache Rechnung trägt und lediglich verlangt, dass bezogen auf die Menge der bei eingeschränkter staatlicher Information überhaupt erreichbaren Ergebnisse ein Pareto-Optimum vorliegt.

Sofern private Information vorliegt, ergibt sich noch eine weitere Problematik. Allokationsprobleme werden dann komplizierter, weil das gewünschte Ergebnis von der Realisation der Information der Akteure abhängt. Genau das macht ökonomische und institutionenökonomische Fragestellungen oft erst richtig interessant. Man denke nur etwa daran, dass bei einer Auktion das zu verteilende Objekt am besten an das Individuum gegeben werden sollte, das die höchste Zahlungsbereitschaft für dieses Objekt hat. Die Zahlungsbereitschaft der Individuen ist oft ihre private Information. Die Zuordnung des Objektes sollte von der Realisation der privaten Information aller Beteiligten abhängen. Bei der Vergabe öffentlicher Aufträge ist zu wünschen, dass derjenige, der das Projekt zu den niedrigsten Kosten realisiert, den Zuschlag bekommt. Auch hier sind die Kosten oft private Information, und das Ergebnis sollte von der privaten Information abhängig gemacht werden. Ebenso ist es bei der Regulierung eines Monopols sinnvoll, dass die produzierte Menge von den Herstellungskosten des Monopolisten abhängt, über die dieser besser als andere informiert ist. Ohne eine solche informationsabhängige Entscheidung ist Effizienz nicht zu erreichen.

Abhängig von der jeweiligen Realisation privater Information sind oft unterschiedliche Zustände Pareto-optimal. Wenn ein Ergebnis jeweils bezogen auf die private Information der Individuen effizient sein soll, nennt man dieses informationsabhängige Ergebnis ex-post-effizient. Ex-post-Effizienz verlangt also, dass für jede Realisation von privater Information das Ergebnis, das realisiert wird, Pareto-optimal ist. Ein Pareto-Optimales Ergebnis existiert dann also in der Regel nicht mehr universell, sondern es ist nur noch informationsabhängig definiert.

2.2   Gerechtigkeit

Neben dem Effizienzziel wird als ein weiteres Ziel staatlicher Wirtschaftspolitik oft das Ziel der Gerechtigkeit genannt. Gerechtigkeitsvorstellungen können in einer sozialen Präferenzrelation zum Ausdruck gebracht werden. Eine solche soziale Präferenzrelation gibt an, ob ein Ergebnis x als besser oder als gerechter angesehen werden kann, als ein anderes Ergebnis x'. Die Social-Choice-Theorie analysiert, ob sich individuelle Präferenzen über Ergebnisse in einer sinnvollen Art und Weise zu einer solchen sozialen Präferenzordnung aggregieren lassen. Mit sinnvoll ist hier gemeint, dass die Aggregation bestimmte axiomatisch gesetzte Kriterien nicht verletzt. In diesem Abschnitt soll ein Negativ-Resultat der Social-Choice-Theorie vorgestellt werden: Es handelt sich um Arrows Unmöglichkeitstheorem.

2.2.1 Arrows Unmöglichkeitstheorem

Kenneth Arrow hat gezeigt, dass eine Bewertung gesellschaftlicher Zustände, die alleine auf individuellen Präferenzen aufbaut, nicht möglich ist, ohne eines von drei naheliegenden Kriterien zu verletzen. Diese Kriterien sind die Berücksichtigung des Pareto-Kriteriums, die Unabhängigkeit von irrelevanten Alternativen und die Nicht-Diktatur.

Wir gehen von einer Welt aus, die mit einer Zahl I von Individuen bevölkert ist. Jedes dieser Individuen besitzt eine rationale, d. h. vollständige und transitive, Präferenzrelation $\succeq_i$ auf einer Menge möglicher Alternativen X. Die Menge aller möglichen rationalen Präferenzrelationen bezeichnen wir mit $\mathfrak{R}$. Ordnet ein Individuum alle Alternative streng, so gibt es also bei n Elementen in X eine Zahl von $n!$ möglichen Präferenzrelationen. Ein Profil individueller Präferenzen besteht aus I solcher Präferenzrelationen. Die Menge aller möglichen Profile ist also $\mathfrak{R}^I$. Ein soziales Wohlfahrtsfunktional ist eine Regel $F : \mathfrak{R}^I \rightarrow \mathfrak{R}$, nach der jedem beliebigen Profil individueller Präferenzen eine rationale soziale Präferenzrelation auf der Menge X zugeordnet wird.

Ein Beispiel für ein solches Wohlfahrtsfunktional ist die Borda-Regel (siehe auch Tab. 2.1). Sie ordnet (sofern alle Individuen nie zwischen zwei Alternativen indifferent sind) zunächst jedem Element von X seinen Rang in der Beliebtheit jedes einzelnen Individuums zu. Anschließend wird die Summe dieser Rangziffern gebildet. Elemente mit niedrigerer Summe werden schließlich sozial bevorzugt.

An ein soziales Wohlfahrtsfunktional kann man nun verschiedene Anforderungen stellen. Ein soziales Wohlfahrtsfunktional erfüllt das Pareto-Kriterium, wenn für beliebige Alternativen x_1 und x_2 und beliebige Präferenzenprofile die Alternative x_1 der Alternative x_2 vorgezogen wird, sobald x_1 von allen Individuen x_2 vorgezogen wird. Es ist leicht einzusehen, dass die Borda-Regel das Pareto-Kriterium erfüllt.

Ein soziales Wohlfahrtsfunktional erfüllt das Kriterium der Unabhängigkeit von irrelevanten Alternativen (IIA-Kriterium), wenn die soziale Auswahl zwischen zwei Alternativen

Tab. 2.1 Beispiel für die Anwendung der Borda-Regel

Alternative	x_1	x_2	x_3	x_4
Rang für Individuum 1	1	4	3	2
Rang für Individuum 2	3	4	2	1
Rang für Individuum 3	3	4	1	2
Borda-Summe	7	12	6	5
Rang nach Borda-Regel	3	4	2	1

x_1 und x_2 ausschließlich auf der Basis der Präferenzen zwischen diesen beiden Alternativen basiert. Es ist eine Übungsaufgabe zu zeigen, dass die Borda-Regel dieses Kriterium verletzt.

Schließlich gilt ein soziales Wohlfahrtsfunktional als nicht-diktatorisch, wenn die entstandene soziale Präferenzordnung nicht in jedem Fall mit der Präferenzrelation eines bestimmten Individuums zusammenfällt.

Das Unmöglichkeitstheorem von Arrow besagt, dass, sobald die Zahl der zur Verfügung stehenden Alternativen wenigstens drei beträgt, kein soziales Wohlfahrtsfunktional existiert, das zugleich das Pareto-Kriterium, das Kriterium der Unabhängigkeit von irrelevanten Alternativen und ein nicht-Diktatur Kriterium erfüllt.[1]

Es lohnt sich das Beispiel des Borda Count durchzugehen, um zu verstehen, dass diese Aggregationsvorschrift in der Tat eines der Arrow-Kriterien verletzt. Die einfache Mehrheitsregel verletzt keines der drei Kriterien. Allerdings erzeugt sie nicht immer eine transitive soziale Präferenzordnung (dieses Faktum nennt man das Condorcet-Paradox).

2.2.2   Wohlfahrtsfunktionen und interpersoneller Nutzenvergleich*

Unter bestimmten Voraussetzungen existiert zu einer Präferenzrelation eines Individuums auf einer Menge von Alternativen X eine sogenannte Nutzenfunktion. Diese Funktion ordnet jedem Ergebnis $x \in X$ eine reelle Zahl zu. Eine Nutzenfunktion zu einer Präferenzrelation nimmt genau dann für eine Alternative x_1 einen höheren Wert an als für eine Alternative x_2, wenn die Alternative x_1 gegenüber der Alternative x_2 strikt vorgezogen wird. Bewerten die Individuen eine bestimmte Entscheidung jeweils mit Nutzenfunktionen, so ergibt sich aus einer Entscheidung x ein Vektor von Nutzenwerten $(U_1(x), .., U_I(x))$. Die Zahl der Individuen ist dabei I. Eine soziale Wohlfahrtsfunktion W ist eine Funktion, die diesen Vektor in der Menge der reellen Zahlen abbildet:

$$W(U_1, .., U_I). \tag{2.1}$$

Analog zur Aggregation von Präferenzen, die wir im vorigen Abschnitt behandelt haben, kann man auch bei einer Darstellung von Präferenzen durch Nutzenfunktionen bestimmte Anforderungen an die Art und Weise stellen, wie individueller Nutzen aggregiert wird. Hier geht es nun also um Anforderungen, die an die soziale Wohlfahrtsfunktion gestellt werden. Eine erste Anforderung, die bereits in der Formulierung der Wohlfahrtsfunktion impliziert ist, lautet, dass für eine gemeinschaftliche Entscheidung alleine individuelle Präferenzen maßgeblich sind. Sind alle Individuen zwischen zwei Alternativen indifferent, so haben beide Alternativen auch denselben Wohlfahrtswert. Dies kommt darin zum Ausdruck, dass

---

1   Das Kriterium der nicht-Diktatur wird für diesen Satz etwas strenger gefasst. Da der Beweis recht kompliziert ist, soll hier auf eine Darstellung des Beweises verzichtet werden. Ein Beweis findet sich etwa im Lehrbuch von Mas Colell, Whinston und Green.

alleine die Nutzenwerte der Individuen Argumente der sozialen Wohlfahrtsfunktion sind. Es gibt also keine zusätzliche staatliche Präferenz, die nicht auf individuellen Präferenzen basiert.

Zu den prominentesten sozialen Wohlfahrtsfunktionen gehören die Benthamsche und die Rawls'sche Wohlfahrtsfunktion. Die Benthamsche Wohlfahrtsfunktion bildet die Summe der individuellen Nutzenwerte.

$$W^B(U_1, .., U_I) = \sum_{i=1..I} U_i. \tag{2.2}$$

Haben alle Individuen identische konkave Nutzenfunktionen im Einkommen, so maximiert die Gleichverteilung von Einkommen die Benthamsche Wohlfahrt.

Die Rawls'sche Wohlfahrtsfunktion ist durch das Minimum aller Nutzenwerte in der Ökonomie beschrieben. Ein Planer, der die Rawls'sche Wohlfahrtsfunktion zu maximieren trachtet, maximiert also den niedrigsten Nutzenwert in der Gesellschaft.

$$W^R(U_1, .., U_I) = \min\{U_1, .., U_I\}. \tag{2.3}$$

Ausgehend von Individuellen Nutzenfunktionen soll nun (analog zur Darstellung im vorigen Abschnitt) ein soziales Wohlfahrtsfunktional F allen möglichen Profilen individueller Nutzenfunktionen $(U_1(\cdot), .., U_I(\cdot))$ eine soziale Präferenzrelation auf der Menge X zuordnen. In diesem Sinne generiert jede soziale Wohlfahrtsfunktion ein soziales Wohlfahrtsfunktional. Von einem so generierten sozialen Wohlfahrtsfunktional kann man verlangen, dass es invariant bezüglich affiner Transformationen individueller Nutzenfunktionen ist. Das heißt, dass die sozialen Präferenzen, die sich aus den Nutzenfunktionen $(U_1(\cdot), .., U_I(\cdot))$ vermöge der Wohlfahrtsfunktion ergeben, sich nicht von denen unterscheiden, die sich aus den Nutzenfunktionen $(g(U_1(\cdot)), .., g(U_I(\cdot)))$ ergeben, wobei $g(U) = \alpha + \beta U$ ist. Das bedeutet, dass es keine Rolle spielen soll, welchen Sockelwert oder welche Skalierung die Nutzenfunktionen haben.

Gilt zusätzlich, dass die sozialen Präferenzen, die sich aus den Nutzenfunktionen $(U_1(\cdot), .., U_I(\cdot))$ vermöge der Wohlfahrtsfunktion ergeben, invariant gegenüber individuenspezifischen linearen Nutzentransformationen $g_i(U) = \alpha_i + \beta_i U$ sind, dann spricht man davon, dass das soziale Wohlfahrtsfunktional keine interpersonellen Nutzenvergleiche erfordert. Erfordert ein soziales Wohlfahrtsfunktional, das sich aus einer streng monoton steigenden und stetigen Wohlfahrtsfunktion ergibt, keine interpersonellen Nutzenvergleiche, so gilt aber, dass das Wohlfahrtsfunktional diktatorisch sein muss.[2] Wohlfahrtsfunktionen, die nicht diktatorisch sind, nehmen also im oben beschriebenen Sinn interpersonelle Nutzenvergleiche vor. Es zeigt sich also auch bei der Aggregation von Nutzenfunktionen, dass ohne den Versuch, das Wohlbefinden von Menschen messbar und vergleichbar zu machen, eine sinnvolle Diskussion der Bewertung von gesellschaftlichen Zuständen jenseits des

---

2   Siehe Proposition 22 D 2 in Mas Colell, Whinston und Green (1995). Dieses Resultat hat Arrows Unmöglichkeitstheorem als Korollar.

Effizienzkriteriums unmöglich ist. Lehnt man die Idee der Messbarkeit oder wenigstens der Vergleichbarkeit von Wohlbefinden ab, so erübrigt sich jede Diskussion über Gerechtigkeit.

2.3   Freiheit

Neben der Gerechtigkeit wird in der wirtschaftspolitischen Literatur oft auch das Ziel der Freiheit als ein eigenständiges Ziel staatlicher Wirtschaftspolitik genannt. Giersch (1961, S. 73) unterscheidet dabei zwischen formaler Freiheit, „die identisch ist mit der Gleichheit vor dem Gesetz und dem Schutz vor staatlicher Willkür" und materieller Freiheit als „dem Vermögen (...) selbst gesetzte Ziele zu erreichen". Aus individueller Sicht lässt sich der Begriff einer größeren materiellen Freiheit sowohl mit einer größeren Zahl von Auswahlmöglichkeiten als auch mit der Auswahl aus einer Menge von besseren Alternativen verbinden. Bezogen auf eine Gruppe von Individuen mit unterschiedlichen Interessen ist hingegen der Begriff der Freiheit als Ziel der Wirtschaftspolitik nicht leicht zu operationalisieren, da in vielen Fällen die so interpretierte materielle Freiheit eines Individuums in Widerspruch zu der Freiheit anderer Individuen steht. Wird etwa einem Individuum das Recht eingeräumt, über eine große Zahl von Sachverhalten zu entscheiden, so geht dieses Recht allen anderen verloren. Ähnlich ist die Selbstbestimmung über persönliche Informationen, die einem Individuum gewährt wird, zugleich damit verbunden, dass andere eben nicht über diese Informationen verfügen. Stehen die Freiheitswünsche verschiedener Individuen zueinander im Widerspruch, so müsste eine kollektive Entscheidungsregel zwischen diesen verschiedenen Freiheitswünschen abwägen. Ein solches Abwägen führt uns dann zu dem zuvor diskutierten Begriff der Gerechtigkeit.

Geht es hingegen darum, einen Bereich gesellschaftlich zu organisieren, in dem individuelle Freiheiten nicht miteinander im Widerspruch stehen, so ist das Ziel einer maximalen Freiheit trivialerweise dadurch erreichbar, dass man den Menschen möglichst große Auswahlmengen zur Verfügung stellt. Das Kriterium der materiellen Freiheit ist also zunächst aus Sicht einzelner Individuen von Bedeutung. Zur Beurteilung von Wirtschaftssystemen kann es ohne weitere Setzungen nur dort verwandt werden, wo die Freiheitsrechte verschiedener Individuen nicht miteinander im Widerspruch stehen. Andernfalls sind normative Setzungen bezüglich der gewünschten Verteilung von Freiheitsrechten erforderlich.

Freiheit als Staatsziel wird später eine Rolle spielen, wenn wir über die Freiwilligkeit der Teilnahme an staatlichen Mechanismen sprechen. Eine freiheitliche Ordnung kann in diesem Zusammenhang als eine Ordnung aufgefasst werden, die es Individuen gestattet, nicht an einem vorgegebenen Allokationsverfahren teilzuhaben. Eigentumsrechte garantieren etwa die Freiheit, ein Gut nicht abgeben zu müssen, wenn der gebotene Preis zu niedrig erscheint.[3] Wir werden bei der Diskussion des Myerson Satterthwaite Theorems sehen,

---

3   Da ein Allokationsmechanismus im Sinne der Mechanism-Design-Theorie nicht willkürlich entscheidet, liegt hier kein Widerspruch gegen das Kriterium formaler Freiheit vor, wie es oben

dass die Freiwilligkeit der Teilnahme das Erreichen des Effizienzziels erschweren kann. In diesem Sinne lässt sich also ein Widerspruch zwischen dem Ziel der Freiheit als Freiwilligkeit der Teilnahme und dem Effizienzziel herleiten.

2.4 Unterziele der Wirtschaftspolitik in einer Marktwirtschaft

Neben den oben beschriebenen Zielen der Pareto-Optimalität, der Gerechtigkeit und der Freiheit lassen sich eine Reihe spezifischer Ziele, die eine staatliche Autorität in einer an sich marktwirtschaftlichen Ordnung verfolgen kann, festlegen. Zu diesen sogenannten Unterzielen zählen insbesondere ein hohes wirtschaftliches Wachstum, ein hoher Beschäftigungsgrad, die Stabilität des Preisniveaus, das außenwirtschaftliche Gleichgewicht und Ziele im Hinblick auf die Verteilung von Einkommen und Vermögen. Im Folgenden soll der Bezug dieser Unterziele zu den Zielen der Effizienz und der Gerechtigkeit diskutiert werden.

Das Ziel eines hohen Wirtschaftswachstums scheint schon auf den ersten Blick ein sinnvolles Ziel zu sein, da Wirtschaftswachstum zukünftigen Wohlstand bedeutet. Jedoch steht es weder notwendig im Zusammenhang mit dem Ziel der Gerechtigkeit noch mit dem Ziel der Effizienz. Wirtschaftswachstum kann unter anderem durch Investitionen in physisches Kapital, Humankapital oder Innovationen generiert werden. Manche dieser Investitionen bedeuten aber gegenwärtigen Konsumverzicht. Wer sich ausbilden lässt kann zum Beispiel nicht gleichzeitig Freizeit konsumieren. Eine geschlossene Volkswirtschaft, die mehr spart kann weniger konsumieren. In theoretischen Wachstumsmodellen ist daher keineswegs eine Politik, die die Pro-Kopf-Wachstumsrate maximiert, immer diejenige, welche den Nutzen eines repräsentativen Individuums maximiert. Aus demselben Grunde kann sie auch nicht Pareto-effizient sein. Auch zum Ziel einer möglichst großen Gerechtigkeit muss das Ziel eines hohen Wirtschaftswachstums nicht notwendig in Bezug stehen. So kann etwa in einigen Modellen der Kreditrationierung ein Wachstumsschub erst dadurch ausgelöst werden, dass eine kleine Gruppe von Individuen in den Besitz einer hinreichend großen Menge von Startkapital gelangt. Anfängliche Ungleichheit ist dann nötig, damit einige Individuen in unternehmerischen Projekten Wachstumchancen realisieren. Geht man von einem extrem egalitären Gerechtigkeitsideal aus, so ist also eine wachstumsmaximierende Politik in einer solchen Situation nicht gerecht. Das Ziel hohen Wirtschaftswachstums kann also schwerlich ohne weitere Setzung aus den Oberzielen Gerechtigkeit und Effizienz abgeleitet werden.[4]

Leichter fällt dies bei dem Ziel eines hohen Beschäftigungsgrades. In den meisten ökonomischen Modellen ist unfreiwillige Arbeitslosigkeit nicht mit dem Effizienzziel vereinbar. Die einfachste Begründung hierfür liefern Modelle, in denen die Individuen kein Arbeits-

---

definiert ist. Allerdings stuft Giersch später sein Konzept formeller Freiheit ab und erfasst darunter auch die Freiheit vor regelgebundenen Eingriffen.

4 Darüber hinaus sollte man auch berücksichtigen, dass im Bruttoinlandsprodukt allerlei Relevantes nicht erfasst ist.

leid erfahren und deshalb Arbeit unelastisch anbieten. In einem solchen Modell verringert Arbeitslosigkeit den insgesamt zur Verteilung stehenden Output einer Ökonomie. Eine Erhöhung des Beschäftigungsstandes erhöht die Menge des verteilbaren Outputs und kann damit immer zu einer Pareto-Verbesserung genutzt werden. Arbeitslosigkeit kann also nicht Pareto-optimal sein. Auch in Modellen, in denen die Individuen Arbeitsleid erfahren, ist unfreiwillige Arbeitslosigkeit in der Regel nicht Pareto-optimal. Schließlich kann in der ungleichen Verteilung von Arbeit auch ein Gerechtigkeitsproblem gesehen werden, da sie das Kriterium der Gleichbehandlung gleicher Individuen offensichtlich verletzt. Wie wir jedoch in einigen späteren Abschnitten ausführlich diskutieren werden, kann Arbeitslosigkeit unter bestimmten Bedingungen auch Pareto-optimal sein. Dies ist gegeben, wenn Informationsasymmetrien die Ursache für Arbeitslosigkeit sind oder wenn Informationsasymmetrien eine Arbeitsmarktreform, die zur Beseitigung von Arbeitslosigkeit führen könnte, vereiteln.

Die Einschätzung, dass hohe Inflationsraten nicht mit Effizienz zu vereinbaren sind, lässt sich unter anderem durch Kosten der Inflation wie zum Beispiel die sogenannten Schuhlederkosten (Transaktionskosten, die durch ein häufiges Anpassen der Realkassenhaltung entstehen) oder auch Preisanpassungskosten begründen. Auch liegt die empirische Beobachtung vor, dass eine hohe Inflationsrate mit hoher Inflationsunsicherheit verbunden ist. Dies schafft Planungsunsicherheit, was sich auf die Wohlfahrt negativ auswirkt.

Das Ziel eines sogenannten außenwirtschaftlichen Gleichgewichts nicht ohne Weiteres auf das Ziel der Effizienz oder der Gerechtigkeit zurückzuführen. Schließlich kann ein scheinbar außenwirtschaftliches Ungleichgewicht, das zum Beispiel in der hohen Kreditaufnahme eines Landes zum Ausdruck kommt, nichts anderes als das Ergebnis einer effizienten intertemporalen Allokation von Ressourcen sein. Zur Verschuldung eines Landes kann es dann kommen, wenn die Bürger dieses Landes Konsum aus der Zukunft in die Gegenwart verlagern, während die Bürger eines anderen Landes das Umgekehrte tun. In einem solchen Fall drückt eine negative Handelsbilanz nicht eine Verfehlung des Effizienzziels, sondern vielmehr das Erreichen des Effizienzziels aus. Ein ausgeglichener Staatshaushalt ist aus demselben Grund nicht ohne Weiteres mit dem Effizienzziel in Verbindung zu bringen.

Die Prüfung der allokativen Rolle des Erreichens oder Verfehlens von wirtschaftspolitischen Unterzielen muss also sorgfältig und im Einzelfall geschehen. Wirtschaftspolitische Debatten, in denen die Zielvorgaben nicht gründlich zum Effizienzziel oder zu Gerechtigkeitszielen in Bezug gesetzt werden, können erhebliche Verwirrung stiften. Das gilt vor allem dann, wenn Staatsziele definiert werden, die sich nicht auf das Wohl der einzelnen Menschen beziehen. Dasselbe gilt, wenn die Verteilungswirkung wirtschaftspolitischer Maßnahmen nicht zur Sprache kommt oder nur unzureichend untersucht wird.

2.5   Übungsaufgaben

1. Diskutieren Sie die Bedeutung von Arrows Unmöglichkeitstheorem.
2. Wieviele strikte Präferenzrelationen gibt es auf einer Menge von n Alternativen?

3. Was ist die Borda-Regel? Zeigen Sie, dass die Borda-Regel das Pareto-Kriterium erfüllt. Zeigen Sie, dass sie nicht das Kriterium der Unabhängigkeit von irrelevanten Alternativen (IIA) erfüllt. Zeigen Sie, dass die Mehrheitsregel das IIA-Kriterium erfüllt.
4. Überprüfen Sie, welche der Arrow Kriterien die Borda Regel und die Mehrheitsregel erfüllen. Gehen Sie von einer ungeraden Zahl von Individuen aus.
5. Diskutieren Sie die Relation der Unterziele Vollbeschäftigung, außenwirtschaftliches Gleichgewicht, stetiges Wirtschaftswachstum und Preisniveaustabilität zu den Zielen der Effizienz und der Gerechtigkeit.

Literatur zu Kapitel 2

- Giersch, Herbert (1961) *Allgemeine Wirtschaftspolitik*. 2. Auflage, Wiesbaden: Gabler.
- Mas-Colell, Andreu, Michael D. Whinston und Jerry R. Green (1995) *Microeconomic Theory*. New York, Oxford: Oxford University Press.
- Schweizer, Urs (1990) *Vertragstheorie: Neue ökonomische Grundrisse*. Tübingen: Mohr Siebeck.

KAPITEL 3

Allokationstheorie und Wirtschaftspolitik

Dieses Kapitel gibt einen Überblick über einige grundlegende theoretische Erkenntnisse zu der Frage nach dem angemessenen Ausmaß staatlicher Eingriffe in das Marktgeschehen. Wir gehen dabei vom Staat als einer Regeln setzenden Instanz aus. Aus theoretischer Sicht wollen wir beurteilen, welche Ergebnisse ein solcher Staat im Prinzip erreichen kann. Mit einem Ergebnis sind dabei ganz unterschiedliche Dinge gemeint, etwa die Allokation der Produktionsfaktoren oder die Verteilung der produzierten Güter in der Bevölkerung. Dabei liegt ein besonderes Gewicht auf der Frage, welche staatlichen Eingriffe in das Funktionieren einer Marktwirtschaft wünschenswert sind.

Die Ergebnisse zweier Theoriegebäude sind bei einer solchen Untersuchung von besonderer Bedeutung: die Theorie des Mechanism Design und die allgemeine Gleichgewichtstheorie. Die Theorie des Mechanism Design untersucht, welche Ergebnisse eine Regeln setzende Instanz in einem Umfeld mit dezentral verteilter relevanter Information überhaupt erreichen kann. Diese Regeln werden als Mechanismus bezeichnet. Im Sinne der Spieltheorie stiftet ein Mechanismus ein Spiel, das dann von den Akteuren gespielt wird. Würde die beschriebene Instanz über alle relevanten Informationen verfügen, so könnte sie einfach anordnen, was zu tun ist. Sie könnte etwa anordnen, dass immer diejenige Firma ein Produkt herstellen soll, die dies zu den niedrigsten Kosten schafft. Oder sie könnte verfügen, dass nur diejenigen Individuen eine staatliche Hilfe erhalten, die sich nicht selber helfen können. Schließlich könnte sie anordnen, dass alle Individuen sich bei ihrer Arbeit besonders anstrengen sollen oder dass Firmen im Umgang mit der Umwelt besonders sorgsam sein müssen. Das Problem des Mechanism Design ist dagegen dann nicht trivial, wenn Individuen private Informationen besitzen oder wenn sie nicht beobachtbare oder nicht verifizierbare – also vor Gericht nicht überprüfbare – Handlungen ausüben.

Hayek (1945) hat deutlich gemacht, dass das Problem der Auswahl einer wirtschaftlichen Ordnung nicht etwa nur in der Auswahl eines bestimmten Pareto-Optimums bei bekannten Präferenzen und bekannten Technologien besteht. Vielmehr geht es darum, Entscheidungen über den Einsatz von Ressourcen in sinnvoller Weise von vielfältigen Informationen abhängig zu machen, über die keine Einzelperson zu irgendeinem Zeitpunkt in ihrer Gesamtheit alleine verfügt. Die Theorie des Mechanism Design ist eine formale Theorie, die es ermöglicht, nach Institutionen zu suchen, die diese von 3 beschriebene Aufgabe der Informationsaggregation erfüllen. Alle das Wirtschaftsgeschehen eines Staates betreffenden gesetzlichen Regeln lassen sich in diesem Sinne als ein großer Mechanismus interpretieren, der mit dezentral vorhandener Information umgeht. Die Allokation von Gütern dem Markt zu überlassen, ist dabei ein Mechanismus unter vielen möglichen Mechanismen. Der Frage, ob der Staat in das Geschehen einer Marktwirtschaft lenkend eingreifen oder den Markt völlig verdrängen sollte, entspricht also die theoretische Frage, ob es bessere Mechanismen als den Marktmechanismus gibt.

Ein zweiter Ausgangspunkt für die Beantwortung der Frage nach angemessenen staatlichen Eingriffen ist die allgemeine Gleichgewichtstheorie. Sie untersucht unter anderem, welche Allokationen durch den Markt erreicht werden können und welche Eigenschaften diese Allokationen haben. Dabei wird nicht näher spezifiziert, wie auf Märkten ein Ergebnis erreicht wird, sondern es werden einfach bestimmte Eigenschaften von einem Marktergebnis verlangt.

Abschn. 3.1 wendet sich der Theorie des Mechanism Design zu, und gibt einen kurzen Überblick über die grundsätzliche Idee und über die Vorgehensweise bei der Analyse eines Allokationsproblems. Abschn. 3.2 stellt zwei zentrale Resultate der allgemeinen Gleichgewichtstheorie dar. Dies sind die beiden Hauptsätze der Wohlfahrtstheorie. Der erste Hauptsatz besagt, dass jede Allokation, die durch ein Marktgleichgewicht erzeugt wird, Pareto-optimal ist. Der zweite Hauptsatz der Wohlfahrtstheorie sagt, dass sich jede Pareto-optimale Allokation über ein Marktgleichgewicht erreichen lässt. Beide Resultate legen zunächst nahe, dass staatliche Eingriffe in das Marktgeschehen bestenfalls überflüssig sind. Im Anschluss werden wir uns in den Abschnitten 3–8 exemplarisch mit Situationen beschäftigen, in denen das Marktergebnis wegen asymmetrischer Information das Effizienzziel verfehlen kann. Man spricht in solchen Fällen von Marktversagen. In diesem Zusammenhang werden wir uns ausführlich mit der Frage beschäftigen, unter welchen Umständen der Markt tatsächlich als ausreichendes Allokationsinstrument betrachtet werden kann, und wann er durch staatliche Eingriffe ergänzt werden sollte.

Das Ergebnis dieser Betrachtungen wird sein, dass man nicht pauschal beantworten kann, ob der Staat bei Vorliegen von Marktversagen ins Marktgeschehen eingreifen soll oder nicht. Vielmehr ist der Einzelfall aus allokationstheoretischer Sicht zu prüfen. Es ist zu klären, welches Problem asymmetrischer Information genau vorliegt, und ob ein anderer Mechanismus besser als der Markt mit diesem Problem umgehen kann.

3.1 Mechanism Design

In diesem Abschnitt soll die Grundidee der Theorie des Mechanism Design anschaulich dargestellt werden. Das Grundproblem, das in der Theorie des Mechanism Design behandelt wird, ist das eines Planers, der durch die Wahl eines geeigneten Anreizmechanismus ein Ergebnis erreichen will, das ein Individuum oder mehrere Individuen betrifft. Problematisch ist die Relation zwischen Planer und Individuen, wenn die Individuen private Informationen über relevante Größen besitzen oder wenn sie bestimmte Handlungen im Verborgenen ausüben. In der Literatur wird der Planer oft auch Prinzipal genannt, die anderen Individuen werden als Agenten bezeichnet.

3.1.1 Mechanismen bei verborgenen Handlungen

In einer Prinzipal-Agenten Relation gibt es oft Handlungen, die ein Agent im Verborgenen ausführt. Dies kann zweierlei bedeuten: Entweder ist die Handlung für den Prinzipal tatsächlich nicht beobachtbar, oder die Handlung ist zwar für den Prinzipal beobachtbar, jedoch nicht bei Gericht verifizierbar. Das bedeutet, dass der Prinzipal zwar sieht, was der Agent getan hat, es jedoch nicht vor einem Gericht beweisen kann. In beiden Fällen können finanzielle Anreize nicht direkt auf die ausgeführte Handlung konditioniert werden. Denn die garantierte Zahlung muss vor einem Gericht einklagbar sein, um Glaubwürdigkeit zu erlangen. Ein Anreizmechanismus kann daher im Falle verborgener Handlungen alleine auf Ergebnisse konditionieren, die von der ausgeführten Handlung abhängen.

Betrachten wir etwa den Fall eines Mitarbeiters einer Firma A, der eine bestimmte Anstrengung e leistet, die die Wahrscheinlichkeit eines Innovationserfolges auf $p(e)$ erhöht. Hierbei gelte:

$$p(0) = 0, \ p'(e) > 0, \ p''(e) < 0. \tag{3.1}$$

Der Innovationserfolg verschafft der Firma einen Gewinn in Höhe von π. Der Mitarbeiter könnte in einer anderen Firma einen Lohn in Höhe von $\bar{w}$ erhalten. Sein Nutzen in Firma A sei $w_A - e$. Die Anstrengung des Mitarbeiters sei für den Firmenbesitzer nicht beobachtbar, der Innovationserfolg ist aber beobachtbar und verifizierbar. Ein Anreizvertrag kann daher einen Lohn für den Erfolgsfall $\hat{w}_A$ und einen Lohn für den Misserfolgsfall $\check{w}_A$ festsetzen. Gegeben $\hat{w}_A$ und $\check{w}_A$ ist die beste Wahl des Mitarbeiters durch die Maximierung von

$$u := p(e)\hat{w}_A + (1 - p(e))\,\check{w}_A - e \tag{3.2}$$

oder

$$p(e)\left[\hat{w}_A - \check{w}_A\right] - e + \check{w}_A \tag{3.3}$$

über die Wahl von e beschrieben. Die notwendige Bedingung für ein Optimum ist also:

$$p'(e) = 1/\left[\hat{w}_A - \check{w}_A\right] \tag{3.4}$$

Je größer die Differenz zwischen Erfolgs- und Misserfolgslohn ist, desto kleiner ist also die Ableitung der Erfolgswahrscheinlichkeitsfunktion $p(e)$ im Optimum. Daher steigt die optimale Anstrengung e mit der Höhe von $\hat{w}_A - \check{w}_A$.

Der Firmenbesitzer maximiert seinen Gewinn nun durch die Wahl des Vertrages $(\hat{w}_A, \check{w}_A)$ und durch die Wahl eines Anstrengungsniveaus e, so dass

$$p(e)\left[\pi - \hat{w}_A\right] - (1 - p(e))\,\check{w}_A \tag{3.5}$$

maximiert wird. Dabei muss er die Optimalitätsbedingung des Arbeiters

$$p'(e) = 1/\left[\hat{w}_A - \check{w}_A\right] \tag{3.6}$$

und dessen Teilnahmebedingung

$$p(e)\hat{w}_A + (1 - p(e))\,\check{w}_A - e \geq \bar{w} \tag{3.7}$$

berücksichtigen. Die Teilnahmebedingung besagt, dass der Arbeiter überhaupt in der Firma mitarbeiten will. Wenn der Reservationslohn $\bar{w}$ gerade bezahlt wird und wenn das Effort-Niveau durch den Arbeiter optimal gewählt wird, so lassen sich die beiden Auszahlungen direkt als Funktion des gewünschten Effort-Niveaus errechnen. Wir haben zunächst:

$$\bar{w} = p(e)\left(\hat{w}_A - \check{w}_A\right) + \check{w}_A - e \Leftrightarrow \tag{3.8}$$

$$\check{w}_A = \bar{w} - p(e)\left(\hat{w}_A - \check{w}_A\right) + e. \tag{3.9}$$

Geschicktes Einsetzen dieser Bedingung und von (3.6) in die Gewinngleichung (3.2) ergibt dann:

$$p(e)\left[\pi - \hat{w}_A\right] - (1 - p(e))\,\check{w}_A \tag{3.10}$$

$$= p(e)\left[\pi - \hat{w}_A + \check{w}_A\right] - \check{w}_A \tag{3.11}$$

$$= p(e)\left[\pi - \hat{w}_A + \check{w}_A\right] - \left(\bar{w} - p(e)\left(\hat{w}_A - \check{w}_A\right) + e\right) \tag{3.12}$$

$$= p(e)\pi - e - \bar{w}. \tag{3.13}$$

In diesem Beispiel maximiert der vom Prinzipal gewählte Vertrag also die Summe der erwarteten monetären Payoffs beider Vertragspartner. Damit ist das Ergebnis zugleich Pareto-optimal, da Prinzipal und Agent risikoneutral sind.

Die Pareto-Optimalität des Ergebnisses ist aber keineswegs in allen Situationen mit verborgenen Handlungen zu erwarten. Ist der Agent etwa risikoavers, so muss er in einem Pareto-Optimum eine sichere Auszahlung erhalten. Eine sichere Auszahlung schafft aber offensichtlich keine Anreize zur Anstrengung. Wenn nun ein Anstrengungsniveau $e > 0$ die Summe der erwarteten Payoffs maximiert, so ist ein Pareto-Optimum nicht erreichbar.

3.1.2 Mechanismen bei privater Information*

Problemstellung

Beim Vorliegen verborgener Information besteht das Problem eines Planers darin, aus einer Menge möglicher Alternativen X – etwa möglicher Verteilung von Gütern unter Individuen – eine Alternative x auszuwählen. Dabei ist der Planer nicht vollständig über die Präferenzen der I Individuen, die von einer Entscheidung betroffen sind, informiert. Die private Information ist für Individuum i ($i \in \{1, .., I\}$) durch einen Parameter $\theta_i \in \Theta_i$ beschrieben. Die Präferenzen der Individuen sind dann durch eine Nutzenfunktion $u_i(x, \theta_i)$ beschrieben. Die Bewertung des Ergebnisses x hängt also von dem Informationsparameter θ_i ab.

Ein Beispiel ist die Zuteilung eines Gutes – etwa einer Lizenz für Senderechte – durch eine Auktion. Die Zahlungsbereitschaften der I bietenden Firmen sind in der Regel deren private Information. Liegt die Zahlungsbereitschaft bei θ_i und der Preis bei p, so würde die Nutzenfunktion einer Firma den Wert $\theta_i - p$ annehmen, falls das Objekt durch i zum Preis p erworben ($x = i$) wird und sonst Null.

Ein anderes Beispiel ist die Vergabe eines öffentlichen Auftrags an ein Unternehmen. Die private Information der Unternehmen, die in Frage kommen, könnte sich etwa auf die Kosten der Bereitstellung der Leistung beziehen. Später werden wir wirtschaftspolitische Reformen untersuchen und dabei in einem Falle annehmen, dass die Individuen private Informationen darüber haben, was sie durch eine Reform gewinnen oder verlieren würden. Die Reform sollte dann durchgeführt werden, wenn die Summe der erwarteten Gewinne die Summe der Verluste übersteigt. Auch hier ist das gewünschte Ergebnis also zustandsabhängig.

Mechanismen

Ein Mechanismus beschreibt nun ein Spiel, das zwischen den verschiedenen Individuen der Ökonomie zu spielen ist. Man nennt das Spiel Mechanismus, weil der Planer es auswählt, um ein Problem zu lösen. Ein solches Spiel gibt jedem Individuum i eine Menge S_i von Strategien vor, die es ergreifen kann. Es ordnet zudem allen ergriffenen Strategien $s_1, ..., s_I$ der Individuen ein Ergebnis $g(s_1, ..., s_I) \in X$ zu. Ein so beschriebenes Spiel nennt man auch ein Spiel in Normalform. Die Normalform ist durch die Menge der möglichen Strategien für alle Spieler und durch die Zuordnung von Strategieprofilen $(s_1, ..., s_I)$ zum Ergebnis sowie durch die Zuordnung der Ergebnisse zu den Auszahlungen beschrieben.[1]

Die Menge aller möglichen Mechanismen ist also durch die Menge aller Normalformspiele mit Ergebnissen, die in der Ergebnismenge X liegen, beschrieben. Im Beispiel der Auktion würde das Spiel zum Beispiel durch die Menge der zulässigen Gebote und durch die Zuordnung der Gebote zum Ergebnis bestehen. Das Ergebnis wiederum enthält, wer das Objekt bekommt und wer welche Zahlungen leistet oder erhält.

---

1 Eine alternative Darstellung eines Spiels ist die extensive Form. Sie berücksichtigt explizit die zeitliche Abfolge der Spielzüge und die Verteilung von Information. Zu jedem Spiel in extensiver Form gibt es eine Darstellung in Normalform.

Soziale Auswahlfunktionen

Eine soziale Auswahlfunktion $f(\theta)$ ordnet jedem Vektor von privaten Informationen ein Ergebnis in X zu, d. h. $f : \Theta_1 \times \ldots \times \Theta_I \rightarrow X$. Im Beispiel der Vergabe eines öffentlichen Auftrags sagt die soziale Auswahlfunktion etwa, wer den Auftrag bekommt, wenn die Kosten der verschiedenen Unternehmen diese oder jene Höhe annehmen.

Wären die Informationen θ dem Planer verfügbar, so könnte er jede beliebige soziale Auswahlfunktion durchsetzen. Das Grundproblem der Theorie des Mechanism Design ist, herauszufinden, welche informationsabhängigen Ergebnisse durch einen Mechanismus erreichbar sind, wenn der Planer nicht über diese Informationen verfügt.

Man sagt, dass ein Mechanismus eine soziale Auswahlfunktion implementiert, wenn das entsprechende Spiel ein Gleichgewicht hat, so dass das Ergebnis für alle Realisationen der privaten Information immer $f(\theta)$ ist. Als Gleichgewichtskonzept werden wir dabei im Buch das Konzept des Bayesianischen Nash-Gleichgewichts benutzen. Demnach ist die statistische Verteilung der privaten Information Common Knowledge. In einem Gleichgewicht ist für jeden Spieler $i \in \{1, .., I\}$ der informationsabhängige Plan $s_i(\theta_i)$ eine beste Antwort auf die informationsabhängigen Pläne aller anderen Spieler.

Das Revelationsprinzip

Unter einem direkten Mechanismus zur Implementierung einer sozialen Auswahlfunktion $f(\theta)$ versteht man einen Mechanismus, der die Typenmengen Θ_i als Strategien hat und der den Strategien das Ergebnis $f(\theta)$ zuordnet. Unter einem direkten Mechanismus wird also jedes beteiligte Individuum nach seiner privaten Information gefragt. Den Ankündigungen hierüber wird dann das Ergebnis $f(\theta)$ zugeordnet.

Man sagt, dass die soziale Auswahlfunktion $f(\theta)$ genau dann wahrheitsgemäß implementierbar ist, wenn die Individuen in einem Gleichgewicht des entsprechenden direkten Mechanismus ihre private Information immer – das heißt für alle Realisationen ihres Typs – preisgeben. Als Gleichgewichtskonzept benutzen wir in diesem Buch wie oben erwähnt das Konzept des Bayesianischen Nash Gleichgewichts. Die Preisgabe der Information soll also den erwarteten Payoff maximieren – gegeben, dass alle anderen Spieler ihre Information preiszugeben beabsichtigen.

Ein zentrales Ergebnis der Theorie des Mechanism Design ist, dass jede soziale Auswahlfunktion, die implementierbar ist, immer auch durch einen direkten Mechanismus erreicht werden kann. Dieses Ergebnis wird als das Revelationsprinzip bezeichnet. Der direkte Mechanismus übernimmt sozusagen das Spielen der zum Typ des Spielers gehörenden gleichgewichtigen Strategie. Ist es unter dem indirekten Mechanismus optimal für einen Typ eine bestimmte Strategie zu spielen, so ist es unter dem direkten Mechanismus optimal, den Typ wahrheitsgemäß zu annoncieren.

Das Revelationsprinzip ist außerordentlich nützlich. Betrachten wir einen Planer, der eine bestimmte soziale Auswahlfunktion $f(\theta)$ implementieren möchte. Um zu überprüfen, ob dies überhaupt möglich ist, müsste er normalerweise alle denkbaren Mechanismen daraufhin überprüfen, ob das dazu gehörende Spiel eine Gleichgewicht hat, das dazu führt, dass $f(\theta)$ tatsächlich implementiert wird. Da die Menge aller denkbaren Mechanismen sehr groß ist, ist dies keine leichte Aufgabe. Das Relevationsprinzip erleichtert die Aufgabe ungemein. Denn es sagt, dass $f(\theta)$ genau dann implementierbar ist, wenn es wahrheitsgemäß implementierbar ist. Der Planer muss sich also nur noch fragen, ob $f(\theta)$ wahrheitsgemäß implementierbar ist.

Aus dem Revelationsprinzip folgt, dass eine soziale Auswahlfunktion, die nicht wahrheitsgemäß implementierbar ist, überhaupt nicht durch einen beliebigen Mechanismus implementiert werden kann. Die Analyse des Mechanism Design beschränkt sich daher auf die Analyse von Revelationsmechanismen.

3.1.3   Ein Mechanismus bei privater Information

Wir wollen das Problem des Mechanism Design bei privater Information an einem einfachen Beispiel verdeutlichen. Ein Planer kann einen Platz an einem Musikkonservatorium an einen von zwei Studenten $i = 1, 2$ vergeben.[2] Beide Studenten weisen jeweils mit Wahrscheinlichkeit p eine hohe Begabung auf. Die Begabung jedes Studenten ist seine private Information. Diese Information beschreiben wir mit dem Informationsparameter θ_i. Ist die Begabung eines Studenten hoch, so nimmt der Parameter θ_i den Wert 1 an, sonst ist er Null. Der Payoff eines Studenten am Konservatorium sei

$$k + \theta_i \Delta k + y_i + t_i. \tag{3.14}$$

Dabei ist $k > 0$ ein Payoff, der immer nach Besuch des Konservatoriums realisiert wird, während Δk nur begabten Studenten zufällt. Das anfängliche Einkommen des Studenten ist y_i und t_i ist der Transfer, den er aus den Händen des Planers erhält. Ein negativer Transfer beschreibt eine Zahlung an den Planer. Außerhalb des Konservatoriums ist der Payoff nur $y_i + t_i$.

In diesem Beispiel besteht die kollektive Entscheidung aus zwei Teilen. Erstens wird über die Zuweisung des Studienplatzes entschieden. Zweitens wird über die Transfers entschieden, die die beiden Bewerber erhalten bzw. bezahlen.

Eine informationsabhängige kollektive Entscheidung über die Studienplatzvergabe ist genau dann ex-post-effizient, wenn die Entscheidung für jede Realisation der privaten Information Pareto-optimal ist. Diese Entscheidung über Studienplätze und Transfer ist mit dem Kriterium der Ex-post-Effizienz nur vereinbar, wenn die Transfers der beiden Bewerber sich für alle Realisationen der privaten Information (θ_1, θ_2) zu Null addieren.

Die Absicht des Planers ist, in den Fällen, in denen nur ein Student begabt ist, den Studienplatz diesem Studenten zuzusprechen. Ansonsten soll der Studienplatz per Los

---

2   Alternativ zu diesem „bildungspolitischen" Problem kann man hier auch an die Vergabe einer Lizenz an Telekommunikationsunternehmen oder an die öffentliche Auftragsvergabe denken.

vergeben werden. Dieser Teil der Entscheidung widerspricht nicht dem Kriterium der Ex-post-Effizienz, weil die Summe der Payoffs immer maximiert wird.[3]

Wann ist es möglich, einen Mechanismus zu konstruieren, der in der gewünschten Weise den Studienplatz vergibt? Das Revelationsprinzip sagt, dass wir uns bei der Beantwortung dieser Frage alleine auf solche Mechanismen beschränken können, die die beiden Studenten direkt nach ihrem Typ fragen und dann – als Funktion dieser beiden Ankündigungen – den Studienplatz vergeben und Zahlungen festlegen.

Wir bezeichnen mit t_{ab} den Transfer, der für die Ankündigung a vorgesehen ist, wenn der andere Bewerber Eigenschaft b angegeben hat. Wir wollen uns nun vorstellen, dass Student 1 davon ausgeht, dass der andere Student seinen Typ wahrheitsgemäß annonciert. Wann hat er ein Interesse daran, seinen Typ ebenfalls wahrheitsgemäß zu annoncieren? Zwei Bedingungen müssen hierfür erfüllt sein. Er muss nämlich sowohl im Falle einer niedrigen als auch im Falle einer hohen Begabung seinen Typ offenbaren wollen. Wir beginnen mit dem Fall einer niedrigen Begabung. Falls der Student seinen Typ korrekt offenbart, ist sein Payoff

$$(1 - p) \left[\frac{1}{2}k + y_i + t_{00} \right] + p \left[y_i + t_{01} \right]. \tag{3.15}$$

Der erste Summand ist der Payoff, der eintritt, wenn beide Studenten sagen, dass sie eine niedrige Begabung haben, multipliziert mit der Wahrscheinlichkeit, dass dies für den anderen Studenten zutrifft. Der zweite Summand ist der Payoff in dem Falle, dass der andere Student eine hohe Begabung angibt, multipliziert mit der entsprechenden Wahrscheinlichkeit. Falls der Student hingegen behauptet, er sei begabt, ist sein erwarteter Payoff:

$$(1 - p) \left[k + y_i + t_{10} \right] + p \left[\frac{1}{2}k + y_i + t_{11} \right]. \tag{3.16}$$

Der Student hat also einen Anreiz, seinen Typ wahrheitsgemäß zu offenbaren, wenn

$$(1 - p) \left[\frac{1}{2}k + y_i + t_{00} \right] + p \left[y_i + t_{01} \right] \tag{3.17}$$

$$\geq (1 - p) \left[k + y_i + t_{10} \right] + p \left[\frac{1}{2}k + y_i + t_{11} \right] \Leftrightarrow \tag{3.18}$$

$$(1 - p)t_{00} + pt_{01} \tag{3.19}$$

$$\geq (1 - p)t_{10} + pt_{11} + \frac{1}{2}k. \tag{3.20}$$

Da k positiv ist, bedeutet dies, dass der erwartete Transfer an einen Studenten, der eine hohe Begabung angibt, niedriger sein muss als der für einen Studenten, der eine niedrige Begabung angibt. Dies ist intuitiv einleuchtend. Nur wenn es einen zusätzlichen finanziellen Anreiz

---

3   Es ist eine Übungsaufgabe, zu zeigen, dass eine Entscheidung, die die Summe der Payoffs nicht maximiert nicht Pareto-optimal sein kann, wenn wie hier Transfers additiv separabel in den Nutzen der Akteure eingehen.

gibt, die niedrige Begabung zuzugeben, ist es möglich, den Studienplatz an den besseren Kandidaten zu vergeben. Andererseits dürfen diese Anreize nicht zu groß sein. Ansonsten gefährdet man die wahrheitsgemäße Ankündigung des Typs durch einen guten Studenten. Die Anreizverträglichkeitsbedingung eines guten Studenten ist die folgende:

$$p\left[\frac{1}{2}(k + \Delta k) + y_i + t_{11}\right] + (1 - p)[k + \Delta k + y_i + t_{10}] \tag{3.21}$$

$$\geq p[y_i + t_{01}] + (1 - p)\left[\frac{1}{2}(k + \Delta k) + y_i + t_{00}\right] \Leftrightarrow \tag{3.22}$$

$$pt_{11} + (1 - p)t_{10} + \frac{1}{2}(k + \Delta k) \tag{3.23}$$

$$\geq pt_{01} + (1 - p)t_{00}. \tag{3.24}$$

Aus der Anreizverträglichkeitsbedingung wird deutlich, dass der erwartete Transfer an einen Studenten, der den Typ s angibt, nicht zu hoch sein darf, da sonst kein Anreiz bei einem Studenten vom Typ g besteht seinen Typ wahrheitsgemäß zu offenbaren. Wir definieren

$$Et_0 := pt_{01} + (1 - p)t_{00}, \tag{3.25}$$

$$Et_1 := pt_{11} + (1 - p)t_{10}. \tag{3.26}$$

Für die Differenz der erwarteten Transfers ergibt sich dann die folgende Bedingung:

$$\frac{1}{2}(k + \Delta k) \geq Et_0 - Et_1 \geq \frac{1}{2}k, \tag{3.27}$$

Es wird deutlich, dass die Differenz in einem Intervall, das nicht leer ist, liegen muss. Es ist also klar, dass beide Anreizverträglichkeitsbedingungen zugleich erfüllt werden können.

Tatsächlich können sich aber eine Reihe weiterer Probleme bei der Implementierung der gewünschten zustandsabhängigen Allokation des Studienplatzes stellen. Hierzu gehört erstens, dass in vielen Fällen der Staat in der Summe keine Zahlungen an die Bewerber leisten möchte. Ist eine solche Budgetbedingung zu erfüllen, so ergibt sich als Restriktion, dass sowohl t_{11} als auch t_{00} Null sein müssen. Außerdem muss die Zahlung t_{10} der Zahlung $-t_{01}$ entsprechen. Wir definieren $t := t_{01}$. Tatsächlich vereinfachen sich unter der Restriktion eines ausgeglichenen staatlichen Budgets die Anreizverträglichkeitsbedingungen zu:

$$(1 - p) \left[\frac{1}{2} k + y_i \right] + p \left[y_i + t \right] \tag{3.28}$$

$$\geq (1 - p) \left[k + y_i - t \right] + p \left[\frac{1}{2} k + y_i \right] \Leftrightarrow \tag{3.29}$$

$$t \geq \frac{1}{2} k, \tag{3.30}$$

und

$$p \left[\frac{1}{2} (k + \Delta k) + y_i \right] + (1 - p) \left[k + \Delta k + y_i - t \right] \tag{3.31}$$

$$\geq p \left[y_i + t \right] + (1 - p) \left[\frac{1}{2} (k + \Delta k) + y_i \right] \Leftrightarrow \tag{3.32}$$

$$\frac{1}{2} (k + \Delta k) \geq t. \tag{3.33}$$

In diesem Fall wird deutlich, dass es möglich ist, gleichzeitig die Anreizverträglichkeitsbedingung und die Bedingung eines ausgeglichenen Staatsbudgets mit einem Transfer $t \in \left[\frac{1}{2} k, \frac{1}{2} (k + \Delta k) \right]$ zu erfüllen. Dabei lässt sich t als eine ankündigungsbezogene Studiengebühr verstehen, wobei der Ertrag an denjenigen, der den Studienplatz nicht erhält, umverteilt wird (dann gilt $t_{11} = t_{00} = 0$, $Et_0 = pt$, $Et_1 = - (1 - p) t$ und $Et_0 - Et_1 = t$). Allerdings kann sich eine weitere Schwierigkeit ergeben, die in der politischen Diskussion zu Studiengebühren tatsächlich eine wichtige Rolle spielt. Die Gebühr t_{10}, die für den Bewerber anfällt, der seinen Typ als gut angibt, könnte über dessen anfänglichem Vermögen y_i liegen. Gibt es also Individuen, die die minimale Gebühr nicht bezahlen können[4], so ist klar, dass die Anreizverträglichkeitsbedingungen gemeinsam mit der Budgetbedingung des Staates und der Vermögensbeschränkung des Individuums nicht kompatibel sind. Vermögensbeschränkungen stellen ein wesentliches Hindernis bei der Implementierung einer effizienten Allokation dar.

Ein weiteres Problem kann darin bestehen, dass der Mechanismus selbst von den potentiellen Teilnehmern abgelehnt wird, da sie ohne diesen Mechanismus besser gestellt sind. Besteht die Möglichkeit, dass die potentiellen Teilnehmer einen Mechanismus ablehnen können, so hat der Designer des Mechanismus auf sogenannte Teilnahmebedingungen zu achten. Teilnahmebedingungen können unterschiedlichen Ursprungs sein. So kann es sein, dass der Gesetzgeber selber wünscht, dass ein von ihm vorgeschlagener Mechanismus freiwillig von den potentiellen Teilnehmern gewählt werden kann. Auf der politischen Ebene kann es aber auch dazu kommen, dass die Einrichtung des Mechanismus einer Zustimmung aller Beteiligten oder eines Teils der Bevölkerung bedarf. Die Teilnahmebedingung muss dann für die entsprechende Anzahl von Wählern erfüllt sein.

---

4   Dies erfordert jedoch auch, dass sie keinen Zugang zu einem entsprechenden Kreditmarkt zur Studienfinanzierung haben.

Die sogenannte Interim-Teilnahmebedingung verlangt, dass Individuen nach Erhalt der privaten Information mit dem Mechanismus zufrieden sind, d. h. dass der Mechanismus ihnen eine erwartete Auszahlung bietet, die über ihrer Outside-Option liegt. Im vorliegenden Fall lauten die Interim-Teilnahmebedingungen also für den wenig qualifizierten Bewerber:

$$(1 - p) \left[\frac{1}{2}k + y_i \right] + p \left[y_i + t \right] \geq y_i \quad \Leftrightarrow \tag{3.34}$$

$$(1 - p)\frac{1}{2}k + pt \geq 0 \Leftrightarrow \tag{3.35}$$

$$t \geq -\frac{1 - p}{p}\frac{1}{2}k, \tag{3.36}$$

was für positive t immer gilt, und für einen qualifizierten Bewerber:

$$p \left[\frac{1}{2}(k + \Delta k) + y_i \right] + (1 - p)\left[k + \Delta k + y_i - t \right] \geq y_i \tag{3.37}$$

$$\Leftrightarrow \frac{1 - \frac{p}{2}}{1 - p}(k + \Delta k) \geq t. \tag{3.38}$$

Wie man sieht, ist in diesem Beispiel die Kompatibilität der Bedingungen der Anreizverträglichkeit, des ausgeglichenen Budgets und der Interim-Teilnahme gewährleistet. Es ist jedoch von Fall zu Fall zu prüfen, ob es möglich ist, Teilnahmebedingungen und Anreizverträglichkeitsbedingungen bei ausgeglichenem Budget des Staates zugleich zu erfüllen.

Bemerkenswert ist auch, dass sich eine effiziente Bewerberauswahl bei einer großen Zahl von Anbietern und Nachfragern auch als Marktergebnis erreichen lässt. In diesem Fall verläuft die Nachfragekurve bei den Preisen k und $k + \Delta k$ jeweils waagerecht und ansonsten senkrecht. Bei einem festen Angebot ergibt sich in jedem Fall ein effizientes Gleichgewicht.

3.1.4 Freiwillige Teilnahme und Effizienz

In unserem Beispiel zur Theorie des Mechanism Design haben wir uns bereits mit der Frage auseinandergesetzt, ob die Individuen sich überhaupt an dem betreffenden Mechanismus beteiligen möchten. In vielen realen Situationen ist den Individuen die Möglichkeit gegeben, nicht an einem gegebenen Mechanismus zu partizipieren. Betrachten wir etwa ein Auktionshaus, das einen Gegenstand nach bestimmten Spielregeln zu versteigern beabsichtigt. Es ist den möglichen Käufern in der Regel freigestellt, ob sie in das Auktionshaus gehen und sich damit den entsprechenden Regeln unterwerfen oder ob sie zu Hause bleiben. Betrachtet man das Geschehen auf einem Markt ganz allgemein als einen Mechanismus zur Allokation von Gütern, so ist eine Marktwirtschaft gerade dadurch charakterisiert, dass es den Individuen freigestellt ist, ob sie am Marktgeschehen partizipieren, oder ob sie sich davon fernhalten. Sind Teilnahmebedingungen zu berücksichtigen, so ist klar, dass die Menge der implementierbaren sozialen Auswahlfunktionen in der Regel weniger groß ist als ohne Berücksichtigung von Teilnahmebedingungen.

Ein wichtiges Resultat aus der Theorie des Mechanism Design ist, dass unter Umständen ex-post-effiziente soziale Auswahlfunktionen niemals implementiert werden können, wenn es den Individuen möglich ist, nach Erhalt ihrer privaten Information die Teilnahme am Mechanismus zu verweigern. Man spricht in diesem Fall von einer Interim-Teilnahmebedingung. Ein solches Unmöglichkeitstheorem geht auf Myerson und Satterthwaite (1983) zurück. Sie analysieren das folgende einfache Problem: Ein Verkäufer ist in der Lage, eine Einheit eines unteilbaren Gutes bei Kosten von c herzustellen. Ein Käufer ist bereit, für dieses Gut z Geldeinheiten zu bezahlen. Kosten und Zahlungsbereitschaft sind private Informationen der beiden Akteure. Verweigert einer der beiden Akteure seine Teilnahme am Verhandlungsprozess, so kommt der Handel nicht zustande und es erfolgt keine Zahlung. Notwendig für die Ex-post-Effizienz einer sozialen Auswahlfunktion ist es, dass das Gut (i) dann produziert wird und den Besitzer wechselt, wenn die Zahlungsbereitschaft größer als die Kosten ist und (ii) dann nicht produziert wird, wenn die Zahlungsbereitschaft kleiner als die Kosten sind. Das zentrale Resultat von Myerson und Satterthwaite ist, dass, wenn die Interim-Teilnahmebedingungen der beiden Akteure zu berücksichtigen sind, eine ex-post-effiziente soziale Auswahlfunktion nicht durch einen Mechanismus erreichbar (oder implementierbar) ist.

Dies ist ein Resultat von großer Tragweite. Es bedeutet nämlich, dass die Bedingung der Freiwilligkeit der Teilnahme an einem Mechanismus die effiziente Allokation eines Gutes verhindern kann. Damit gibt es keinen freiwilligen Mechanismus, der das Gut effizient alloziiert. Man kann jedoch zeigen, dass bei einer günstigen Zuordnung anfänglicher Eigentumsrechte die Qualität der sozialen Auswahl verbessert werden kann. Dasselbe gilt bei einer größeren Zahl von Teilnehmern am Mechanismus.[5]

Ein analoges Unmöglichkeitstheorem haben Güth und Hellwig (1986) für die effiziente Bereitstellung eines unteilbaren öffentlichen Gutes hergeleitet. Dort erfordert das Kriterium der Ex-post-Effizienz, dass das Gut immer dann gekauft wird, wenn die Summe der individuellen Zahlungsbereitschaften die Kosten übersteigt. Außerdem darf das Gut nicht gekauft werden, wenn die Summe der Zahlungsbereitschaften unter den Kosten liegt. Effiziente Entscheidungen über öffentliche Projekte lassen sich in diesem Umfeld bei Vorliegen privater Informationen also nicht über eine Marktlösung erreichen, bei der ein Anbieter einen Mechanismus vorschlägt, an dem man sich nur dann beteiligt, wenn man es möchte.

---

5   Es ist eine Übungsaufgabe zu zeigen, dass es gelingt, Güter effizient zu alloziieren, wenn sich ein Kontinuum von Verkäufern, die jeweils höchstens eine Einheit eines Gutes herstellen können, und ein Kontinuum von Käufern mit Interesse an je einer Einheit gegenüberstehen. Gehen Sie dabei davon aus, dass alle Verkäufer private Information über ihre Herstellungskosten und alle Käufer private Informationen über ihre Zahlungsbereitschaften haben.

Dieses zweite Unmöglichkeitsresultat ist ebenfalls besonders wichtig, weil es zeigt, dass auf manchen Gebieten effiziente kollektive Entscheidungen nicht ohne den Zwang zur Teilnahme an öffentlichen Mechanismen erreicht werden können. Wenigstens im Interim-Stadium, wenn private Information bereits vorliegt, wird eine effiziente Entscheidung Zwang erfordern.

3.2 Die beiden Hauptsätze der Wohlfahrtstheorie bei vollständiger Information

Ein Mechanismus beschreibt, nach welchen Regeln eine kollektive Entscheidung – etwa die Entscheidung über die Zuteilung von Gütern zu Konsumenten oder über die Produktion von Gütern – in einer Ökonomie getroffen werden soll. Daher kann man das gesamte Wirtschaftssystem als einen komplizierten Mechanismus interpretieren. Ein prominenter Mechanismus unter vielen ist der Marktmechanismus. Der Marktmechanismus ordnet den Individuen zunächst Eigentumsrechte an den in der Ökonomie vorhandenen Ressourcen zu und überlässt die weitere Allokation der Güter den privaten Vertragsverhandlungen zwischen den Individuen. Die Rolle des Staates beschränkt sich dabei auf die Bereitstellung von Gerichten, die die Einhaltung der privat geschlossenen Verträge überwachen.

Die allgemeine Gleichgewichtstheorie untersucht die Funktionsweise der Märkte in einer stark abgekürzten Form. Sie betrachtet nicht explizit das Spiel, dass auf Märkten gespielt wird, also etwa die Such- und Verhandlungsprozesse, die im Einzelnen stattfinden. Vielmehr stellt sie bestimmte Anforderungen an ein Marktergebnis, ohne danach zu fragen, wie dieses Ergebnis entsteht. Sie betrachtet also ein bestimmtes Allokationsproblem, stellt bestimmte Anforderungen an eine Marktlösung und prüft dann, welche Eigenschaften diese Marktlösung hat.

Zwei zentrale Resultate dieser Theorie sind die beiden Hauptsätze der Wohlfahrtstheorie. Der erste Hauptsatz besagt, dass – unter bestimmten Annahmen – jede Allokation, die durch ein Marktgleichgewicht erzeugt wird, Pareto-optimal ist. Dies bedeutet insbesondere, dass keine durch ein Marktgleichgewicht erzeugte Allokation alleine aufgrund des Pareto-Kriteriums als nicht wünschenswert verworfen werden kann. Der zweite Hauptsatz der Wohlfahrtstheorie sagt, dass – ebenfalls unter bestimmten Annahmen – sich jede Pareto-optimale Allokation über ein Marktgleichgewicht erreichen lässt. Um ein bestimmtes Pareto-Optimum zu erreichen, muss nur die anfängliche Verteilung der Ressourcen entsprechend bestimmt werden. Der Markt erzeugt dann das gewünschte Pareto-Optimum. Dem zweiten Hauptsatz zufolge ist also jede nach irgendwelchen Kriterien wünschenswerte Allokation dadurch erreichbar, dass man Anfangsausstattung an Ressourcen zwischen Individuen umverteilt. Ein zusätzlicher staatlicher Eingriff in das Marktgeschehen ist dann nicht erforderlich.

In den beiden Hauptsätzen der Wohlfahrtstheorie scheint auf den ersten Blick also eine starke Rechtfertigung dafür zu liegen, dass sich eine Gesellschaft auf den Markt als

Allokationsinstrument verlassen kann. Staatliche Eingriffe, die über die Umverteilung der Anfangsausstattung hinausgehen, müssen zwar nicht schädlich sein, sie sind den beiden Hauptsätzen zufolge aber auch nicht von Nutzen. Jedoch ist aus zwei Gründen Vorsicht bei einer solch einfachen Interpretation geboten. Erstens legt die Theorie nicht dar, wie das Marktgleichgewicht erreicht wird. Der Mechanismus selbst bleibt obskur, wenn man einmal von dem wenig gehaltvollen Konstrukt des walrasianischen Auktionators absieht. Um besser zu verstehen, ob der Markt das Allokationsproblem effizient löst, ist es nötig, im Detail das Spiel zu analysieren, welches durch die Regeln des Marktes beschrieben wird. Zweitens wird in der Gleichgewichtstheorie angenommen, dass Individuen perfekt über die Eigenschaften der Güter, die gehandelt werden, informiert sind. Tatsächlich sind aber Tauschbeziehungen oft durch Probleme asymmetrischer Information belastet, was im Folgenden diskutiert werden soll.

3.3   Marktversagen und beschränkt Pareto-optimale Ergebnisse

Die beiden Hautsätze der Wohlfahrtstheorie gelten in der eben beschriebenen Form nur in einer sehr eingeschränkten Modellwelt. Es gibt eine Reihe von möglichen Ursachen dafür, dass Märkte das Ziel der Pareto-Optimalität verfehlen. Hierzu zählen insbesondere die Existenz externer Effekte in Konsum oder Produktion und das Vorliegen verborgener Handlungen oder verborgener Information. Führt der Markt in solchen Situationen nicht zu einer effizienten Allokation, so wird landläufig von Marktversagen gesprochen. Versagt der Markt beim Erreichen eines Pareto-Optimums, so wird oft nach staatlichen Eingriffen gerufen. Erreicht der Staat aber keine Effizienzverbesserung, so kann man auch von Staatsversagen sprechen. Bei der Beantwortung der Frage, ob ein staatlicher Eingriff in das Marktgeschehen bei Marktversagen sinnvoll ist oder ob neben dem Marktversagen auch Staatsversagen vorliegt, ist der Begriff des beschränkt Pareto-optimalen Ergebnisses nützlich. Diesen Begriff wollen wir in der Folge definieren.

Wir betrachten einen Planer, der eine – möglicherweise informationsabhängige – Allokation herbeiführen möchte. Hierbei kann er sich des Marktmechanismus oder jedes beliebigen anderen Mechanismus bedienen. Wir betrachten eine Situation, in der die Individuen private Informationen besitzen können und in der auch einzelne ihrer Handlungen im Verborgenen ausführen können. Das heißt, es ist möglich, dass weder private Vertragspartner noch der Staat alle Charakteristika aller Güter oder die Handlungen aller Individuen beobachten können. Als ein Ergebnis des Allokationsprozesses bezeichnen wir im einfachsten Fall die Allokation selbst (also etwa eine Verteilung von Gütern unter Individuen). Liegt private Information vor, so bezeichnen wir die erreichte soziale Auswahlfunktion als Ergebnis.[6] Wir bezeichnen die Menge aller Ergebnisse, die durch eine zentrale Autorität, welche

---

6   An dieser Stelle weiche ich vom Gebrauch des Wortes Allokation in Mas Colell, Whinston Green (1995, S. 445 f.) ab, um schärfer zwischen einer Zuordnung von Gütern (Allokation) und einer sozialen Auswahlfunktion zu unterscheiden, die hier auch ein Ergebnis sein kann.

keinen Zugang zur privaten Information der Individuen hat, erreicht werden können, mit A. Die Menge aller Pareto-Optima in der Menge A, $P(A)$, bezeichnen wir als die Menge der beschränkt Pareto-optimalen Ergebnisse.

Definition (Beschränkt Pareto-optimal) *Ein Ergebnis, welches durch eine Autorität, die keinen Zugang zur privaten Information der Individuen hat, nicht im Sinne des Pareto-Kriteriums verbessert werden kann, heißt beschränkt Pareto-optimal.*

Da der Marktmechanismus nur ein Mechanismus unter vielen ist, sollte klar sein, dass der Markt bestenfalls in der Lage ist, sämtliche beschränkt Pareto-optimalen Ergebnisse zu erreichen. Sofern $P(A)$ nicht mit der Menge aller Pareto-optimalen Ergebnisse zusammenfällt, gilt darüber hinaus automatisch, dass ein Fall von Marktversagen vorliegen kann. Denn es gibt Ergebnisse, die vom Markt erreicht werden, die nicht unbeschränkt Pareto-optimal sind. Ein staatlicher Eingriff in das Marktgeschehen kann allerdings nur dann wünschenswert sein, wenn der Markt nicht alle erstrebenswerten beschränkt Pareto-optimales Ergebnisse herbeiführen kann. Führt der Markt alle beschränkt Pareto-optimalen Allokationen herbei, so ist ein staatlicher Eingriff nie erforderlich, und man kann von Staatsversagen sprechen.

Die Abb. 3.1–3.3 verdeutlichen diese Zusammenhänge. Wir betrachten eine Menge möglicher Ergebnisse X, die hier durch die bei voller Information erreichbaren Kombinationen von Nutzenniveaus zweier Individuen beschrieben werden soll. In Abb. 3.1 ist eine Situation dargestellt, in der die vom Markt erreichbaren Kombinationen von Nutzenniveaus zweier Individuen (M) mit den Pareto-Optima aus der Menge möglicher Ergebnisse $P(X)$ zusammenfallen. Dies entspricht etwa der Situation, die in der Allgemeinen Gleichgewichtstheorie beschrieben wird. In Abb. 3.2 ist eine Situation beschrieben, in der die vom Markt erreichbaren Nutzenkombinationen mit der Menge der $P(A)$ zusammenfällt. In Abb. 3.3 ist ein

Abb. 3.1 Marktgleichgewichte und Pareto-Optima. In diesem Beispiel sind alle Pareto-Optima der Menge X durch Marktgleichgewichte erreichbar und alle Marktgleichgewichte sind Pareto-optimal

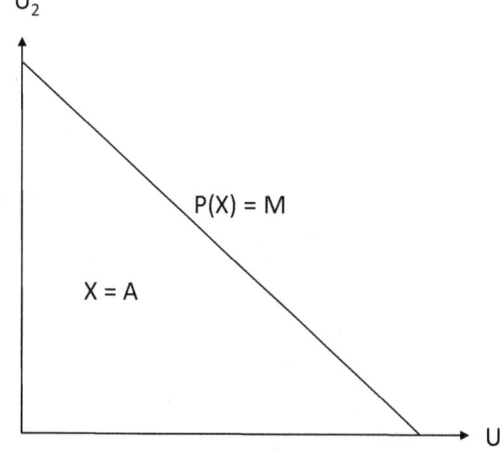

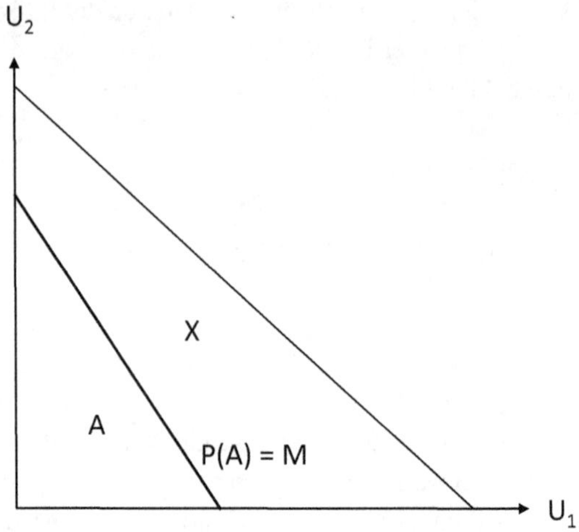

Abb. 3.2 Marktgleichgewichte
und beschränkte
Pareto-Optima. In diesem
Beispiel sind alle
Pareto-Optima der Menge *A*
durch Marktgleichgewichte
erreichbar, und alle
Marktgleichgewichte sind
beschränkt Pareto-optimal

Abb. 3.3 Marktgleichgewichte
und beschränkte
Pareto-Optima. In diesem
Beispiel sind nicht alle
Pareto-Optima der Menge *A*
durch Marktgleichgewichte
erreichbar, und es gibt
Marktgleichgewichte, die nicht
Pareto-optimal sind

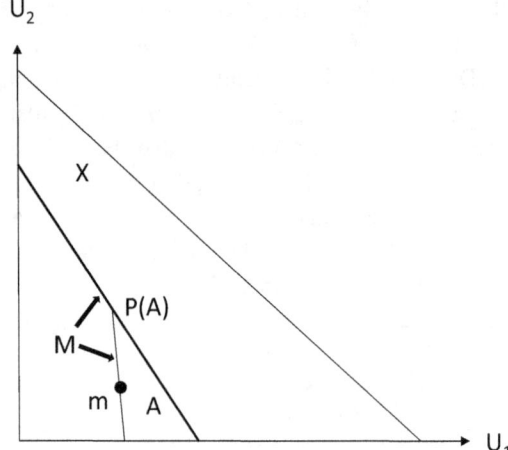

Fall beschrieben, in dem M nicht alle Elemente von $P(A)$ enthält. Hier wäre ein staatlicher Eingriff notwendig, um gegenüber Elementen wie m eine Pareto-Verbesserung zu erreichen.

Unter asymmetrischer Information stellt sich die Frage nach der Leistungsfähigkeit des Marktes als Allokationsinstrument also in veränderter Form. Analog zum ersten Hauptsatz der Wohlfahrtstheorie ist nun zu fragen, ob der Markt immer ein beschränkt Pareto-optimales Ergebnis erzielt. Daneben ist – analog zum zweiten Hauptsatz – zu fragen, ob alle Pareto-optimalen Allokationen durch den Markt erreicht werden können, wenn man die Anfangsausstattung der Individuen in entsprechender Weise verteilt. Gelten die beiden Hauptsätze in ihrer veränderten Form auch in Ökonomien mit asymmetrischer Information, so ist nach wie vor der Markt ein geeignetes Instrument zur Allokation von Gütern. Gelten die beiden Hauptsätze nicht mehr, so rechtfertigt dies staatliche Eingriffe in das Marktgeschehen.

Die Frage nach der Gültigkeit der beiden Hauptsätze in einem anderen Informationsumfeld als dem Umfeld perfekter Information kann nicht immer in eindeutiger Weise beantwortet werden. Hier entscheidet vielmehr das Spiel, das man zur Modellierung des Marktgeschehens benutzt, über die Eigenschaften des Ergebnisses. Verzichtet man auf die Darstellung des Marktgeschehens durch ein Spiel, so ist alleine die Formulierung des Gleichgewichtskonzepts entscheidend.

Teilergebnisse über die Effizienz von Marktgleichgewichten liegen für einzelne Klassen von Modellen vor. Prescott und Townsend (1984) untersuchen Ökonomien, in denen moralisches Risiko vorliegt. Von moralischem Risiko spricht man, wenn Vertragspartner verborgene Handlungen ausführen, die nicht vor einem Gericht überprüfbar sind. Moralisches Risiko liegt etwa vor, wenn der Umgang eines Kreditnehmers mit dem ihm anvertrauten Geld nicht durch ein Gericht überprüfbar ist. In Ökonomien mit moralischem Risiko generiert der Markt in der Regel keine Pareto-optimalen Allokationen. Allerdings zeigen Prescott und Townsend, dass die durch den Markt generierte Allokation beschränkt Pareto-optimal ist, und dass sich durch geeignete Umverteilung der Anfangsausstattung auch alle beschränkten Pareto-Optima durch den Markt erzeugen lassen. Die Existenz von moralischem Risiko an sich ist also noch keine Rechtfertigung für einen staatlichen Eingriff in das Marktgeschehen.

Im Folgenden wollen wir einzelne Beispiele für Marktversagen vorstellen. Dabei werden wir in einigen der Beispiele gegenüberstellen, was der Markt erreichen kann, und welche Allokationen durch einen Mechanismus im Allgemeinen erreicht werden können.

3.4   Externe Effekte

In der allgemeinen Gleichgewichtstheorie liegt den beiden Hauptsätzen die Annahme zugrunde, dass sich der Konsum eines Gutes ausschließlich auf das Wohl der konsumierenden Person auswirkt. Ebenso erzeugt die Produktion eines Gutes alleine Kosten für die produzierende Firma. Von einem externen Effekt spricht man, wenn der Konsum eines Gutes durch ein Individuum einen Effekt auf das Wohlbefinden eines anderen hat oder wenn die Produktion eines Gutes einen Effekt auf das Wohlbefinden anderer oder auf die Kosten in einer anderen Firma hat. So kann zum Beispiel der Konsum von Musik andere stören, oder die Produktion bestimmter Güter, etwa giftiger Chemikalien, kann sich negativ auf die produktiven Aktivitäten landwirtschaftlicher Unternehmen in der Umgebung einer Fabrik auswirken.

Oft wird das Vorliegen externer Effekte praktisch gleichgesetzt mit dem Vorhandensein von Marktversagen. Das entsprechende Argument lässt sich in etwa wie folgt umschreiben: Besteht ein externer Effekt, der durch eine Aktivität von Individuum A auf Individuum B generiert wird, so internalisiert Individuum A nicht vollständig die möglicherweise negative Wirkung seiner Handlungen auf das andere Individuum. So kommt es zu einem Ergebnis, das nicht Pareto-optimal ist. Diese Argumentation ist allerdings zu kurz gegriffen. Denn tatsächlich haben wir es hier nicht mit einem Fall von Marktversagen zu tun. Vielmehr haben wir implizit angenommen, dass überhaupt kein Markt zur Regelung des beschriebenen Problems existiert. Prinzipiell könnten die beiden beschriebenen Individuen nämlich einen Vertrag schließen, der eine entsprechende Regulierung der Aktivität von A vorsieht. Das Recht, die Aktivität auszuüben, könnte A von B erwerben, oder B könnte von A das Recht erwerben, dessen Aktivität einzuschränken. Im ersten Fall könnte man von einer Entschädigungszahlung von A an B sprechen, im zweiten Falle von einer von B an A. Die Vertragsaushandlung durch A und B kann dann wieder zu einem Pareto-optimalen Ergebnis führen. Dieses Argument geht auf Ronald Coase's (1960) berühmte Arbeit „The Problem of Social Cost" zurück. Von fehlenden Märkten kann man sprechen, da tatsächlich auch ein Markt denkbar wäre, auf dem das Recht, die Aktivität des A in einer bestimmten Weise einzuschränken, gehandelt wird. Anders als bei einem staatlichen Eingriff – etwa in Form einer Steuer auf die Aktivität von A – müssen bei der privaten Vertragsaushandlung alleine die betroffenen Parteien die relevanten Informationen (Zielgrößen, Kosten usw.) besitzen.

Es sind selbstverständlich Fälle denkbar, in denen auch eine Vertragsverhandlung zwischen A und B nicht zu einem effizienten Ergebnis führen. So kann es zum Beispiel sein, dass nur A die Kosten kennt, die ihm entstehen, falls er seine Aktivität einschränkt. Ebenso kann es der Fall sein, dass B nicht feststellen kann, ob A tatsächlich seine Aktivität eingeschränkt hat. Tatsächlich kann es dann sein, dass kein Mechanismus existiert, der eine ex-post-effiziente soziale Auswahl herbeiführt. Dies ist eine unmittelbare Konsequenz des Theorems von Myerson und Satterthwaite, welches wir zuvor erwähnt haben. Es genügt den Austausch des Gutes durch die Reduktion einer Aktivität zu ersetzen. Damit wird deutlich, dass es keinen Mechanismus zur Vertragsaushandlung bei freiwilliger Teilnahme gibt, der gewährleistet, dass die Vertragspartner sich immer auf eine effiziente Entscheidung einigen.

Die Tatsache, dass es unter Umständen kein Regelsystem gibt, unter dem private Vertragsaushandlung bei freiwilliger Teilnahme zu einem effizienten Ergebnis führt, könnte man als Rechtfertigung für staatlichen Zwang sehen. Ist nämlich die Teilnahmebedingung nicht zu berücksichtigen, so kann man ein effizientes Ergebnis in der Regel erreichen. Auf einer vorgelagerten Ebene kann man jedoch fragen, ob sich Individuen nicht vor Erhalt der privaten Information auf die verbindliche Teilnahme an einem entsprechenden Mechanismus verpflichten können. Ist dies der Fall, so wäre durch private Verhandlung Ex-post-Effizienz erreichbar.

3.5   Öffentliche Güter

Eine spezielle Form von externen Effekten liegt im Fall von öffentlichen Gütern vor. Von einem öffentlichen Gut spricht man, sofern der Konsum eines Gutes durch ein Individuum den Konsum desselben Gutes durch ein anderes Individuum nicht notwendig ausschließt. Einen klassischen Fall für ein öffentliches Gut stellt zum Beispiel die Landesverteidigung dar. Tragen einzelne Individuen zur Verteidigung eines Landes bei, so sind hierdurch auch automatisch diejenigen, die nicht beigetragen haben, mit geschützt. Unter den öffentlichen

Gütern gibt es solche, bei denen der Ausschluss einzelner Individuen vom Konsum automatisch nicht gewährleistet werden kann. Bei anderen öffentlichen Gütern ist es möglich, durch künstliche Schranken einzelne Individuen vom Konsum des öffentlichen Gutes auszuschließen. So kann man sich etwa ein Schwimmbad als ein öffentliches Gut vorstellen, das prinzipiell von allen Bewohnern einer Gemeinde genutzt werden kann, das aber durch Einzäunen und Aufstellen eines Kassenhäuschens auch nur einer Gruppe von Individuen vorbehalten werden kann. Am Beispiel des Schwimmbades wird auch deutlich, dass es öffentliche Güter gibt, deren Nutzen für einzelne Individuen mit der Zahl der Benutzer abnimmt. Güter unterscheiden sich also im Ausmaß der Rivalität im Konsum.

Ähnlich wie bei externen Effekten im Allgemeinen gilt bei der Bereitstellung öffentlicher Güter im Besonderen, dass die Marktallokation in der Regel ein Pareto-Optimum als Ergebnis verfehlt. Dies gilt jedenfalls insbesondere dann, wenn jedes Individuum seine Kaufentscheidung trifft, ohne sich mit den anderen Individuen in geeigneter Weise zu koordinieren. Der Grund hierfür ist leicht einzusehen: Sofern andere Individuen bereits zur Finanzierung eines öffentlichen Gutes beitragen, verringern sich für den Einzelnen die Anreize, ebenfalls etwas zu diesem Gut beizutragen. In einem Gleichgewicht wird jedes Individuum seine Zahlungen genau so setzen, dass die Grenzrate der Substitution zwischen privatem und öffentlichem Konsum gleich dem Preisverhältnis ist. Hierbei kommt es in der Regel zu einer Unterversorgung mit dem öffentlichen Gut.

Güth und Hellwig (1986) haben gezeigt, dass auch die ex-post effiziente Bereitstellung eines öffentlichen Gutes durch einen Monopolisten bei asymmetrischer Information über die Zahlungsbereitschaften nicht mit der freiwilligen Teilnahme der Nachfrager möglich ist. Daraus folgt, dass auch in einem Wettbewerbsgleichgewicht kein entsprechender Vertrag von allen Akteuren bei nicht-negativen Gewinnen angenommen wird.

Aus diesem Grunde werden gerade bei öffentlichen Gütern oft staatliche Eingriffe in das Wirtschaftsgeschehen gefordert. Ein solcher Eingriff kann in der Besteuerung der Individuen und im Benutzen der Steuereinnahmen zur Finanzierung eines öffentlichen Gutes bestehen. Allerdings würde eine ex-post effiziente soziale Auswahl zu dem Zeitpunkt, zu dem die private Information schon vorliegt, nur durch Zwang erreicht werden können.

Allerdings sind durchaus andere Situationen denkbar, in denen ein Wettbewerbsgleichgewicht in einem erweiterten Sinne zu einer Pareto-optimalen Versorgung mit öffentlichen Gütern führen kann. Dies ist dann der Fall, wenn Individuen vom Konsum eines öffentlichen Gutes im Prinzip ausgeschlossen werden können. Die Finanzierung eines öffentlichen Gutes kann dann über ein vertragliches Arrangement zwischen Gruppen von Individuen geregelt werden. Diese Gruppen von Individuen bilden einen Klub, in dessen Satzung die Beiträge zur Finanzierung des Klubgutes geregelt sind. Treten die Gründer von Klubs miteinander in Wettbewerb, so kann unter bestimmten Umständen ein Gleichgewicht entstehen, in dem öffentliche Güter effizient bereitgestellt werden. Die Idee, dass bei teilweiser Rivalität des Konsums öffentlicher Güter der Wettbewerb von Klubs zu einem effizienten Ergebnis führt, geht auf Tiebout (1956) zurück. Interpretiert man Länder als solche Klubs, so ergibt sich zugleich, dass Steuerwettbewerb nicht zu ineffizienten Ergebnissen führen muss. Ein staatlicher Eingriff zur Finanzierung öffentlicher Güter ist also nur dort notwendig, wo die Bildung von Klubs nicht zum gewünschten Pareto-Optimum führt.[7]

3.6   Verborgene Handlungen und moralisches Risiko

Eine weitere mögliche Ursache von Marktversagen ist, dass bestimmte Handlungen, die für eine Markttransaktion von Bedeutung sind, nicht verifizierbar sind, da sie im Verborgenen ausgeführt werden. Dies ist insbesondere im Zusammenhang mit der Vergabe von Krediten von Bedeutung, was im Folgenden genauer analysiert werden soll.[8]

Kreditnehmer können aus verschiedenen Gründen versucht sein, nicht im Interesse ihrer Gläubiger zu handeln. So ist es möglich, dass sie Teile eines erhaltenen Investitionskredites sofort für Konsumausgaben nutzen, die in der Bilanz eines Unternehmens dann als Betriebsausgaben gewertet werden. Ebenso besteht die Möglichkeit, dass ein unternehmerisches Projekt nicht mit dem Einsatz verfolgt wird, den der Kreditgeber sich wünscht. Wir werden sehen, dass der Einsatz von Eigenmitteln in einer Kreditbeziehung in einem solchen Fall hilft, dem Kreditnehmer mehr Glaubwürdigkeit zu verschaffen. Ohne hinreichende Eigenmittel kann es dazu kommen, dass ein an sich profitables Projekt keine Finanzierung findet. In diesem Falle erreicht der Markt kein effizientes Ergebnis, und es wird zu prüfen sein, ob ein staatlicher Eingriff hilft.

3.6.1   Modell eines Kreditmarktes

Wir betrachten eine Bevölkerung von $i = 1..n$ Individuen mit Anfangsvermögen w_i. Alle Individuen haben Zugang zur selben Technologie, die pro investierter Geldeinheit einen fest vorgegebenen Ertrag in Höhe von R Geldeinheiten abwirft. Zum Zeitpunkt 1 kann außerdem ein Unternehmer, Individuum 1, ein Investitionsprojekt starten. Sein unteilbares Investitionsprojekt benötigt $I > 0$ Einheiten Kapital. Wir nehmen an, dass in dieser Ökonomie insgesamt genug Kapital vorhanden ist, um dieses eine Projekt zu finanzieren. Die Investition generiert einen riskanten Ertrag in Höhe von 0 oder Y Geldeinheiten zum Zeitpunkt 2. Durch unternehmerische Anstrengung kann dieser Unternehmer die Erfolgswahrscheinlichkeit seines Projektes von $q > 0$ auf $p > q$ steigern. Die Kosten der Anstrengung werden in Geldeinheiten gemessen, sie betragen $B > 0$. Wir nehmen an, dass unternehmerische Anstrengung einen höheren erwarteten Gesamtertrag (Output minus mögliche Kosten der Anstrengung) liefert als nicht-Anstrengung, d. h., dass

---

7   Ein Modell, das die Bildung von Clubs untersucht, findet sich in Ellickson, Grodal, Scotchmer und Zame (1999).

8   Die folgende vereinfachende Darstellung eines Modells von Aghion und Bolton benutzt die Notation aus Grüner und Schils (2007).

$$pY - B > qY. \tag{3.39}$$

Der Unternehmer besitzt nicht genug Geld, um das Projekt alleine zu finanzieren. Er muss also einen Kredit in Höhe von $I - w_1$ aufnehmen. Der Unternehmer ist durch eine Haftungsbeschränkung geschützt, d. h., er kann zum Zeitpunkt 2 kein negatives Einkommen haben. Die Anfangsausstattungen der Individuen, die Verwendung der Kredite in der Firma und die Outputmengen sind beobachtbar und ein Vertrag kann Zahlungen auf diese Größen konditionieren. Die Anstrengung eines Unternehmers ist hingegen private Information. Der monetäre Payoff des Unternehmers zum Zeitpunkt 2 kann in einem Finanzvertrag daher nur auf den Output seines Vorhabens konditioniert werden, nicht auf die unternehmerische Anstrengung. Bei einer am Markt vorgegebenen Ertragsrate R hat der Unternehmer die Wahl zwischen drei Alternativen:

1. Er kann sein Vermögen in das sichere Investitionsprojekt investieren.
2. Er kann den Betrag $I - w_1$ leihen und Kreditgebern einen Vertrag anbieten, der seine Anstrengung induziert und der Bank einen erwarteten Ertrag von R garantiert.
3. Er kann den Betrag $I - w_1$ leihen und den Kreditgebern einen Vertrag anbieten, der keine unternehmerische Anstrengung induziert.

Im Folgenden wollen wir die Erträge dieser drei Aktivitäten gegeneinander abgrenzen. Mit (D_Y, D_0) bezeichnen wir die vertraglich vereinbarte Rückzahlung des Unternehmers im Erfolgs- und Misserfolgsfall und mit (E_Y, E_0) seine resultierenden jeweiligen Nettoeinkünfte. Es gilt $(E_Y, E_0) = (Y - D_Y, -D_0)$.

Wir beginnen mit den Verträgen, die unternehmerische Anstrengung induzieren. In dieser Klasse von Verträgen löst der aus Sicht eines mit Vermögen w ausgestatteten Unternehmers optimale Vertrag das folgende Problem:

$$\max_{D_0, D_Y} \; p\,(Y - D_Y) - (1 - p)D_0 - B \tag{3.40}$$

unter den Nebenbedingungen:

$$p\,(Y - D_Y) - (1 - p)D_0 - B \geq q\,(Y - D_Y) - (1 - q)D_0, \tag{3.41}$$

$$pD_Y + (1 - p)\,D_0 \geq R\,(I - w)\,, \tag{3.42}$$

$$Y - D_Y > 0, \tag{3.43}$$

$$-D_0 \geq 0. \tag{3.44}$$

Ungleichung (3.41) erfordert, dass der Unternehmer sich beim Vertrag (D_Y, D_0) tatsächlich anstrengen möchte. Ungleichung (3.42) gewährleistet, dass die Investoren wenigstens die

Marktverzinsung R erhalten.[9] Die Ungleichungen (3.43) und (3.44) sind die Haftungsbeschränkungen für die beiden möglichen Ergebnisse 0 und Y.

Die Bedingung (3.41) lässt sich umformen zu

$$(p - q)(Y - D_Y + D_0) \geq B. \tag{3.45}$$

Demzufolge strengt sich der Unternehmer an, wenn die zusätzliche Erfolgswahrscheinlichkeit, multipliziert mit der zusätzlichen Auszahlung, die Kosten der Anstrengung aufwiegt. Von da ausgehend prüfen wir nun zunächst, ob es einen Vertrag gibt, der zugleich die Bedingungen (3.41), (3.42), (3.43) und (3.44) erfüllt. Dabei sind zwei Schritte hilfreich. Erster Schritt: Wenn, ausgehend von einem beliebigen Wert D_Y, die Rückzahlung im Misserfolgsfall (D_0) steigt, so steigen sowohl die Anreize zur Anstrengung als auch die erwartete Rückzahlung an die Investoren. Daher kann man sich auf Verträge mit dem höchsten möglichen Wert von D_0 ($D_0 = 0$) beschränken. Zweiter Schritt: Eine höhere erwarteter Rückzahlung an die Investoren als $R(I - w)$ würde die Anreize bei jedem gegebenen D_0 verschlechtern, weil sich D_Y erhöht. Aus beidem folgt: Wenn der Vertrag mit $D_0 = 0$ und einer bindender Partizipationsbedingung (also $D_Y = R/p(I - w)$) nicht die Anreizverträglichkeitsbedingung und die Partizipationsbedingung erfüllt, so kann das auch kein anderer Vertrag.

Diese Erwägungen lassen sich auch in einem Diagramm im (D_Y, D_0) Raum darstellen (Abb. 3.4), in dem die linearen Bedingungen (3.41), (3.42), (3.43) und (3.44) skizziert sind. Das Vermögen w bestimmt die Lage von (3.41) und damit die Vereinbarkeit der drei Bedingungen. In Abb. 3.4 ist ein Fall dargestellt, in dem es Verträge gibt, die die Bedingungen erfüllen. Dies sind die Verträge, die auf der schraffierten Fläche liegen. Wenn stattdessen $R/p(I - w)$ zu groß ist, kann kein Vertrag alle Bedingungen erfüllen.

Die Indifferenzkurven von Unternehmer und Kreditgeber verlaufen in einem solchen Diagramm mit derselben Steigung wie die Teilnahmebedingung des Kreditgebers, wobei der Unternehmer für D_Y und D_0 ceteris paribus gerne kleine Werte hätte. Daran kann man erkennen, dass der Vertrag $(D_Y, D_0)^* = (R/p(I - w), 0)$ aus Sicht des Unternehmers in der Menge der Verträge, die (3.41), (3.42), (3.43) und (3.44) erfüllen, optimal ist.

Der Vertrag $(D_Y, D_0)^* = (R/p(I - w), 0)$ sieht die Zahlung $R(I - w_1)$ zuzüglich einer Risikoprämie vor, die erforderlich ist, da der Kredit mit Wahrscheinlichkeit $1 - p$ ausfällt.

Die Substitution des Vertrags $(D_Y, D_0)^* = (R/p(I - w_1), 0)$ in die Anreizverträglichkeitsbedingung ergibt das Mindestvermögen, das benötigt wird, um unternehmerische Anstrengung zu garantieren, als Funktion der Zinsrate R:

$$(p - q)\left[Y - \frac{R}{p}(I - w)\right] \geq B \Leftrightarrow \tag{3.46}$$

$$w \geq \omega(R) := I - p\frac{Y - \frac{B}{p-q}}{R}. \tag{3.47}$$

---

9   Wir wollen annehmen, dass der Unternehmer in der Lage ist, den für ihn besten Vertrag durchzusetzen, solange die Investorenseite dabei einen erwarteten Ertrag von R erzielt.

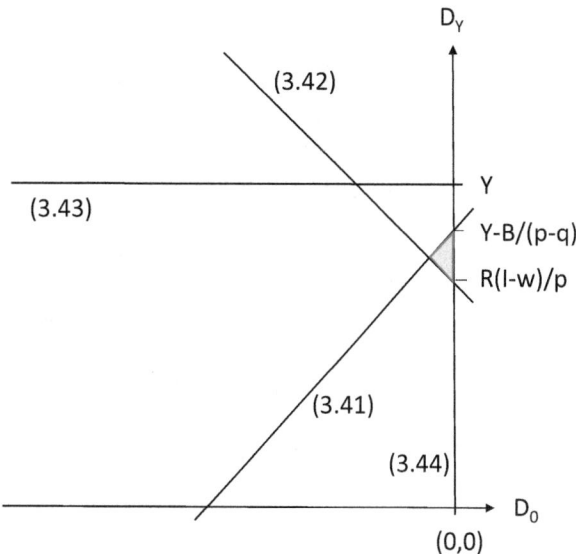

Abb. 3.4 Mindestvermögen als Funktion der Ertragsrate

Ist das Vermögen niedriger als $\omega(R)$, so ist die Summe, die der Unternehmer im Erfolgsfalle zurückzahlen müsste, zu groß, um seine Anstrengung zu induzieren. Das Mindestvermögen als Funktion der Ertragsrate ist in Abb. 3.5 dargestellt.

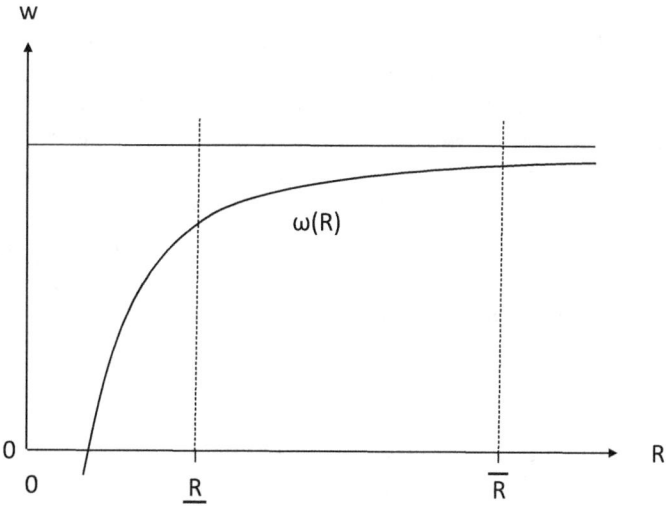

Abb. 3.5 Indifferenzkurven im Versicherungsmarktmodell

Aus der Ungleichung (3.47) folgt, dass das erforderliche Mindestvermögen $\omega(R)$ mit der Ertragsrate R steigt. Die Begründung dafür ist die folgende: Betrachten wir ein Individuum mit einem bestimmten Vermögen, das gerade ausreicht, um bei einer gegebenen Ertragsrate R auf dem Kapitalmarkt unternehmerischer Anstrengung dem Kreditgeber gegenüber glaubhaft zu machen. Erhöht man nun die Ertragsrate, so ist im Erfolgsfall bei gleichem Vermögen und damit gleicher Kredithöhe ein höherer Betrag zurückzuzahlen. Damit sinken aber die Anreize Anstrengung zu leisten. Dies kann nur ausgeglichen werden, wenn das Individuum einen niedrigeren Kredit aufnehmen muss, was der Fall ist, wenn das Individuum ein höheres Vermögen w hat.

Ein Individuum mit Vermögen w präferiert es, ein Unternehmen zu gründen, in dem es sich unter dem Vertrag $(D_Y, D_0)^*$ anstrengt, gegenüber der Investition des eigenen Vermögens in fremde Projekte genau dann, wenn:

$$p(Y - R/p(I - w_1)) - B \geq Rw \tag{3.48}$$

$$\Leftrightarrow R \leq \frac{pY - B}{I} =: \bar{R}. \tag{3.49}$$

Ein Individuum mit Vermögen w zieht eine Investition in das sichere Projekt dem Unternehmertum mit einem Vertrag, der keine Anstrengung induziert genau dann vor, wenn der Ertrag R über dem internen Ertrag eines schlechten Projektes $\underline{R}$ liegt:

$$qY - R(I - w_1) \leq Rw \tag{3.50}$$

$$\Leftrightarrow R \geq \frac{qY}{I} =: \underline{R}. \tag{3.51}$$

Wir nehmen nun an, dass beide Bedingungen mit einer strikten Ungleichheit erfüllt sind, also $\underline{R} < R < \bar{R}$. Dies ist eine Annahme an den vorgegebenen Ertrag R. Offensichtlich besteht in einer solchen Situation die Möglichkeit, dass der Markt eine Pareto-optimale Allokation der Ressourcen verfehlt. Denn ist das Vermögen von Individuum 1 kleiner als $\omega(R)$, so erhält es auf dem Kapitalmarkt keinen Kredit für sein Projekt. In diesem Fall ist der aggregierte erwartete Payoff aller n Individuen nicht maximiert. Die Maximierung des aggregierten Überschusses ist aber eine notwendige Bedingung für die Pareto-Optimalität einer Allokation. Um zu überprüfen, ob der Staat hier eine Verbesserung erreichen kann, vergleichen wir nun die Allokationen, die ein Mechanismus erreicht, mit denen, die ein Marktgleichgewicht erzielen kann.

3.6.2   Mechanismen

In diesem Abschnitt wird zunächst beschrieben, welche beschränkt Pareto-optimalen Allokationen ein Planer vermöge eines Mechanismus erreichen kann. Dabei wird zugrunde gelegt, dass der Planer – ebenso wie die Marktteilnehmer – den unternehmerischen Einsatz nicht beobachten kann. Der Einfachheit halber wollen wir annehmen, dass das Gesamtvermögen genau I beträgt. Eine Allokation beschreibt

1. die Zuweisung des vorhandenen Kapitals zu den Akteuren,
2. das Anstrengungsniveau von Individuum 1 und,
3. die Einnahmen der Individuen als Funktion des Zustands der Welt im Zeitpunkt 2, also als Funktion des Produktionsergebnisses.

Ein Mechanismus spezifiziert das Einkommen des Unternehmers zum Zeitpunkt 2 für die beiden möglichen Firmenergebnisse. Das Unternehmereinkommmen sei erneut E_Y, falls das Projekt Erfolg hat und E_0, falls nicht. Der Mechanismus induziert die Anstrengung des Unternehmers genau dann, wenn

$$pE_Y + (1 - p)E_0 - B \geq qE_Y + (1 - q)E_0 \Leftrightarrow \tag{3.52}$$

$$(p - q)(E_Y - E_0) \geq B. \tag{3.53}$$

Das niedrigste Nutzenniveau für einen Unternehmer, der sich anstrengt, wird für $E_0 = 0$ erreicht, wobei (3.53) dann als eine Gleichung hält. Dies führt uns zu:

$$E_Y = \frac{B}{p - q}. \tag{3.54}$$

Der Erwartungsnutzen des Unternehmers ist dann:

$$p\frac{B}{p - q} - B = \frac{qB}{p - q}. \tag{3.55}$$

Durch die Erhöhung von E_Y kann der Erwartungsnutzen des Unternehmers bis zum Wert $pY - B$ gesteigert und der der Investoren verringert werden. Durch das Festsetzen von $E_Y = E_0$ kann ein Planer Allokationen mit ineffizienter Produktion und einem erwarteten Gesamtertrag von qY erreichen. Alternativ kann er alle Akteure zwingen, zum Zins R zu investieren, was den höheren Gesamtertrag $R \cdot I$ ergibt. Dies vervollständigt die Beschreibung der beschränkt Pareto-optimalen Allokationen.

3.6.3 Marktgleichgewichte

Wir wollen annehmen, das Individuum 1 die Verhandlungsmacht gegenüber den vielen Investoren hat. Als ein Marktgleichgewicht wollen wir ein Anlageverhalten und ggf. einen Vertrag (D_Y, D_0) verstehen, die den Nutzen des Unternehmers maximieren. Es ist leicht zu zeigen, dass alle oben beschriebenen beschränkt Pareto-optimalen Allokationen über den Markt erreichbar sind. Hierzu genügt es, das Marktgleichgewicht mit unternehmerischer Anstrengung zu betrachten, das den Unternehmern das niedrigste mögliche Nutzenniveau sichert. Dies gilt für ein Unternehmervermögen von $w_1 = \omega(R)$. Der Nutzen des Unternehmers ist im entsprechenden Marktgleichgewicht:

$$p\left(Y - \frac{R}{p} \cdot (I - \omega(R))\right) - B = \tag{3.56}$$

$$p\left(Y - R/p \cdot \left(I - \left(I - p\frac{Y - \frac{B}{p-q}}{R}\right)\right)\right) - B = \tag{3.57}$$

$$\frac{qB}{p-q}. \tag{3.58}$$

Durch Umverteilung der Anfangsausstattungen zu Gunsten des Unternehmers lassen sich dann höhere Unternehmernutzen erzielen.

Durch Umverteilung der Anfangsausstattungen zu Gunsten der Investoren entscheidet sich der Unternehmer gegen die Investition und der Gesamtertrag ist lediglich $R \cdot I$.

Es ergibt sich also, dass im vorliegenden Modell alle Pareto-Optima, die für den Planer erreichbar sind auch als Marktgleichgewichtsallokationen bis zum Wert $pY - B$ erreichbar sind. Dies bedeutet, dass ein staatlicher Eingriff in das Marktgeschehen unter Effizienzgesichtspunkten nicht erforderlich ist, selbst wenn der Markt kein Pareto-Optimum erreicht.

3.6.4   Die Rolle der Ungleichheit

An dem oben beschriebenen Modell lassen sich auch interessante Resultate über die Rolle der anfänglichen Ungleichheit in einer Volkswirtschaft herleiten. Betrachten wir den Fall, in dem mehrere Individuen potenzielle Unternehmer sind. Bei einer gegebenen Ertragsrate ergibt sich, dass nur diejenigen Individuen, deren Vermögen über dem Sockelbetrag $\omega(R)$ liegt, eine Firma aufmachen werden, in der sie effizient arbeiten. Ist das Vermögen ungünstig verteilt, so kann es sein, dass z. B. mehrere Individuen mit dem Vermögen knapp unter dem Sockelbetrag liegen, während andere weit darüber liegen. Eine Umverteilung der Anfangsausstattung würde hier dazu führen, dass mehr effiziente Unternehmen aufgemacht werden. Umgekehrt kann es passieren, dass die Vermögen aller Individuen knapp unter dem Sockelbetrag liegen und dass eine größere Ungleichheit dazu führen würde, dass einige effiziente Unternehmen aufmachen. Die Rolle von Ungleichheit für die Effizienz in der Produktion ist daher in diesem Modell wie in einer ganzen Reihe anderer Kapitalmarktmodelle unterschiedlich zu beurteilen. Die Beurteilung hängt hier davon ab, wie groß der aggregierte Kapitalbestand der Ökonomie zu Beginn ist. Ist er niedrig, so ist für eine effiziente Produktion erforderlich, dass er ungleich verteilt ist, ist er hoch, so gilt das umgekehrte.

Hierbei ist zu bedenken, dass die effiziente Produktion nicht mit der beschränkten Pareto-Optimalität gleichzusetzen ist. Betrachten wir etwa eine arme Ökonomie in der bei einer Gleichverteilung von Vermögen kein Unternehmen effizient arbeitet. Hier ist dennoch eine Pareto-Verbesserung durch Umverteilung nicht möglich. Zwar kann man durch Umverteilung eine unternehmerische Elite generieren, die effizient arbeitet. Jedoch führt dies dazu, dass der Payoff derer, die kein Unternehmen aufmachen, im Vergleich zur Vorsituation sinkt. Umgekehrt würde in einer reichen Ökonomie die Umverteilung von reichen Unternehmern zu ärmeren Individuen die letzteren zwar in die Lage versetzen, effizient zu produzieren, den Nutzen der ersten aber reduzieren.

Ganz ähnlich wie für den Fall der Vermögensumverteilung gilt in diesen Modellen, dass auch andere wirtschaftspolitische Eingriffe immer den Charakter einer Umverteilung haben. Dies würde zum Beispiel für eine aus Steuermitteln finanzierte Kreditsubventionierung gelten, die die Steuerzahler finanziell belastet. Auch Prämien, die der Staat für erfolgreiche unternehmerische Projekte ausschreiben würde müssen durch andere Individuen erst finanziert werden. Staatliche Eingriffe können also im vorliegenden Modell zwar den insgesamt generierten Überschuss erhöhen, schaffen aber keine Pareto-Verbesserung und sind deshalb immer für wenigstens ein Individuum von Nachteil. Sie können daher in dem vorliegenden Fall bestenfalls über Gerechtigkeitsüberlegungen gerechtfertigt werden.[10]

3.6.5 Lotterien

Die bisherigen Ausführungen beschreiben das Ergebnis auf einem Markt allerdings nur, wenn die Individuen ihr Vermögen nicht vorab gegen Vermögenslotterien eintauschen können. Andernfalls würden risikoneutrale arme Individuen solche Lotterietickets erwerben, um in den Genuss einer unternehmerischen Rente gelangen zu können. Betrachten wir hierzu wieder einen gegebenen Zins R. Der Nutzen von Individuum 1 ist

$$u_1 = \begin{cases} Rw_1 & w_1 < \omega(R) \\ p\left(Y - \frac{R}{p}(I - w_1)\right) - B = Rw_1 + pY - B - RI & w_1 \geq \omega(R) \end{cases} \quad (3.59)$$

Dabei ist $pY - B - RI > 0$ eine Rente für Vermögende, die den Erwerb eines Lotterietickets mit Gewinnauszahlung $\omega(R) - w_1$ zum Preis von w_1 attraktiv macht. Gibt es nicht nur einen Unternehmer, so wäre das Ergebnis nach solch einer Lotterie eine unbeschränkt Pareto-optimale Allokation mit viel Ungleichheit.

---

10 Grüner (2003) bietet ein Modell eines Kreditmarktes mit moralischem Risiko und adverser Selektion bei dem dies nicht mehr der Fall ist. In diesem Modell führt eine geeignete Umverteilung der Anfangsausstattungen zu einem neuen – im Sinne des Pareto-Kriteriums besseren – Ergebnis. Die Umverteilung führt zugleich zu einer besseren Selektion der Unternehmer und zu einer Erhöhung der risikolosen Ertragsrate.

3.7   Adverse Selektion auf Versicherungsmärkten

Eine wichtige Ursache von Marktversagen sind Informationsasymmetrien. Eine Informationsasymmetrie liegt vor, wenn ein Marktteilnehmer, der mit einem anderen Marktteilnehmer Handel treibt, besser über die Charakteristika eines Gutes Bescheid weiß als sein Gegenüber. Beispiele für Informationsasymmetrien sind Fälle, in denen der Verkäufer besser über die Charakteristika des Gutes informiert ist als der Käufer oder Fälle, in denen ein Kreditnehmer besser über die Erfolgsaussichten eines Projektes Bescheid weiß als ein Kreditgeber. In diesem Abschnitt soll zunächst anhand eines einfachen Modells eines Versicherungsmarktes beschrieben werden, warum das Vorhandensein von Informationsasymmetrien dort zu Marktgleichgewichten führt, die in der Regel nicht Pareto-optimal sind.

3.7.1   Modell eines Versicherungsmarktes mit adverser Selektion

Wir betrachten eine Volkswirtschaft, in der die Individuen einem Einkommensrisiko ausgesetzt sind. Sie können entweder ein hohes Einkommen in Höhe von $Y = 1$ oder ein niedriges Einkommen in Höhe von $Y = 0$ erzielen. Es gibt zwei Arten von Individuen: Solche, die das hohe Einkommen erzielen können und zwar mit einer Wahrscheinlichkeit von $\theta_i = 1/2$ und solche, die mit Sicherheit ein niedriges Einkommen erzielen werden ($\theta_i = 0$). Tab. 3.1 fasst die Erfolgswahrscheinlichkeiten zusammen.

Allen Individuen ist die gleiche von-Neumann-Morgenstern-Nutzenfunktion

$$u(Y) = Y^{1/2} \tag{3.60}$$

eigen. Diese Nutzenfunktion ist konkav, das heißt, die Individuen sind risikoavers. Wir wollen annehmen, dass Individuen kein negatives Einkommen haben können. Von den Versicherungen nehmen wir an, dass sie risikoneutral sind.

Zunächst möchten wir als Referenzfall eine Situation betrachten, in der die Wahrscheinlichkeit θ_i, mit der ein Individuum i das hohe Einkommen erzielen kann, für alle Marktteilnehmer beobachtbar ist. In einer solchen Situation ist es den Individuen mit einer positiven Erfolgswahrscheinlichkeit möglich, sich gegen den Misserfolgsfall bei einer Versicherung abzusichern. Ein Versicherungsvertrag bestimmt die Zahlungen von der Versicherung an den Versicherungsnehmer bzw. vom Versicherungsnehmer an die Versicherung, die in den beiden

Tab. 3.1 Versicherungsmarktmodell

Erfolg	Individuen mit niedrigem Risiko	Individuen mit hohem Risiko
$Y = 1$	1/2	0
$Y = 0$	1/2	1

Zuständen der Welt geleistet werden. Im Erfolgsfall zahlt eine Versicherung üblicherweise nichts aus, kostet aber etwas. Im Misserfolgsfall übersteigt üblicherweise die Auszahlung der Versicherung die Kosten. Mit diesen Zahlungen ist zugleich das Nettoeinkommen des Individuums in beiden Zuständen der Welt bestimmt. Wir nennen dieses Nettoeinkommen im Falle eines Schadens Y^s und ohne Schaden Y^g. Auf einem kompetitiven Versicherungsmarkt machen die Versicherungen Nullgewinne, das heißt, die Versicherungen sind fair. Die beste Versicherung, die ein risikoaverses Individuum bekommen kann, ist eine perfekte Absicherung gegen das Ereignis eines niedrigen Einkommens. Ist die Versicherung fair, so ist das Nettoeinkommen mit Sicherheit eine halbe Geldeinheit. Individuen, die ein sicheres Einkommen in Höhe von Null haben, brauchen sich nicht gegen einen Schadensfall zu versichern.

3.7.2 Marktgleichgewicht

Die Situation ändert sich, wenn wir davon ausgehen, dass die Risiken, denen ein Individuum ausgesetzt ist, private Informationen dieses Individuums sind. Wir wollen im Folgenden annehmen, dass ein Anteil p der Bevölkerung ein hohes Einkommen erzielen kann, der Rest kann nur ein niedriges Einkommen in Höhe von Null erzielen.

Wir betrachten zunächst mögliche Versicherungsgleichgewichte, in denen zwei Versicherungen im Markt denselben einzelnen Vertrag anbieten. Ein solcher Vertrag ist durch eine Nettoauszahlung im Falle eines hohen Einkommens und im Falle eines niedrigen Einkommens charakterisiert. Es ist nun offensichtlich, dass jeder solche Vertrag von einem Individuum mit einem hohen Einkommensrisiko mit Sicherheit akzeptiert würde, wenn $Y^s > 0$ gilt. Mit diesen Kunden machen die Versicherungen dann Verluste, weshalb sie mit den anderen Kunden in einem Gleichgewicht Gewinne machen müssen. Hieraus folgt sofort, dass es für eine einzelne Versicherung eine profitable Abweichung gibt. Um dies zu sehen, modifiziert man den alten Versicherungsvertrag wie folgt. Zunächst verringert man die Auszahlung im Schadensfall um einen kleinen Betrag. Zugleich erhöht man die Auszahlung im Erfolgsfall ebenfalls um einen kleinen Betrag. Durch den ersten Schritt werden alle Versicherungsnehmer mit hohem Risiko die Versicherung wechseln. Wenn nun die Anpassung der Zahlung im Erfolgsfall hoch genug ist, so werden alle Versicherungsnehmer mit niedrigem Risiko attrahiert.

Abb. 3.6 stellt eine solche Abweichung dar. An den Achsen findet sich jeweils das Nettoeinkommen des Versicherungsnehmers im Falle eines Schadens (Y^s) und ohne Schaden (Y^g). Die Indifferenzkurven eines Individuums mit hohem Risiko sind senkrecht, da solch ein Individuum mit Sicherheit Y^s erhält. Die Indifferenzkurven eines Individuums mit niedrigem Risiko errechnen sich aus der von-Neumann-Morgenstern-Nutzenfunktion unter Berücksichtigung der Schadenswahrscheinlichkeit von 1/2. Von Punkt A aus gibt es eine profitable Abweichung zu einem Punkt B, bei der nur die guten Risiken attrahiert werden. Wenn Punkt B nahe genug bei Punkt A liegt macht man dabei einen Gewinn. Es kann sich also bei der alten Situation nicht um ein Gleichgewicht handeln.

Abb. 3.6 Indifferenzkurven im
Versicherungsmarktmodell

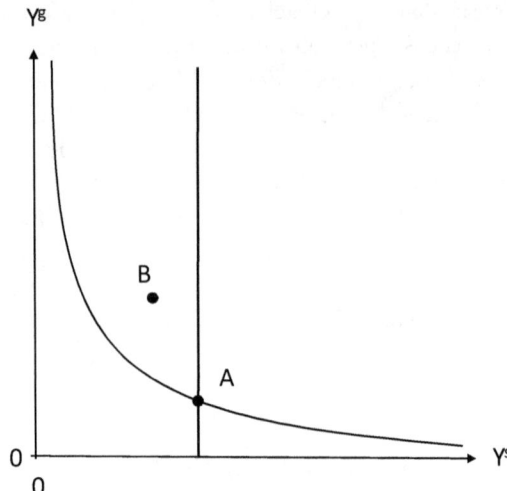

Man kann ebenso zeigen, dass es kein Versicherungsmarktgleichgewicht geben kann, auf dem beide Versicherungen identische Menüs von zwei Verträgen anbieten. Ein solches Menü würde aus einem Versicherungsvertrag bestehen, der für die Individuen mit niedrigem Einkommensrisiko gedacht ist und aus einem zweiten Vertrag für Individuen mit einem hohen Risiko. Bieten beide Verträge ein positives Nettoeinkommen für den Schadensfall Y^s an, und selektieren sich Individuen mit verschiedenen Risiken in verschiedene Verträge, so machen die Versicherungen Verluste mit dem Vertrag, der Individuen mit einem hohen Risiko anzieht. Beide Versicherungen haben einen Anreiz, auf diesen Vertrag zu verzichten. Bieten die Versicherungen stattdessen als Teil eines Menüs einen Nullgewinnvertrag für Individuen mit einem hohen Risiko an, so würden diese Individuen den anderen Vertrag wählen, sofern dieser ein positives Nettoeinkommen vorsieht. Da faktisch nur ein Vertrag gewählt würde, lässt sich das Argument zum Einzelvertrag anwenden, um ein Gleichgewicht auch hier auszuschließen. Wenn beide Versicherungen keine echte Versicherung anbieten, dann ist dies ebenfalls kein Gleichgewicht, was im folgenden Abschnitt deutlich wird, in dem gezeigt wird, dass ein Vertrag Nullgewinne machen kann, der alle Individuen strikt besserstellen kann, als ein versicherungsloser Zustand. Eine leichte Modifikation eines solchen Vertrages macht Gewinn.

Ausgehend von solchen Situationen kann man mehrere Richtungen einschlagen. Zum einen bietet es sich an, Gleichgewichte in gemischten Strategien zu untersuchen. Zum anderen kann man andere Gleichgewichtskonzepte definieren. Ein prominentes Konzept (Wilson-Gleichgewicht) verlangt, dass nur solche Abweichungen betrachtet werden, die noch profitabel sind, wenn Konkurrenten nach der eigenen Abweichung unprofitable Verträge fallen lassen. Schließlich kann man auch andere Spiele als dieses einmalige Spiel untersuchen.

Die Frage, ob Marktgleichgewichte Pareto-optimal sind, ist also nur in Abhängigkeit vom Modell und dem verwendeten Gleichgewichtskonzept zu beantworten.[11]

3.7.3 Mechanismen

Wenn das Marktergebnis nicht unbeschränkt Pareto optimal ist, stellt sich die Frage, ob ein staatlicher Eingriff zu einer Pareto-Verbesserung führen kann. Wir wollen uns hier darauf beschränken, zu zeigen, dass der Staat verglichen mit einem Zustand ohne Versicherung eine Pareto-Verbesserung erreichen kann. Betrachten wir hierzu eine Zwangsversicherung, die jedem Individuum im Schadensfall $Y^s > 0$ auszahlt und im Erfolgsfall Y^g auszahlt. Die Budgetbeschränkung der Versicherung ist

$$\frac{p}{2}\left(1 - Y^g\right) = \left(1 - p + \frac{p}{2}\right) Y^s \tag{3.61}$$

$$\Leftrightarrow Y^g = 1 - \frac{1 - \frac{p}{2}}{\frac{p}{2}} Y^s. \tag{3.62}$$

Sobald Y^s positiv ist, werden durch diese Versicherung die Individuen mit hohem Risiko bessergestellt. Wählt man nun Y^s hinreichend klein, so werden auch die Individuen mit niedrigem Risiko bessergestellt. Dies ist so, da bei der zugrunde liegenden Nutzenfunktion die Grenzrate der Substitution bei Fehlen einer Versicherung – also bei $(Y^s, Y^g) = (0, 1)$ – unendlich ist.

Eine Zwangsversicherung mit einem vorgegebenen Vertrag ist übrigens nicht die einzige Möglichkeit, gegenüber einem vertragslosen Zustand eine Pareto-Verbesserung zu erreichen. Eine Regulierung, die nur den entsprechenden Vertrag zulässt, aber die Entscheidung, ob der Vertrag angeboten wird, den Versicherungen am Markt überlässt, ist ein etwas weniger starker Eingriff, der aber dasselbe Resultat brächte.

3.7.4 Umverteilung

Auch weitergehende Eingriffe in den Versicherungsmarkt sind denkbar. Schließlich kann man sich eine Situation vorstellen, in der sich der Typ der Individuen noch nicht realisiert hat. In einer solchen hypothetischen Situation könnte jedes Individuum damit rechnen, dass es mit einer Wahrscheinlichkeit p einem niedrigen Einkommensrisiko und mit einer

---

11 Betrachten wir z. B. ein Spiel, bei dem zwei Versicherungen abwechselnd die Möglichkeit erhalten, einmalig in den Markt einzutreten, und in dem der angebotene Vertrag jeweils für eine feste Zahl $n > 1$ von Perioden angeboten werden muss, so ist klar, dass im Gleichgewicht nie eine Versicherung angeboten wird, wenn n groß genug ist und wenn die Versicherungen ihre Erträge nicht abdiskontieren. Ein erster Anbieter muss immer damit rechnen, dass er ab der Periode, die seinem Vertragsangebot folgt, Verluste macht.

Wahrscheinlichkeit $1 - p$ einem hohen Einkommensrisiko ausgesetzt ist. Diese Situation entspricht also der Situation unter dem Rawls'schen Schleier der Ungewissheit. Versichert der Staat nun alle Individuen zwangsweise gegen ein niedriges Einkommen, so kann dies – unter dem Schleier der Ungewissheit – im Interesse aller Individuen sein. Die Versicherung zahlt dann immer ein sicheres Einkommen in Höhe von $p/2$ aus. Eine solche Politik würde erst später, nachdem das Einkommensrisiko für die Individuen selbst beobachtbar geworden ist, von den Individuen mit einem niedrigen Einkommensrisiko abgelehnt, sofern $\left(\frac{p}{2}\right)^{\frac{1}{2}} < \frac{1}{2} \cdot 1 + 0 \Leftrightarrow p < 1/2$.

Der staatliche Eingriff in den Versicherungsmarkt ist aus dieser Sicht also weniger als Korrektur eines Marktversagens, als als das Ersetzen eines nicht vorhandenen Versicherungsmarktes zu verstehen. Dieser fehlende Markt ist der Markt für Versicherungen zu einem Zeitpunkt, zu dem sich die Höhe des Einkommensrisikos noch nicht realisiert hat.

3.8   Ein Arbeitsmarkt mit adverser Selektion

Auch auf Gütermärkten kann asymmetrische Information zu Marktversagen führen. Wir wollen dies an einem einfachen Arbeitsmarktmodell veranschaulichen, das sich an Akerlof (1970) orientiert[12]. Wir betrachten eine Ökonomie, die mit vielen Firmen mit identischen Technologien und einer großen Zahl von Arbeitern bevölkert ist. Alle Firmen produzieren dasselbe homogene Gut und Arbeit ist der einzige Input. Arbeiter unterscheiden sich in ihrer für die Firmen unbeobachtbaren Fähigkeit. Die Fähigkeit eines Arbeiters wird gemessen in der Zahl der Output-Einheiten, die er produziert, falls er eingestellt wird. Darüber hinaus kann ein Arbeiter, falls er nicht von einer Firma eingestellt wird, zu Hause produktiv werden. Hierbei entsteht ihm ein Nutzen, der in monetären Einheiten gemessen werden kann. Prinzipiell ist es dabei möglich, dass dieser Nutzen mit der Fähigkeit eines Arbeiters zusammenhängt.

Ein Wettbewerbsgleichgewicht bei voller Information würde erfordern, dass der Lohn jedes Arbeiters gerade seiner eigenen Produktivität entspricht. Arbeiter würden in einem solchen Gleichgewicht nur dann in einer Firma arbeiten wollen, wenn ihr dort erzielter Lohn über dem Reservationslohn liegt.

3.8.1   Marktgleichgewicht

Bei unvollständiger Information ist eine Unterscheidung zwischen Arbeitern verschiedenen Typs nicht mehr möglich. Alle Arbeiter, die in Firmen beschäftigt werden, erhalten daher in einem Wettbewerbsgleichgewicht denselben Lohn. Ein Arbeiter wird in einem solchen

---

12 Eine Ausführliche formale Darstellung eines Arbeitsmarktes mit asymmetrischer Information findet sich im Lehrbuch von Mas-Colell, Whinston und Green.

Gleichgewicht nur dann arbeiten, wenn dieser Lohn über seinem Reservationslohn liegt. Eine risikoneutrale Firma wird dann und nur dann Arbeiter einstellen, wenn die zu erwartende durchschnittliche Produktivität eines Arbeiters dem Lohn entspricht oder über dem Lohn liegt. Einen Ausgleich von Arbeitsangebot und Arbeitsnachfrage kann es nur geben, wenn der Lohn gerade der durchschnittlichen Produktivität der Arbeiter entspricht. Andernfalls wäre die Nachfrage entweder Null oder unbegrenzt hoch.

Ein Wettbewerbsgleichgewicht ist also bei asymmetrischer Information charakterisiert durch einen Lohn und durch eine Menge von Arbeitern, so dass erstens bei dem gegebenen Lohn die Arbeiter tatsächlich arbeiten wollen und zweitens der Lohn der durchschnittlichen Produktivität dieser Arbeiter entspricht. In der Regel ist ein Wettbewerbsgleichgewicht in dieser Art nicht mehr Pareto-optimal. Dies wird an dem einfachen Beispiel deutlich, in dem der Reservationslohn für alle Arbeiter gleich hoch ist. In einem Gleichgewicht, in dem Arbeiter beschäftigt sind, muss der Lohn wenigstens so hoch wie der Reservationslohn sein. Wenn die durchschnittliche Arbeitsproduktivität nun über dem Reservationslohn liegt, existiert ein Marktgleichgewicht, in dem alle Arbeiter zu einem Lohn, der der durchschnittlichen Arbeitsproduktivität entspricht, arbeiten. Dies muss aber nicht Pareto-optimal sein, da auch solche Arbeiter arbeiten, deren Produktivität unter dem Reservationslohn liegt. Es werden also im Gleichgewicht zu viele Arbeiter beschäftigt.

Besonders drastisch sind die Auswirkungen von asymmetrischer Information auf dem Arbeitsmarkt, wenn der Reservationslohn eines Arbeiters mit seiner Produktivität positiv zusammenhängt. In diesem Falle kann es zu sogenannter adverser Selektion kommen. Steigt der Reservationslohn eines Arbeiters mit seiner Produktivität, so sind letztlich Lohnsteigerungen erforderlich, um produktivere Arbeiter anzuziehen. Die durchschnittliche Produktivität steigt also mit dem Lohn. In solchen Fällen ist es möglich, dass selbst wenn die Vollbeschäftigung Pareto-optimal ist, für jeden beliebigen Lohn die durchschnittliche Produktivität unter diesem Lohn liegt. In einer solchen Situation wird im Gleichgewicht überhaupt kein Arbeiter beschäftigt.

3.8.2 Mechanismen

Ist das Versagen des Marktes bei der Allokation von Gütern unter asymmetrischer Information ein Grund für ein weiteres Eingreifen des Staates in das Wirtschaftsgeschehen? Bei der Beantwortung dieser Frage wollen wir annehmen, dass der Staat denselben Informationsbeschränkungen unterliegt wie der private Sektor. Das heißt, dass, wenn der Markt die Fähigkeit eines Arbeiters nicht beobachten kann, dies auch für den Staat nicht möglich ist. Ein direkter Revelationsmechanismus würde von einem Arbeiter eine Angabe über seinen Typ verlangen und ihm dann entweder eine Beschäftigung zuordnen mit einem entsprechenden Lohn oder keine Beschäftigung mit einem entsprechenden Lohn. Tatsächlich lässt sich zeigen, dass mit einem solchen direkten Mechanismus kein besseres Ergebnis erzielt werden kann als durch das beste Marktgleichgewicht. Das beste Marktgleichgewicht maximiert die aggregierte Differenz aus Produktivität und Reservationslohn (Überschuss). Der in der Ökonomie generierte Überschuss ist im besten Marktgleichgewicht genauso hoch wie der Überschuss, der durch den besten Mechanismus erreicht wird. Die Marktgleichgewichte sind also nicht Pareto-optimal, das beste Marktgleichgewicht ist aber beschränkt Pareto-optimal. Aus diesem Grunde kann man auch in diesem Falle von einem Marktversagen, aber gleichzeitig auch von einem Staatsversagen sprechen.

3.9   Ordnungspolitik und Prozesspolitik

In diesem Abschnitt sollen die vorangegangenen Überlegungen zu zwei Begriffen in Beziehung gesetzt werden, die verschiedene Konzepte der wirtschaftspolitischen Steuerung beschreiben. Es sind dies die Begriffe der Ordnungspolitik und der Prozesspolitik. In der deutschsprachigen Literatur über die Theorie der Wirtschaftspolitik wird oft zwischen dem Ansatz der Ordnungspolitik und dem der Prozesspolitik unterschieden. So sagen etwa Donges und Freitag (2004), dass die Ordnungspolitik die allgemeinen Spielregeln für die wirtschaftliche Betätigung der Wirtschaftssubjekte festlege, während die Prozesspolitik der Steuerung des wirtschaftlichen Geschehens diene. Nehmen wir den Begriff der Spielregeln im Sinne der Spieltheorie wörtlich, so fällt nach dieser Definition die Frage nach der Ausgestaltung der Ordnungspolitik mit dem formalen Problem des Mechanism Design, das wir zuvor kennengelernt haben, zusammen. Mechanism Design ist schließlich nichts anderes als die Untersuchung der Auswirkung von Spielregeln auf das Verhalten der betroffenen Akteure. Unter Prozesspolitik könnten wir in diesem Zusammenhang dann eine Politik verstehen, in der der Politiker selber als Spieler laufend in das Geschehen eingreift.

Ein solches laufendes Eingreifen der Politik kann theoretisch Sinn haben, wenn eine wohlmeinende politische Führung eines Landes über relevante Informationen verfügt, die den Wirtschaftssubjekten nicht zugänglich sind, z. B. wenn sie über die Qualität einer Innovation mehr weiß, als mögliche Investoren. Darüber hinaus kann es grundsätzlich sinnvoll sein, dass die Politik aus multiplen Gleichgewichten ein besonders gutes Gleichgewicht auswählt. Beides erfordert aber ein hohes Maß an Informiertheit der Politik. Andernfalls ist nicht klar, welchen zusätzlichen Wert das Eingreifen eines Politikers in ein Spiel hat. Dies schränkt den Bereich, in dem diskretionäre Spielräume für Politiker eröffnet werden sollten, ein. Denn diskretionären Spielräume werden häufig keine zusätzlichen Möglichkeiten eröffnen, bieten jedoch die Gefahr, dass Politik für die Wirtschaftssubjekte weniger berechenbar wird und die daraus resultierende Planungsunsicherheit Nachteile mit sich bringt. Hierzu gehört auch, dass durch die externe Einflussnahme von Interessengruppen Abweichungen vom Effizienzziel entstehen können, wenn die Kontrolle der Politik durch die Wahlbevölkerung nicht perfekt funktioniert.

Darüber hinaus sind wohlfahrtssteigernde diskretionäre Eingriffe noch denkbar, wenn in einer Volkswirtschaft multiple Gleichgewichte vorliegen und die Eingriffe zur Auswahl eines besseren Gleichgewichts genutzt werden[13].

Zwischen Ordnungspolitik und Prozesspolitik ist der französische Begriff der Planification angesiedelt. Die Planification wurde in der Nachkriegszeit mit dem Wiederaufbauplan „plan Monnet" (1947–1952) eingeführt. In der Folge wurden bis 1993 weitere 4–5 Jahrespläne aufgelegt. Der Begriff der Planification hat mit der Prozesspolitik gemeinsam, dass ein steuernder Eingriff durch die Politik im Wirtschaftsgeschehen vorgesehen ist. Eingriffe unterliegen einer mittelfristigen Planung. Man stellt an die Politik den Anspruch, mittelfristig den Wirtschaftsprozess zu steuern. Auch hier gilt ähnlich wie in der Prozesspolitik, dass ein solcher Ansatz wohl nur dann sinnvoll ist, wenn man davon ausgeht, dass im politischen Prozess ein Informationsvorsprung vorliegt oder aber dass ein Koordinationsbedarf besteht, der alleine von der Politik abhängt und zwar in Form eines – wenn auch mittelfristigen – so doch diskretionären Eingreifens bereitgestellt werden kann. Für die Sinnhaftigkeit einer solchen mittelfristigen Planung gelten dieselben oben in Bezug auf die Prozesspolitik gemachten Anmerkungen.

3.10 Alternative theoretische und empirische Ansätze

3.10.1 Direkter Einfluss des Allokationsmechanismus auf die Zufriedenheit

Einige theoretische Sozialforscher betonen, dass die Art und Weise, wie Güter alloziiert werden, den Nutzen, den Individuen aus einer Allokation ziehen, bestimmt. Karl Marx, und in seiner Folge eine Reihe von Soziologen, behauptet, dass der Handel einer Ware über den Markt und die Preisbildung auf dem Markt bereits die Eigenschaften eines Gutes verändern können. Über den Preis wird eine Messbarkeit und Vergleichbarkeit von Wert erreicht, die den eigentlichen Bezug zur produzierten Sache schwächt. Auch der Ökonom Serge Kolm (1984) argumentiert, dass der Austausch über den Markt ungewünschte Effekte haben kann. So behauptet er, dass der Konsum eines Geschenkes andere Effekte hat als der Konsum desselben Gutes, wenn es am Markt erworben wurde. Ob solche Effekte tatsächlich existieren und welche Rolle sie spielen, kann letzlich nur auf Basis entsprechender empirischer Untersuchungen beurteilt werden.

Offensichtlich sind bestimmte Lebensbereiche vom Marktgeschehen weitgehend ausgeklammert. Dies spricht dafür, dass Menschen Bereiche wünschen, auf denen andere Formen der Kommunikation als die über Preise zur Geltung kommen. Es bleibt dann die wichtige Frage zu beantworten, ob eine Marktwirtschaft in der Lage ist, eine effiziente Allokation

---

13 Dieses Argument wurde insbesondere in Bezug auf die Ankündigung der EZB von Outright Monetary Transactions zur Verteidigung der Kohärenz der Eurozone gemacht.

zu generieren, wenn es den Individuen selbst überlassen ist, welche Güter sie wie erzeugen und verteilen.

3.10.2 Zweifel am Postulat des Homo Oeconomicus und „sanfter" Paternalismus

Die experimentelle Wirtschaftsforschung stellt grundsätzlich die Frage, inwieweit wirtschaftliches Verhalten alleine durch den am Eigennutz orientierten „homo oeconomicus" erklärt werden kann. Eine Reihe experimentell nachgewiesener „Verhaltensanomalien" deuten darauf hin, dass Wirtschaftssubjekte möglicherweise bereit sind, auf Ressourcen zu verzichten, um Gleichheits-, Gerechtigkeits- oder Effizienzziele zu realisieren. Diese Idee fand eine theoretische Modellierung in den Arbeiten von Bolton und Ockenfels (2000) und Fehr und Schmidt (1999). An anderer Stelle wird bemerkt, dass die Einführung wirtschaftlicher Anreizmechanismen zu einer Verringerung der Motivation führen kann. In einer Untersuchung eines natürlichen Experiments bemerken Frey, Oberholzer Gee und Eichenberger (1996), dass die Bereitschaft, eine Nuklearanlage in der Nähe zu akzeptieren nicht durch Zahlungen erhöht, sondern gesenkt wird. Sie interpretieren dies so, dass die Zahlung selbst die Bereitschaft, etwas für die Gemeinschaft zu tun reduziert. Ähnlich finden Falk und Kosfeld (2006), dass vertragliche Anreize oder Vorschriften die Bereitschaft zu kooperativem Verhalten in Experimenten reduzieren können. Es ist eine wichtige Frage, ob und inwieweit die aus der Anreiztheorie gewonnenen Erkenntnisse über sinnvolle wirtschaftliche und wirtschaftspolitische Institutionen angesichts solcher Resultate modifiziert oder verworfen werden müssen.

Einige Feldexperimente legen nahe, dass wirtschaftliche Entscheidungen auch durch die Ausgestaltung der Entscheidungssituation beeinflusst werden können. Sparentscheidungen werden nach Choi, Liabson und Madrian (2004) zum Beispiel dadurch beeinflusst, ob man, ohne etwas zu tun, spart (zum Beispiel im Rahmen eines Arbeitsvertrages mit Sparplan) oder nicht spart. Zwar ist die Entscheidung faktisch dieselbe. Allerdings verhalten sich Menschen ganz verschieden. Einige Ökonomen propagieren in diesem Zusammenhang einen sogenannten sanften Paternalismus des Staates, der statistische Auswertungen nutzt, um bei Menschen ein erwünschtes Verhalten hervorzurufen.

3.11 Übungsaufgaben

1. Erklären Sie verbal und anhand von Beispielen das Problem des Mechanism Design.
2. Was ist eine soziale Auswahlfunktion?
3. Was ist das Revelationsprinzip?
4. Wann ist eine soziale Auswahlfunktion ex-post-effizient?

5. Leiten Sie die Anreizverträglichkeitsbedingungen für das Problem der Studienplatzvergabe her.

6. Nennen Sie die beiden Hauptsätze der Wohlfahrtstheorie und erläutern Sie ihre Bedeutung.

7. Wann spricht man von Marktversagen? Was ist eine beschränkt Pareto-optimale Allokation? Wann spricht man von Staatsversagen?

8. Führen Sie mögliche Ursachen von Marktversagen an und diskutieren Sie jeweils, ob auch Staatsversagen vorliegt.

9. Erläutern Sie verbal und formal, weshalb auf einem Kreditmarkt lohnende Projekte nicht immer finanziert werden. Kann der Staat hier eine Verbesserung im Sinne des Pareto-Kriteriums herbeiführen?

10. In einem Land werden Steuern auf Arbeitseinkommen erhoben, mit deren Hilfe Subventionen von Krediten für Unternehmen bezahlt werden. Diskutieren Sie die allokative Rolle eines solchen staatlichen Eingriffs. Betrachten Sie dabei alternativ die folgenden möglichen Situationen: 1. Unternehmerische Projekte werfen einen unsicheren Ertrag ab, der Ertrag ist jedoch nicht durch individuelle Anstrengung beeinflussbar. 2. Der Ertrag ist durch individuelle Anstrengung beeinflussbar, jedoch ist die Anstrengung für Kreditgeber nicht beobachtbar.

11. Die Bundesregierung fördert den Export eines Zuges nach China mit 1 Mrd. Euro. Diskutieren Sie die allokative Rolle dieser Maßnahme. Anhaltspunkt: Gehen Sie davon aus, dass im Inland andere unternehmerische Projekte – wie in Abschn. 3.6 beschrieben – existieren. Welche Auswirkung hat die Finanzierung des Großprojekts im Inland?

12. Die Bundesrepublik subventioniert den Abbau der Steinkohle im Ruhrgebiet. Ein Argument der Befürworter dieses Eingriffs ist, dass der heimische Steinkohleabbau notwendig sei, um den Export der deutschen Abbautechnologie zu gewährleisten. Diskutieren sie anhand eines selbst entwickelten Modells dieses Argument.

13. Erklären Sie verbal und grafisch, warum es im Versicherungsmarktmodell nicht zu einem Pooling-Gleichgewicht oder einem Separating-Gleichgewicht kommt. Welche Politik kann gegenüber einem versicherungslosen Zustand eine Pareto-Verbesserung herbeiführen?

14. Warum können Arbeitsmärkte bei adverser Selektion das Vollbeschäftigungsziel verfehlen? Kann der Staat in einem solchen Fall eine Verbesserung im Sinne des Pareto-Kriteriums herbeiführen?

Literatur zu Kapitel 3

Die Theorie des Mechanism Design ist sehr gut in den Lehrbüchern von Mas-Colell, Whinston und Green und von Urs Schweizer dargestellt. Die Notation im entsprechenden Abschnitt ist die von Mas-Colell, Whinston und Green.

- Mas-Colell, Andreu, Michael D. Whinston und Jerry R. Green (1995) *Microeconomic Theory.* New York, Oxford: Oxford University Press.
- Urs Schweizer (1999) *Vertragstheorie.* Tübingen: Mohr Siebeck.

Weitere verwendete Literatur ist:

- Akerlof, George (1970) „The Market for Lemons: Quality, Uncertainty and the Market Mechanism", *Quarterly Journal of Economics,* 89, 488–500.
- Bolton und Ockenfels (2000) „ERC – A Theory of Equity, Reciprocity and Competition", *American Economic Review,* 90, 166–193.
- Choi, James, David Laibson, and Brigitte C. Madrian (2004) „Plan Design and 401(k) Savings Outcomes." *National Tax Journal* 57, 275–298.
- Dixit, Avinash (1996) *The Making of Economic Policy.* Cambridge, London: MIT Press.
- Donges, Juergen B. und Andreas Freitag (2004) *Allgemeine Wirtschaftspolitik,* 2. Auflage, Stuttgart: Lucius und Lucius.
- Gale, Douglas (1996) „Equilibria and Pareto Optima of Markets with Adverse Selection", *Economic Theory,* 7, 207–235.
- Ellickson, Bryan, Birgit Grodal, Suzanne Scotchmer und William R. Zame (1999) „Clubs and the Market", *Econometrica,* 67, 1185–1217.
- Falk, Armin und Michael Kosfeld (2006) „The Hidden Costs of Control", *American Economic Review,* 96, 1611–1630.
- Fehr, Ernst und Klaus Schmidt (1999) „A Theory Of Fairness, Competition, And Cooperation" *Quarterly Journal of Economics,* 114, 817–868
- Fourastié, Jean und Jean Paul Courthéoux (1963) *La planification économique en France,* Paris: Presses universitaires de France.
- Frey, Bruno, Felix Oberholzer-Gee und Reiner Eichenberger (1996) „The Old Lady Visits Your Backyard: A Tale of Morals and Markets.", *Journal of Political Economy,* 104, 1297–1313.
- Grüner, Hans Peter (2003) „Redistribution as a Selection Device", *Journal of Economic Theory,* 108, 194–216.
- Grüner, Hans Peter und Rüdiger Schils (2007) „The Political Economy of Wealth and Interest", *Economic Journal,* 117, 1403–1422.
- Güth, Werner and Martin F. Hellwig (1986) „The Private Supply of a Public Good", *Journal of Economics,* 5, 121–159.
- Hayek, Friedrich A. (1945) „The Use of Knowledge in Society", *American Economic Review,* 35, 519–530.
- Kolm, Serge-Christophe (1984) *La bonne économie: la réciprocité générale.* Paris: Presses Universitaires de France.
- Myerson M. und R. Satterthwaite (1983) „Efficient Mechanisms for Bilateral Negotiations" *Journal of Economic Theory,* 29, 256–281.

- Prescott, Edward C. and Robert M. Townsend (1984) „Pareto Optima and Competitive Equilibria with Adverse Selection and Moral Hazard", *Econometrica*, 52, 21–45.
- Stiglitz, Joseph (1994) *Whither Socialism?*. Cambridge, London: MIT Press.
- Tibout, C. M. (1956) „A Pure Theory of Local Public Goods", *Journal of Political Economy*, 64, 416–424.

Teil II
Grundlagen der politischen Ökonomie

KAPITEL 4

Grundmodelle der direkten und der indirekten Demokratie

Die politisch ökonomische Analyse erklärt wirtschaftspolitische Ergebnisse auf Basis von Annahmen über die Motivation politischer Akteure. Wähler und Politiker sind Menschen mit eigenen Interessen. Ihr Verhalten in der politischen Sphäre mag von Überzeugungen mitgeprägt sein. Jedoch gibt es wenig Grund zu der Annahme, dass die politischen Handlungen aller am politischen Prozess Beteiligten nicht auch wirtschaftlichen Interessen folgen würden. Im Übrigen liegt es nahe anzunehmen, dass sich politische Überzeugungen gelegentlich am eigenen Interesse orientieren. Viele grundlegende Modelle der politischen Ökonomie machen die extreme Annahme, dass ausschließlich wirtschaftliche Interessen politisches Verhalten diktieren. Modellexogen sind in solchen Untersuchungen auch die Regeln des politischen Spiels.

Formale Modelle demokratischer Entscheidungsprozesse lassen sich zunächst in Modelle der direkten und Modelle der indirekten Demokratie unterscheiden. Man spricht bei den Modellen der indirekten Demokratie auch von Modellen des politischen Wettbewerbs unter verschiedenen Kandidaten oder Parteien. Es gibt eine Vielzahl von verschiedenen Grundmodellen des politischen Wettbewerbs. In diesen Modellen wird in der Regel davon ausgegangen, dass mehrere Parteien durch das Festlegen einer Wahlplattform um die Stimmen der Bevölkerung konkurrieren. Eine Wahlplattform beschreibt in diesen Modellen ein umfassendes und verbindliches Versprechen über die spätere Politik.

Modelle des politischen Wettbewerbs unterscheiden sich vor allem bezüglich:

1. des Grades der Informiertheit der Wähler über die politischen Programme und deren Konsequenzen,
2. des Grades der Informiertheit der Politiker über die Präferenzen der Wahlbevölkerung,
3. der Zahl der zu bestimmenden Politikvariablen,
4. der postulierten Ziele der politischen Akteure.

© Springer-Verlag GmbH Deutschland, ein Teil von Springer Nature 2022
H. P. Grüner, *Wirtschaftspolitik*, https://doi.org/10.1007/978-3-662-63691-6_4

Im einfachsten Modell des Parteienwettbewerbs, dem Medianwählermodell, wird zum Bei-spiel angenommen, dass die Wähler voll über die Konsequenzen der Politik informiert sind. In diesem Fall gibt es keine Möglichkeit für Politiker oder Interessengruppen, auf die Ent-scheidungen der Wähler Einfluss zu nehmen. Andere Modelle betonen dagegen, dass es für einzelne Wähler nicht sinnvoll ist, über alle Politikbereiche vollkommen informiert zu sein. In diesem Fall ist es zum einen den Politikern möglich, Einfluss auf die Entscheidungen von Wählern zu nehmen. Zum anderen ergeben sich diskretionäre Spielräume für Politiker und Bürokratie, die von Interessengruppen zur Einflussnahme genutzt werden können. Wäh-rend das Medianwählermodell annimmt, dass politische Parteien die Wünsche aller Wähler kennen, kehren andere Modelle (probabilistic voting Modelle) von dieser Annahme ab.

Die verschiedenen Modelle politischen Wettbewerbs stehen aufgrund der unterschied-lichen Annahmen, die getroffen werden, nicht notwendig im Widerspruch zueinander. Sie sind vielmehr jeweils dann anwendbar, wenn die getroffenen Annahmen mit den tatsächli-chen institutionellen Regelungen, die den politischen Prozess bestimmen, und der tatsächli-chen Informationsstruktur zusammenpassen. In diesem Kapitel wollen wir die wichtigsten Grundmodelle der direkten und der indirekten Demokratie vorstellen, um sie dann später auf einzelne Bereiche der Wirtschaftspolitik anwenden zu können.

4.1   Das Medianwählermodell

Das einfachste Modell zur Prognose eines politischen Ergebnisses ist das Medianwähler-modell. Das formale Modell wurde zunächst von Hotelling (1926) zur Beschreibung der räumlichen Konkurrenz zweier Firmen entwickelt und dann von Downs (1954) auf den politischen Wettbewerb übertragen. Das Modell untersucht eine Demokratie, in der aus einer Menge X von möglichen Entscheidungen ein Element x ausgewählt wird. X könnte etwa die Menge aller möglichen Einkommensteuersätze sein, die Menge aller möglichen Renteneintrittsalter, usw. Im Medianwählermodell ist wichtig, dass die Elemente von X sich, so wie in den beiden vorgenannten Beispielen, eindimensional anordnen lassen.

Wir wollen den Parteienwettbewerb wie folgt modellieren. Zunächst wählen zwei kon-kurrierende Parteien A und B simultan ihre Wahlplattform in Form eines Politikvorschlages x^A und x^B aus. Anschließend stimmen die Wähler für einen der beiden Vorschläge. Enthal-tungen sind nicht zugelassen. Der Einfachheit halber nehmen wir an, dass es eine ungerade Zahl $2n + 1$ von Wählern gibt, was die Allgemeinheit unserer Sätze aber nicht einschränken wird. Der Vorschlag, der die Mehrheit der Stimmen erhält, wird schließlich umgesetzt.

Jeder Wähler hat Präferenzen, die auf der Menge X der möglichen politischen Ergebnisse definiert sind. Es wird angenommen, dass jeder Wähler für denjenigen Vorschlag stimmt, der, falls implementiert, besser für ihn ist.[1] Ist ein Wähler indifferent zwischen den Vorschlägen beider Parteien, so nehmen wir an, dass er beide Vorschläge je mit Wahrscheinlichkeit $1/2$ wählt. Daraus folgt, dass, falls beide Parteien identische Werte ($x^A = x^B$) vorschlagen, sie jeweils mit Wahrscheinlichkeit $1/2$ gewählt werden.

Was wird das Ergebnis dieses Parteienwettbewerbs sein? Um hierüber eine Vorhersage treffen zu können, müssen wir zunächst Annahmen über die Ziele der beiden Parteien machen. Wir wollen im Folgenden annehmen, dass für beide Parteien alleine der Wahlerfolg erstrebenswert ist. Dies kann auf verschiedene Weise begründet werden, wie etwa dadurch, dass die Wahl an die Macht mit Prestige oder einem gesicherten Einkommen für die Parteimitglieder verbunden ist. Diese Annahme liegt oft der politisch ökonomischen Analyse zugrunde. Sie bedeutet nicht, dass sich ausschließlich am Machterhalt orientierte Politiker um Stimmen bemühen. Die Beschränkung der Analyse auf das Verhalten von am Machterhalt interessierten Politikern erscheint sinnvoll, sofern sich diese Politiker wenigstens ebenso gut durchsetzen wie solche, die auf eigene Überzeugungen Rücksicht nehmen müssen[2]. Wir wollen im Folgenden annehmen, dass beide Parteien jeweils die erwartete Zahl der auf sie entfallenden Wählerstimmen maximieren. Alternativ könnten wir auch annehmen, dass beide Parteien die Wahrscheinlichkeit eines Wahlsieges maximieren wollen. Beide Annahmen würden uns hier – wie man später leicht erkennen kann – dieselben Ergebnisse liefern.

Von zentraler Bedeutung im Medianwählermodell ist die Annahme, dass sich die Elemente der Menge X in einer Weise anordnen lassen, dass die Präferenzen der Wähler eingipflig (single peaked) bezüglich dieser Anordnung sind. Single peakedness bezüglich einer Anordnung der Elemente von X bedeutet, dass (i) jeder Wähler genau eine Politik x_i^* gegenüber allen anderen Elementen von X bevorzugt und (ii) dass jeder Wähler beim Vergleichen zweier Politikvorschläge, die beide auf derselben Seite von x_i^* liegen, den Vorschlag strikt vorzieht, der seinem eigenen Optimum näher ist.

Für die folgende Definition benötigen wir den Begriff der Anordnung der Elemente einer Menge, dargestellt durch das Zeichen „$>$". Damit ist nicht notwendig das „ist größer als" Zeichen gemeint. Für $x, y \in X$ und $x \neq y$ soll entweder $x > y$ oder $y > x$ gelten. Für alle $x \in X$ soll nicht gelten, dass $x > x$. Außerdem soll gelten: $x > y \wedge y > z \Rightarrow x > z$.

Definition (Engipfligkeit bezüglich einer Anordnung) *Die Präferenzen $\succeq_i$ der Wähler $i = 1, ..., 2n + 1$ auf der Menge X sind eingipflig (single peaked) bezüglich der Anordnung $>$ auf X :$\Leftrightarrow$*

---

1 Dies ist nicht selbstverständlich. Erstens könnten sich Wähler der Stimme enthalten, insbesondere, da in einer großen Population eine einzelne Stimme kaum von Bedeutung ist. Zweitens können sich Wähler auch entschließen, uninformiert zu bleiben, da die politische Informationsbeschaffung Kosten erzeugt. Es kann dann passieren, dass sie aus Unwissenheit für den schlechteren Vorschlag stimmen.

2 Politiker, die auf eigene Überzeugungen oder Parteiinteressen Rücksicht nehmen, sind bei der Wahl ihrer Plattform stärker eingeschränkt als solche, die dies nicht tun.

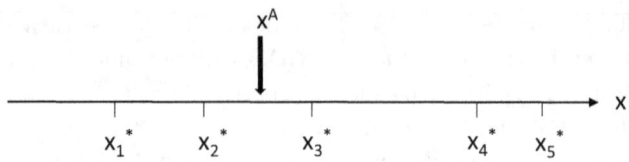

Abb. 4.1 Idealpunkte im Medianwählermodell

(i) $\forall i : \exists x_i^* \in X : x_i^* \succ_i x \; \forall \, x \in X \setminus \{x_i^*\}$,
(ii) *für alle* $x, y \in X$ mit $x < y < x_i^*$ gilt $y \succ_i x$.
(iii) *für alle* $x, y \in X$ mit $x > y > x_i^*$ gilt $y \succ_i x$.

In der Folge nennen wir die Präferenzen $\succeq_i$ der Wähler $i = 1, ..., 2n + 1$ auf der Menge X kurz „eingipflig", wenn es eine Anordnung der Elemente von X gibt, bezüglich derer die Eingipfligkeit gilt. Wenn man prüfen will, ob die Präferenzen auf einer Menge X eingipflig sind, muss man also prüfen, ob es eine Anordnung der Elemente von X gibt, bezüglich derer die Eingipfligkeit gilt.

Abb. 4.1 stellt das Medianwählermodell anhand eines einfachen Beispiels dar. Auf der Achse der reellen Zahlen sind die präferierten Realisierungen der Politikvariablen x für fünf Wähler abgetragen. Der Median der individuellen Idealpunkte ist x_3^*. Stellen wir uns jetzt vor, Partei A lege eine Wahlplattform vor, die nicht x_3^* entspricht, etwa einen Punkt $x^A < x_3^*$. In diesem Fall ist es Partei B immer möglich, die einfache Mehrheit der Stimmen zu erlangen, indem sie eine beliebigen Plattform zwischen x^A und x_3^* wählt. Sie gewinnt dann die Stimmen der Wähler 3, 4 und 5. Partei A kann eine sichere Wahlniederlage hingegen vermeiden, indem sie die Position $x^A = x_3^*$ einnimmt. Sofern Partei B nicht $x^B = x_3^*$ anbietet, erhält Partei A damit wenigsten 3 Stimmen. Im Folgenden bestimmen wir eine spieltheoretische Lösung dieses Modells.

4.1.1   Spieltheoretische Lösung des Medianwählermodells

In einem Spiel ist eine Strategie ein Plan, den ein Spieler für alle diejenigen Situationen hat, in denen das Spiel von ihm einen Zug verlangen kann. Im oben beschriebenen Spiel des Parteienwettbewerbs ist die Strategie einer Partei daher einfach durch die Wahlplattform der Partei beschrieben. Die Plattform wird von beiden Parteien simultan gewählt.

Ein Strategienprofil in einem Spiel besteht aus einer Strategie für jeden Spieler. Hier ist sie also durch ein Tupel $\left(x^A, x^B\right)$ beschrieben. Ein solches Strategienprofil wird genau dann als ein Nash-Gleichgewicht bezeichnet, wenn die Strategie jedes Spielers eine beste Antwort auf die Strategien der anderen Spieler ist. Mit „eine beste Antwort" ist gemeint, dass es keine strikt bessere Antwortstrategie gibt. Dies ist in unserem Fall erfüllt: Gegeben, dass Partei A das vom Medianwähler präferierte Programm wählt, kann Partei B maximal eine Siegeswahrscheinlichkeit von $1/2$ erzielen, nämlich dann, wenn sie auch das Medianprogramm vorschlägt. Es lässt sich auch leicht zeigen, dass es neben dem genannten Nash-Gleichgewicht kein zweites Nash-Gleichgewicht gibt.[3]

Theorem (Medianwählertheorem) *Das Spiel des Zwei-Parteien-Wett- bewerbs hat bei single-peakedness der Wählerpräferenzen ein eindeutiges Nash-Gleichgewicht. In diesem Gleichgewicht schlagen beide Parteien als Wahlplattform den Median der Idealpunkte der Wähler vor.*

Beweis Es ist zweierlei zu zeigen: (i) Wenn beide Parteien die Medianplattform vorschlagen, so ist dies ein Nash-Gleichgewicht und (ii) es gibt kein anderes Nash-Gleichgewicht. (i) haben wir bereits im Text gezeigt. Es bleibt also (ii) zu zeigen. Betrachten wir ein mögliches Gleichgewicht, in dem wenigstens eine Partei etwas anderes als das Medianprogramm vorschlägt. Wir können zwei Fälle unterscheiden: (1) Beide Parteien schlagen dieselbe Plattform vor, (2) beide Parteien schlagen verschiedene Plattformen vor. Im ersten Fall würde sich offensichtlich für jede der beiden Parteien das Abweichen zur Medianwählerposition lohnen. Im zweiten Fall können wir erneut zwei Unterfälle unterscheiden: (A) Entweder beide Plattformen liegen auf derselben Seite des Medianprogramms oder (B) nicht. Im Fall (A) kann wenigstens eine Partei ihr Ergebnis verbessern, indem sie auf die Medianplattform zieht. Auch im Fall (B) gibt es immer eine Partei, die durch Abweichen auf die Medianposition gewinnt. Denn entweder es herrscht Stimmengleichheit, dann kann jede Partei sich auf $n + 1$ Stimmen verbessern. Oder es herrscht keine Stimmengleichheit; dann kann die Partei mit der geringeren Stimmenzahl sich verbessern.   ■

4.1.2 Medianwählermodell und direkte Demokratie

Die vom Medianwähler präferierte Plattform ist also in einer indirekten Demokratie mit Zwei-Parteien-Wettbewerb das zu erwartende politische Ergebnis. Aber auch in einer direkten Demokratie ist es wahrscheinlich, dass diese Plattform sich im politischen Prozess durchsetzt. Dies ist ein Ergebnis eines wichtigen Satzes, der von Duncan Black bewiesen wurde. Die Mehrheitsregel generiert eine binäre Relation auf der Menge der politischen Alternativen. Diese Relation besagt, ob ein Element von X gegen ein anderes Element von X gewinnt. Wir haben:

Satz *Die binäre Relation, die durch die Mehrheitsregel generiert wird, ist bei single-peakedness der Wählerpräferenzen transitiv. Die Lieblingsplattform des Medianwählers gewinnt gegen alle anderen Plattformen.*

---

3 Bei einer geraden Anzahl von Wählern kann es auch mehrere Gleichgewichte geben.

Beweisidee Betrachten wir drei Plattformen x_1, x_2 und x_3 für die jeweils gelten soll, dass x_1 gegen x_2 eine Mehrheit erzielt und x_2 gegen x_3 eine Mehrheit erzielt. Verschiedene Fälle müssen nun unterschieden werden. Ein möglicher Fall wäre, dass alle drei Plattformen auf derselben Seite des Medianwähler-Programmes liegen. In diesem Fall sieht man sofort, dass die Mehrheit, die x_1 gegenüber x_2 vorzieht auch x_1 gegenüber x_3 vorzieht, weil sie Idealpunkte auf der von x_3 abgewandten Seite von x_2 haben. Analog lässt sich eine entsprechende Mehrheit auch in allen anderen möglichen Konstellationen von x_1, x_2 und x_3 relativ zur Median-Plattform finden. ■

Eine Abfolge von Abstimmungen zwischen zwei Alternativen kann sich auf Dauer nur der vom Medianwähler bevorzugten Alternative nähern.[4] Solch eine Abfolge kann außerdem keine Zyklen generieren. Die Prognose des Medianwählermodells ist daher auch für den Fall einer direkten Demokratie relevant. Stellen wir uns etwa eine Situation vor, in der man einen neuen Vorschlag jederzeit gegen den politischen Status quo zur Abstimmung bringen kann. Der Status quo bleibt nur erhalten, wenn er die Mehrheit der Stimmen bekommt. In einer solchen direkten Demokratie hat nur das Medianwählerprogramm dauerhafte Erfolgsaussichten, denn es ist das einzige Programm, welches sich – bei single-peakedness der Präferenzen – in einer paarweisen Abstimmung gegen alle anderen Vorschläge durchsetzen kann.

4.1.3   Zur Robustheit des Medianwählertheorems

Wie realistisch sind die Annahmen des Medianwählermodells als Modell des Parteienwettbewerbs? Das Medianwählermodell macht zahlreiche vereinfachende Annahmen. Um nur die wichtigsten zu diskutieren:

1. Die Eingipfligkeit von Präferenzen muss nicht gewährleistet sein.
2. Es wird nur eine politische Variable behandelt, während Wahlplattformen im Allgemeinen mehrdimensional sind. Das Modell ist also kaum zur Beschreibung eines Parteienwettbewerbs in allgemeinen Wahlen geeignet. Es kann nur dann als sinnvolles Modell eines Kandidatenwettbewerbes gelten, wenn es hauptsächlich um eine wichtige Politikvariable geht.
3. Gerade in diesem zweiten Fall erscheint aber die Annahme, dass es den Politikern alleine um den Machterhalt geht, wenig sinnvoll, da die Politikvorschläge im Modell ja für den Politiker bindend sind. Der Machtspielraum, und damit der aus der Macht zu ziehende Nutzen, wäre also praktisch gering.
4. Es gibt nicht die Möglichkeit des Zugangs dritter Parteien.

---

4   Dies bedeutet nicht, dass der Medianwähler entscheidet, was geschieht, sondern nur, dass geschieht, was der Medianwähler will.

5. Es gibt in der Realität oft eine Bindung der Wahlplattform einer Partei an Mitgliederinteressen.

6. Es gibt keine Stimmenthaltungen, obwohl es die Wähler tatsächlich etwas kosten kann, an Wahlen teilzunehmen.

7. Die von der siegreichen Partei vorgeschlagene Politik wird im Modell nach der Wahl immer umgesetzt.

8. Selbst in der direkten Demokratie kann es dazu kommen, dass die Stimmbevölkerung Entscheidungen, über die einzeln abgestimmt wird, insgeheim (etwa durch eine Absprache) miteinander verbindet. Man spricht dann auch von Logrolling (Kuhhandel).

Es gibt eine Reihe von Versuchen, das Medianwählermodell um Aspekte zu erweitern, die in den obigen Punkten genannt wurden [siehe hierzu insbesondere die sehr ausführliche Darstellung des Parteienwettbewerbs in Bernholz und Breyer 1984, Kap. 9 und 10]. Insbesondere lässt sich das Modell um Stimmenthaltungen und den Zutritt neuer Parteien erweitern. Dabei muss das zentrale Konvergenzresultat aber nicht erhalten bleiben. Das Medianwählermodell ist also nicht robust bezüglich einfacher Modifikationen. Ein Beispiel hierfür bietet das folgende erweiterte Spiel:

Zutritt einer dritten Partei*

Die Menge der politischen Alternativen sei:

$$X = \{1, 2, ..., 100\}. \tag{4.1}$$

Es gibt 100 Wähler, jeder hat einen anderen Idealpunkt. Also ist jedes Element von X der Idealpunkt genau eines Wählers. Die Präferenzen aller Wähler sind eingipflig. Zwei stimmenmaximierende Parteien A und B schlagen simultan ihre Plattformen vor, bevor eine dritte Partei C entscheiden kann, ob sie auch eine Plattform vorschlägt. Die Zielfunktion der dritten Partei sei durch

$$U_C = \begin{cases} \alpha_c - k & \text{bei Eintritt} \\ 0 & \text{sonst} \end{cases} \tag{4.2}$$

beschrieben, wobei $k \in \{0, 1, 2, ..., 100\}$ die Kosten des Eintritts beschreibt und α_c die erwartete Stimmenzahl ist. Das Lösungskonzept für dieses Spiel ist das des teilspielperfekten Nash-Gleichgewichts. Ein solches Gleichgewicht erfordert, dass die Strategien auch in allen sogenannten Teilspielen ein Nash-Gleichgewicht beschreiben. Teilspiele treten im vorliegenden Spiel auf, wann immer Partei C zum Zuge kommt. Es lässt sich zeigen, dass das Konvergenzresultat des Medianwählermodells in diesem Modell im Allgemeinen nicht mehr hält.

Satz *Das Spiel hat ein teilspielperfektes Nash-Gleichgewicht, wenn $50 \geq k \geq 34$. In diesem Gleichgewicht schlagen die Parteien A und B die Plattformen $x^A = k$, $x^B = 100 - k + 1$ vor. Partei C tritt ein, falls sie wenigstens k Stimmen gewinnen kann. Im Falle* *des Eintritts wählt sie mit gleicher Wahrscheinlichkeit eine Plattform aus der Menge der Plattformen, mit der sie die meisten Stimmen erzielt.*

Beweis Das Spiel hat ein teilspielperfektes Gleichgewicht, bei dem die dritte Partei genau dann eintritt, wenn sie wenigstens k Stimmen erhalten kann. In diesem Falle tritt sie dort ein wo sie die höchste Zahl von Stimmen bekommt. Sie wählt zufällig eine der Positionen mit maximaler Stimmenzahl wenn es mehrere davon gibt, und sie wählt dann jede dieser Position mit gleicher Wahrscheinlichkeit. In diesem Gleichgewicht positionieren sich die Parteien A und B auf den Positionen k und $100 - k + 1$.

Es gibt u. a. noch ein weiteres Gleichgewicht bei dem die dritte Partei genau dann eintritt, wenn sie wenigstens $k + 1$ Stimmen erhält. In diesem Fall sind die gleichgewichtigen Positionen der Parteien A und B $k + 1$ und $100 - k$.

In beiden Gleichgewichten lohnt es sich für Partei A nicht, nach links abzuweichen, denn dann verliert sie möglicherweise Stimmen an Partei B und sie löst möglicherweise den Eintritt von Partei C aus. Sie kann aber durch einen solchen Zug nichts gewinnen. Eine Bewegung von Partei nach rechts hätte den Eintritt von Partei C links von Partei A zur Folge, was die Stimmenzahl von Partei A reduzieren würde. ∎

Solange die Kosten k nicht zu groß und nicht zu klein sind, besetzen die Parteien A und B also Plattformen links und rechts der Mitte, um so den Zutritt der dritten Partei zu vermeiden. Das Medianwählerresultat ergibt sich nur, wenn die Kosten des Eintritts hinreichend groß sind.

Ein weiterer besonders wichtiger Kritikpunkt am Medianwählermodell ist, dass durch die vereinfachende Annahme des eindimensionalen Parteienwettbewerbs die Menge der sinnvollen Anwendungen stark eingeschränkt ist. Auf die Schwierigkeiten der Modellierung des politischen Prozesses bei mehrdimensionalen Entscheidungen kommen wir im Folgenden zu sprechen.

4.2   Parteienwettbewerb bei mehrdimensionalen Entscheidungen: Das Problem der Instabilität

Im Medianwählermodell führt der Zwei-Parteien-Wettbewerb zu einem eindeutigen politischen Gleichgewicht. Allerdings ist die getroffene Annahme der Eingipfligkeit der Wählerpräferenzen tatsächlich oft äußerst restriktiv. Wahlplattformen umfassen in der Regel eine Reihe verschiedener Vorschläge. Für Wahlen mit mehrdimensionalen Plattformen fehlt dem Medianwählermodell in der Regel jede Vorhersagefähigkeit.

Aus theoretischer Sicht ist ein fundamentales Problem des Politischen Wettbewerbs mit mehrdimensionalen Plattformen, dass in wichtigen Fällen keine Nash-Gleichgewichte in reinen Strategien existieren. Dieses spätestens seit Condorcet (1785) vom Prinzip her bekannte

Problem lässt sich leicht an einem Beispiel verdeutlichen. Ein vorgegebenes Volkseinkommen in Höhe von einer Geldeinheit soll unter drei gleichgroßen Gruppen $i = 1, ..., 3$ aufgeteilt werden. Jede Gruppe interessiert sich alleine für ihr eigenes Einkommen. Die Menge der möglichen Politikvorschläge ist durch $\{x \in R^3 : x_i \geq 0 \wedge \sum x_i = 1\}$ beschrieben. Die Menge X lässt sich in einem Dreieck wie in Abb. 4.2 darstellen. Der Punkt x^A beschreibt eine mögliche Allokation des Einkommens unter den drei Gruppen. Die Indifferenzkurven jedes Individuums sind Parallelen zu der gegenüberliegenden Seite des Dreiecks. Die schraffierten Flächen beschreiben die Menge der Punkte, in denen jeweils zwei der Gruppen besser gestellt sind als mit x^A. Offensichtlich lässt sich also für alle Punkte des Dreiecks immer ein Punkt finden, der in einer Abstimmung gegen diesen Punkt gewinnen würde.

Ein ähnliches Problem kann sich in der Steuerpolitik ergeben. Betrachten wir erneut eine Gesellschaft, die aus drei gleich großen Gruppen, $i = 1, 2, 3$ besteht. Nehmen wir an, es sei die Rolle des Staates, eine bestimmte Ausgabe in vorgegebener Höhe c zu finanzieren. Hierzu werden Steuern erhoben, die die drei Gruppen aus ihrem jeweiligen Einkommen $y_i = 1$ zu bezahlen haben. Allerdings kann man keinem Individuum mehr als seine Ausstattung (1) wegnehmen. Wir wollen auch annehmen, dass zwischen den Individuen umverteilt werden kann, das heißt, Steuereinnahmen können nicht nur für das öffentliche Gut sondern auch für Einkommenssubventionen eingesetzt werden. Eine Politik ist deshalb durch die Einkommen der verschiedenen Gruppen beschrieben, wobei die Menge der möglichen Einkommensvektoren $\{x \in R^3 : x_i \geq 0 \wedge \sum x_i = 3 - c\}$ ist. Die Menge der möglichen Wahlplattformen ist zweidimensional, da sich durch die Restriktion vorgegebener Staatsausgaben ein Steuersatz aus den anderen beiden ergibt. Nehmen wir an, Partei A würde den Vorschlag machen, alle drei Gruppen zu gleichen Teilen zu belasten. Partei B könnte nun eine Mehrheit der Stimmen (nämlich 2/3) erlangen, indem sie für eine beliebige Gruppe die Steuern erhöht und sie für die beiden anderen Gruppen senkt. Auch Partei A könnte aber wieder Erfolg haben,

Abb. 4.2 Beste Antworten auf
eine Wahlplattform x^A

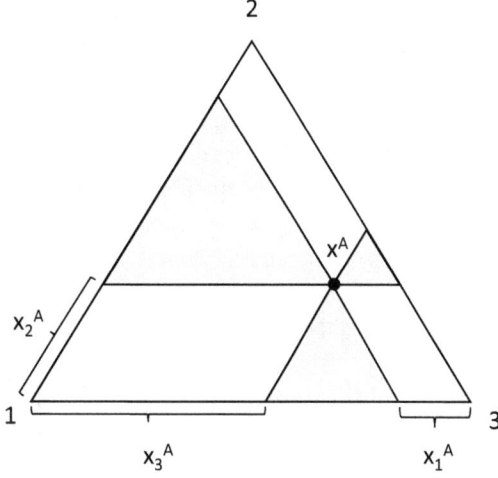

indem sie das Programm von *B* auf dieselbe Art modifiziert und dabei zwei beliebigen Gruppen den Vorzug gibt. Es ist also offensichtlich, dass es keine zwei Wahlplattformen der beiden Parteien gibt, die jeweils beste Antworten aufeinander sind. Es gibt demnach kein Nash-Gleichgewicht dieses Spiels in reinen Strategien.

Demokratische Entscheidungsprozesse sind also aus theoretischer Sicht in der Regel instabil, sobald an der Macht interessierte Parteien mit mehrdimensionalen Plattformen um die Gunst informierter Wähler werben. Die beobachtbare relative Stabilität demokratischer Entscheidungsprozesse ist deshalb ein rätselhaftes Phänomen. Warum kommt es nicht dazu, dass eine Partei, um an die Macht zu gelangen, Angestellten und Arbeitern Einkommensgewinne zu Ungunsten der Bauern verspricht, die andere Partei darauf mit dem Versprechen reagiert, gerade Bauern und Arbeiter zu bevorzugen, usw.? Die wirtschaftstheoretische Literatur hat verschiedene Versuche unternommen, die beobachtbare Stabilität des politischen Prozesses zu erklären. Einige solche Versuche wollen wir im Folgenden näher vorstellen.

4.2.1   Gemischte Strategien und Kooperation

In Spielen, in denen kein Nash-Gleichgewicht in reinen Strategien vorliegt, gibt es unter recht schwachen Bedingungen Gleichgewichte in gemischten Strategien (vergl. Mas Colell et al. 1995, S. 252 f.). Eine gemischte Strategie ist durch eine Wahrscheinlichkeitsverteilung über der Menge der reinen Strategien beschrieben. Diese Verteilung gibt an, mit welcher Wahrscheinlichkeit ein Spieler eine bestimmte reine Strategie verfolgen wird. In dem einfachen Beispiel der Aufteilung eines gegebenen Einkommens unter drei Wählern existiert ein Gleichgewicht in gemischten Strategien. Gemischte Strategien könnten im Prinzip die relative Stabilität des demokratischen Prozesses erklären. Eine solche Erklärung bestünde darin, dass die Wahrscheinlichkeitsverteilungen der gleichgewichtigen Strategien recht stark konzentriert sind. Allerdings ist genau dies nicht der Fall. Im Falle der Verteilung eines vorgegebenen Einkommens lässt sich etwa zeigen, dass mit einer hohen Wahrscheinlichkeit extreme politische Plattformen angeboten würden, die einzelne Wähler diskriminieren (vergl. etwa Artale und Grüner 2000).

Eine weitere mögliche Erklärung für die beobachtbare Stabilität liegt in der Möglichkeit der Kooperation von Wählern, sofern politische Abstimmungen öfter als nur einmal stattfinden. Aus der Theorie wiederholter Spiele ist bekannt, dass ein wiederholtes Spiel kooperative Lösungen als Gleichgewicht haben kann. Eine Kooperation in einem politischen Abstimmungsspiel bestünde darin, nur für bestimmte Plattformen zu stimmen, um übermäßige Unsicherheit über politische Ergebnisse zu vermeiden. Eine Strategie, die Kooperation herbeiführt, beinhaltet ein zukünftiges nicht-kooperatives Abstimmungsverhalten, falls einmal eine Abweichung vom kooperativen Verhalten beobachtet wurde. Beispiele solcher Modelle finden sich bei Epple und Riordan (1987) in einem Spiel, in dem einzelne Wähler Vorschlagsrechte haben und bei Artale und Grüner (2000) in einem Modell der repräsentativen Demokratie.

4.3 Probabilistic Voting

Im Modell des Parteienwettbewerbs gibt es, wie wir bereits gesehen haben, in der Regel keine Gleichgewichte in reinen Strategien, sobald die Wahlplattformen der Parteien mehrdimensional sind. Ein wichtiger Versuch, dennoch anhand eines Modells des Parteienwettbewerbs Aussagen über dessen Ergebnis zu erhalten, stellt die Probabilistic Voting Theorie dar. In Modellen probabilistischen Abstimmens wird angenommen, dass, aus Sicht der Politiker, das Wahlverhalten jedes einzelnen Bürgers mit einer gewissen Unsicherheit behaftet ist. Bei der Wahl der Plattform kann also eine Partei nicht mit Sicherheit vorhersagen, welche Wähler für und welche gegen sie stimmen werden. Vielmehr können Parteien durch die Wahl der Plattform nur die Wahrscheinlichkeit gewählt zu werden beeinflussen. Genau dieser Unterschied zu den zuvor behandelten Modellen führt dazu, dass sich, im Gegensatz zum deterministischen Abstimmungsmodell, unter Umständen eindeutige Gleichgewichte beim Parteienwettbewerb ergeben.

In der Literatur über probabilistisches Abstimmen werden unterschiedliche Ursachen der Unsicherheit der Parteien über individuelles Wahlverhalten angeführt:

1. Es wird angenommen, dass jeder Wähler eine Parteienpräferenz hat, d. h. dass er z. B. aus einer Familientradition heraus oder aufgrund einer persönlichen Vorliebe für einen Kandidaten/eine Kandidatin die Partei A lieber wählt als Partei B. Partei B's Plattform muss dann aus Sicht eines solchen Wählers wesentlich besser sein als die von Partei A, um den Wähler dazu zu bewegen, B zu wählen. Aus der Sicht der Parteien ist die Größe und Art der individuellen Parteienpräferenz unbekannt. Sie kennen daher nur die Wahrscheinlichkeit, mit der ein Wähler bei gegebenen Plattformen der beiden Parteien für Partei A (und B) stimmt.
2. Es gibt bezüglich einiger politischer Themen unveränderbare Positionen der Parteien. Die Präferenzen der einzelnen Wähler bezüglich dieser festen Positionen sind aus der Sicht der Parteien unbekannt. Ein Wähler entscheidet sich für Partei A, wenn er die Kombination aus fester und variabler Plattform besser findet als bei Partei B.
3. Es wird angenommen, dass Wähler beim Abstimmen Fehler machen können. Stehen zwei Plattformen x^A und x^B zur Wahl, und ist x^A besser für den Wähler als x^B, dann ist es umso wahrscheinlicher, dass x^A gewählt wird, je größer der Nutzenunterschied zwischen den beiden Plattformen ist.

Unter allen drei Annahmen ist aus Sicht der Partei das individuelle Wahlverhalten bei zwei gegebenen Alternativen nicht perfekt vorherzusehen. Wir zeigen in diesem Abschnitt zunächst anhand eines bekannten Modells von Peter Coughlin und Shmuel Nitzan, dass dies tatsächlich unter bestimmten Annahmen zur Existenz eines eindeutigen politischen Gleichgewichts führen kann. Anschließend wollen wir ein alternatives Modell vorstellen, in dem im politischen Gleichgewicht das Benthamsche Wohlfahrtsmaß maximiert wird.

4.3.1   Das Modell von Coughlin und Nitzan

Wir betrachten eine Bevölkerung von n Individuen, indiziert mit $i = 1, ..., n$. X ist die m-dimensionale Menge aller möglichen politischen Plattformen, $X \subset R^m$. Sie ist abgeschlossen, konvex und beschränkt. Jedes Individuum hat eine Nutzenfunktion $U(x)$, die auf X definiert ist. Von ihr wird angenommen, dass sie konkav ist.

Wir betrachten zunächst die Situation, in der ein Individuum i zwischen zwei verschiedenen Plattformen x^A und x^B aus X zu wählen hat. Nehmen wir an, das Individuum ziehe x^A vor, d.h. $U(x^A) > U(x^B)$. In einem deterministischen Abstimmungsmodell wird das Individuum mit Sicherheit für x^A stimmen. Coughlin und Nitzan nehmen stattdessen an, dass das Individuum auch einen Fehler machen kann und zwar insbesondere dann, wenn sich der Nutzen, der durch die beiden Alternative erzeugt wird, nicht stark unterscheidet. Dem probabilistic voting Modell von Coughlin und Nitzan liegt also ein kardinales Nutzenkonzept zugrunde. Die Wahrscheinlichkeit, dass Wähler i für x^A stimmt, steigt mit $U(x^A)$ und fällt mit $U(x^B)$. Sie ist durch

$$P_i^A = \frac{U_i(x^A)}{U_i(x^A) + U_i(x^B)} \tag{4.3}$$

beschrieben. Betrachten wir zur Verdeutlichung Abb. 4.3. In dem oberen der beiden Graphen ist die Nutzenfunktion eines Individuums als Funktion seines Einkommens abgetragen. Im unteren Graphen ist die Wahrscheinlichkeit dargestellt, dass das Individuum für Partei B stimmt, wenn Partei A ihm ein Einkommen in Höhe von 1 anbietet. Schlägt ihm etwa Partei B ein Einkommen von $1/2$ vor, so ist die Wahrscheinlichkeit, für Partei B zu stimmen, durch $u(0, 5)/(u(0, 5) + u(1)) = 4/(4 + 5) = 4/9$ gegeben.

Dieser zentralen Annahme von Coughlin und Nitzan liegt das Verhaltensmodell von Luce (1959) zugrunde. In diesem Modell ist die Wahrscheinlichkeit, eine von zwei Handlungen zu wählen, eine monoton steigende Funktion des kardinalen Nutzens, der aus diesen Handlungen resultiert. Luce zufolge machen Individuen Fehler, weil sie das Entscheidungsproblem aus unterschiedlichen Blickwinkeln analysieren können. Sie erfassen manchmal nur Teilaspekte des gesamten Entscheidungsproblems. Je nachdem, welchen Blickwinkel sie gerade einnehmen, wird sich ihre Entscheidung verändern.

Als Ziel der beiden Parteien wird entweder die Maximierung der erwarteten Größe der Stimmenmehrheit oder die Maximierung der Wahrscheinlichkeit eines Wahlsieges angenommen. Beide Ziele sind bei einer großen Wahlbevölkerung identisch [Hinich 1977, 212–213]. Die Parteien haben also keine eigenen Ansichten, die ihre Plattformen beeinflussen könnten. Die erwartete Mehrheit von Partei A ergibt sich aus (4.3) als die aufsummierte Differenz der individuellen Wahlwahrscheinlichkeiten:

$$P^A(x^A, x^B) = \sum_{i=1}^n \frac{U_i(x^A) - U_i(x^B)}{U_i(x^A) + U_i(x^B)}. \tag{4.4}$$

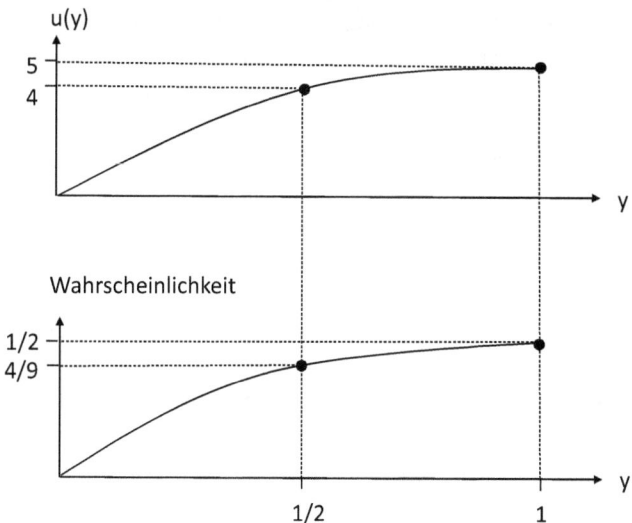

Abb. 4.3 Nutzenfunktion und Wahlwahrscheinlichkeiten

Im Modell von Coughlin und Nitzan führt der politische Wettbewerb zur Maximierung der von John Nash postulierten Wohlfahrtsfunktion. Diese Funktion ist das Produkt der Nutzenwerte aller Individuen. Die logarithmierte Nash-Wohlfahrtsfunktion ist also

$$W^N(x) = \sum_{i=1}^{n} \ln U_i(x). \tag{4.5}$$

Coughlin und Nitzan beweisen nun das folgende Theorem:

Theorem [Coughlin und Nitzan]: *Das probabilistische Abstimmungsmodell hat ein eindeutiges Gleichgewicht, wenn die Nutzenfunktionen strikt konkav sind. Beide Parteien schlagen identische Wahlplattformen vor. Diese Wahlplattform maximiert die soziale Wohlfahrtsfunktion von Nash (4.5).*

Von zentraler Bedeutung ist, dass die Nutzenfunktion U strikt konkav in allen Argumenten ist. Dies gewährleistet die Existenz und Eindeutigkeit des Gleichgewichts. Die Beweisidee des Theorems ist im Folgenden dargestellt. Für den vollständigen Beweis siehe Coughlin und Nitzan (1981, S. 119–120).

Die Beweisidee zum Theorem von Coughlin und Nitzan*
Zunächst wollen wir zeigen, dass eine Alternative genau dann ein mögliches Ergebnis des politischen Prozesses ist, wenn sie ein globales Maximum der Nash-Wohlfahrtsfunktion auf X ist. Der Beweis hierfür folgt unmittelbar aus den folgenden drei Lemmata:

Lemma 1 Eine Alternative θ ist ein mögliches Ergebnis des politischen Prozesses genau dann, wenn sie ein lokales Maximum der Funktion $P(x, \theta)$ ist.

Lemma 2 Eine Alternative θ ist ein globales Nash-Wohlfahrtsmaximum genau dann, wenn sie ein lokales Nash-Wohlfahrtsmaximum ist.

Lemma 3 Eine Alternative θ ist ein lokales Maximum der Funktion $P(x, \theta)$ genau dann, wenn sie ein lokales Maximum von $W^N(x)$ ist.

Der **Beweis von Lemma 1** basiert auf der Nullsummeneigenschaft und Symmetrie des Spiels. Wenn das Strategienprofil $(S1, S2)$ ein Nash-Gleichgewicht eines symmetrischen Nullsummenspiels ist, gilt, dass dann auch $(S1, S1)$ ein Nash-Gleichgewicht ist (Dies zu zeigen ist eine Übungsaufgabe). Also ist ein mögliches politisches Ergebnis θ des Spiels immer ein globales Maximum der Funktion $P(x, \theta)$, denn (θ, θ) muss ein Nash-Gleichgewicht sein. Damit ist θ auch ein lokales Maximum von $P(x, \theta)$. Sei umgekehrt θ ein lokales Maximum von $P(x, \theta)$. Aus der Konkavität von P folgt, dass es auch ein globales Maximum ist und daher zugleich ein mögliches politisches Ergebnis.

Beweis von Lemma 2 Die Nutzenfunktionen sind konkav. Die Logarithmus-Funktion ist streng monoton steigend und konkav. Daher ist der Logarithmus jeder einzelnen Nutzenfunktion eine konkave Funktion. Außerdem ist die Nash-Wohlfahrtsfunktion konkav und das Lemma folgt.

Beweisskizze von Lemma 3 θ ist ein lokales Maximum von $P(x, \theta)$ genau dann, wenn die Ableitungen von $P(x, \theta)$ bezüglich der einzelnen Dimensionen der Wahlplattform x an der Stelle $x = \theta$ null sind, also: $\frac{\delta P(x,\theta)}{\delta x_h}\big|_{x=\theta} = 0$. Es gilt nun aber:

$$\frac{\partial P(x, \theta)}{\partial x_h}\bigg|_{x=\theta} = \partial \sum_{i=1}^{n} \frac{U_i(x) - U_i(\theta)}{U_i(x) + U_i(\theta)} / \partial x_h \bigg|_{x=\theta} \tag{4.6}$$

$$= \sum_{i=1}^{n} \frac{[U_i(x) + U_i(\theta)] \partial U_i(x)/\partial x_h}{[U_i(x) + U_i(\theta)]^2}\bigg|_{x=\theta} \tag{4.7}$$

$$- \sum_{i=1}^{n} \frac{[U_i(x) - U_i(\theta)] \partial U_i(x)/\partial x_h}{[U_i(x) + U_i(\theta)]^2}\bigg|_{x=\theta} \tag{4.8}$$

$$= \frac{1}{2} \sum_{i=1}^{n} \frac{\partial U_i(x)/\partial x_h}{U_i(x)}\bigg|_{x=\theta}. \tag{4.9}$$

Dieser letzte Ausdruck ist aber genau die Hälfte der Ableitung der Nash-Wohlfahrtsfunktion (4.5) nach x an der Stelle $x = \theta$.

Daraus, dass die Nash-Wohlfahrtsfunktion als konkave Funktion auf einer abgeschlossenen und konvexen Menge ein eindeutiges Maximum hat, folgt, dass es genau ein mögliches politisches Ergebnis geben kann. Also kann es auch nur ein Nash-Gleichgewicht geben.

4.3.2 Probabilitstic Voting und Benthamsche Wohlfahrt

Im Modell des vorigen Abschnitts ist die Wahrscheinlichkeit, dass ein Wähler sich für eine bestimmte Partei entscheidet, eine Funktion des Verhältnisses der Nutzenwerte, die durch die beiden Wahlplattformen generiert werden. In einer alternativen Spezifikation nimmt Peter Coughlin (1984, 86) an, dass die Differenz der Nutzenwerte die Wahlwahrscheinlichkeit bestimmt. In seinem Modell, in dem jeder Wähler eine gewisse Parteien- oder Kandidatenpräferenz hat, existiert ein eindeutiges Gleichgewicht, das die Benthamsche Wohlfahrt, also die Summe aller individuellen Nutzenwerte, maximiert. Die Grundidee seines Modells wollen wir in diesem Abschnitt vorstellen.

Dieses Resultat von Coughlin lässt sich leicht anhand eines einfachen Beispiels herleiten. Wir betrachten den Fall, in dem die Politik ein gegebenes Einkommen y unter n Individuen aufteilen soll. Eine Politik ist also ein n-dimensionaler Einkommensvektor $x \in R^n$. Die Menge der Politikvorschläge ist

$$X = \left\{ x \in R^n \,\middle|\, \sum x_i \leq y, x_i \geq 0 \right\}. \tag{4.10}$$

Die Parteien A und B schlagen simultan Wahlplattformen x^A und x^B vor. Jeder Wähler hat eine Parteienpräferenz. Nehmen wir etwa an, Wähler i bevorzuge Partei A in der folgenden Weise: Wähler i wird Partei B genau dann wählen, wenn der Nutzenunterschied, der durch den Vorschlag von Partei B erzeugt wird, die Parteienpräferenz für Partei A wenigstens aufhebt. Formal wollen wir annehmen, dass Wähler i Präferenzen über Wahlplattformen und über die Identität der gewählten Partei hat, so dass er Partei B genau dann wählt, wenn

$$U_i(x^A) + a_i < U_i(x^B), \tag{4.11}$$

wobei a_i ein Maß für i's Präferenz für Partei A ist. Aus der Sicht der Parteien ist die Ausprägung der individuellen Parteienpräferenz a_i unsicher. Die Wahrscheinlichkeit, dass a_i kleiner als a ist, bezeichnen wir mit $F_i(a)$. Kennt eine Partei die Verteilung der a_i, so kann sie die Wahrscheinlichkeit der Wiederwahl als Funktion der Differenz $U_i(x^B) - U_i(x^A)$ auffassen. Die Wahrscheinlichkeit, dass Wähler i Partei B wählt, ist nämlich:

$$P_i^B = F_i(U_i(x^B) - U_i(x^A)). \tag{4.12}$$

Wenn zum Beispiel die a_i auf einem Intervall $[-a, a]$ gleichverteilt sind, dann hat $F_i(U_i(x^B) - U_i(x^A))$ die in Abb. 4.4 beschriebene Form.

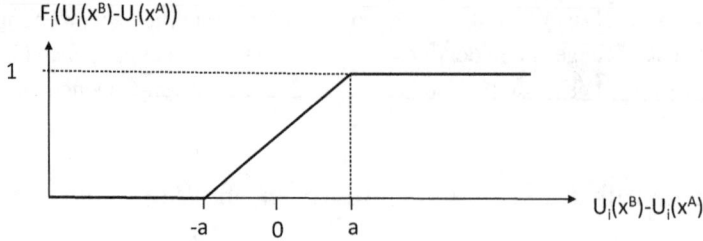

Abb. 4.4 Wahlwahrscheinlichkeiten

Die Popularität von Partei $j = A, B$ ist die Summe der individuellen Wahrscheinlichkeiten, dass Partei j gewählt wird:

$$P^B(x^B, x^A) = \sum_{i=1}^{n} F_i(U_i(x^B) - U_i(x^A)). \tag{4.13}$$

In einem Nash-Gleichgewicht muss die Politik x^B von Partei B eine beste Antwort auf die von Partei A vorgeschlagene Politik sein. Um etwas über die Eigenschaften eines solchen Gleichgewichts zu erfahren, nehmen wir an, dass die Politik von Partei A vorgegeben ist und betrachten das Maximierungsproblem von Partei B.

$$\max \; P^B(x^B, \bar{x}^A) = \max \; \sum_{i=1}^{n} F_i(U_i(x^B) - U_i(x^A)), \tag{4.14}$$

$$\text{unter den NB} \; : \; \sum_{i=1}^{n} x_i^B \leq y, \; x_i^B \geq 0. \tag{4.15}$$

Die Lagrange Funktion zu diesem Problem ist:

$$L(x^B, \bar{x}^A) = \sum_{i=1}^{n} F_i(U_i(x^B) - U_i(\bar{x}^A)) - \lambda \left(\sum x_i^B - y \right) - \sum \mu_i x_i^B. \tag{4.16}$$

Der erste Lagrange Multiplikator bezieht sich auf die Budgetbedingung, die anderen auf die Nicht-Negativitätsbedingung für die Einkommen der n Wähler. Falls es ein Optimum gibt, in dem jeder Wähler etwas bekommt, sind die Multiplikatoren μ_i null und die Bedingungen für ein Optimum sind:

$$\frac{d F_i(U_i(x^B) - U_i(x^A))}{d(U_i(x^B) - U_i(x^A))} \frac{dU_i(x^B)}{dx_i^B} = \lambda \tag{4.17}$$

für alle i. Wenn die a_i für alle Wähler in derselben Weise gleichverteilt sind, so gilt, dass lokal um den Vorschlag von Partei A die linke Ableitung für alle Wähler dieselbe Größe hat.

Existiert ein Nash-Gleichgewicht, in dem beide Parteien dieselbe Plattform vorschlagen und in dem alle Wähler etwas bekommen, so wird also durch diese Plattform die Benthamsche Wohlfahrt maximiert. Denn bei einer optimalen Reaktion von Partei B muss ihr Vorschlag die Grenznutzen aller Individuen gleichsetzen. Umgekehrt gilt: Wenn beide Parteien das Benthamsche Wohlfahrtsmaximum vorschlagen, so ist dies in jedem Falle ein lokales Nash-Gleichgewicht, da lokal die Payoff-Funktionen beider Spieler streng konkav sind. Hinreichend für die Existenz eines solchen Gleichgewichts ist, dass die Grenzen der Verteilung der Parteienpräferenz hinreichend groß sind. In diesem Falle ist nämlich die Wahlwahrscheinlichkeit auf der ganzen Menge X eine streng konkave Funktion von x^B.

4.3.3 Zur Kritik der Probabilistic Voting Theorie

Die Probabilistic Voting Theory ist ein eleganter Versuch, das theoretische Problem der Instabilität demokratischer Entscheidungsprozesse zu lösen. Allerdings sind recht strenge Annahmen an die Verteilungen der stochastischen Größen und die Form der Nutzenfunktionen nötig, deren empirische Überprüfung noch aussteht. Betrachten wir etwa das Beispiel der Verteilung eines gegebenen Einkommens unter drei Personen. Im Modell von Coughlin und Nitzan würde in einem Gleichgewicht die Plattform $(1/3, 1/3, 1/3)$ von beiden Parteien vorgeschlagen. Ein Abweichen zur Plattform $(1/2, 1/2, 0)$ würde sich nicht lohnen, da die beiden ersten Wähler den 50 prozentigen Einkommensgewinn nur mit einer recht geringen Wahrscheinlichkeit $U(1/2)/[U(1/2) + U(1/3)] < 3/5$ erkennen würden.

4.3.4 Politische Unterstützung

Wir haben gesehen, dass das Ergebnis des politischen Prozesses im Modell probabilistischen Abstimmens unter bestimmten Annahmen die Benthamsche Wohlfahrtsfunktion maximiert. Dieses Resultat hat vielen Autoren als Rechtfertigung gedient, die Zielfunktion einer Regierung als eine gewichtete Summe von Zielfunktionen wichtiger homogener Einzelgruppen zu schreiben. Zerfällt etwa die Wahlbevölkerung in eine Anzahl m homogener Gruppen der Größe n_i, $i = 1, ..., m$, und ist die Zielfunktion jedes Mitglieds der Gruppe i als $U_i(x)$ zu schreiben, so kann man die Zielfunktion der Regierung als

$$G(x) = \sum_{i=1}^{m} \frac{n_i}{\sum_{i=1}^{n} n_i} U_i(x^A). \tag{4.18}$$

schreiben. Zielfunktionen dieser Art werden als „political support function" bezeichnet (siehe auch Mueller 1992, 203–204). Die Intuition, die in der Political Support Function zum Ausdruck kommt, ist einfach: Politiker sehen sich einem Tradeoff zwischen den Zielen verschiedener Interessengruppen gegenüber, wenn sie ihre Plattformen bestimmen. Das Probabilistic Voting Modell kann also als eine Mikrofundierung der Political Support Function gesehen werden.

4.4   Das Mean-Voter Theorem

Einen anderen Versuch, das Rätsel politischer Stabilität in mehrdimensionalen Entscheidungsprozessen zu lösen, machen Caplin und Nalebuff (1990) mit dem Mean-voter Theorem. Da der Beweis des Theorems recht kompliziert ist, wollen wir uns hier alleine auf eine Darstellung des Theorems und seine Diskussion beschränken. Caplin und Nalebuff betrachten eine Demokratie, in der von einer großen Zahl von Individuen mehrere politische Entscheidungen getroffen werden sollen. Die Präferenzen jedes einzelnen Individuums i können dabei durch eine Nutzenfunktion $U_i(x)$ dargestellt werden, wobei x ein $m-$dimensionaler Vektor der politischen Entscheidungen aus einer Menge X ist. Dabei können die Funktionen U_i von Individuum zu Individuum verschieden sein. Wir wissen bereits, dass in einer solchen Situation im Allgemeinen kein Mehrheitsgewinner x^* existiert, d. h., dass es in der Regel keinen Vorschlag x^* gibt, der in einer Mehrheitswahl gegen jeden anderen möglichen Vorschlag x' aus X gewinnt. Caplin und Nalebuff untersuchen nun, ob durch das Anheben der erforderlichen Mehrheit Stabilität erreicht werden kann. Als δ-Mehrheitsgewinner wird daher ein Vorschlag x^* bezeichnet, wenn es keinen anderen Vorschlag in X gibt, der gegen x^* einen Anteil δ der Stimmen erhält.

Caplin und Nalebuff nehmen an, dass die Präferenzen der Individuen durch eine additiv separable Nutzenfunktion der Form

$$U(\alpha^i, x) = \sum_{k=1}^{n} \alpha_k t_k(x) + t_{n+1}(x) \qquad (4.19)$$

dargestellt werden können. Individuen unterscheiden sich bezüglich ihrer Präferenzen. Diese Unterschiede kommen in einem Vektor von individuellen Charakteristika $\alpha^i \in R^n$ zum Ausdruck. Die Funktionen t_k beziehen sich jeweils auf einen bestimmten Sachverhalt k. Ein Sachverhalt könnte etwa die Höhe der Inflationsrate oder die Höhe der Arbeitslosigkeit sein. Es wird also zum Ausdruck gebracht, wie die allgemeine Politik aus Sicht aller Individuen im Hinblick auf einen bestimmten Sachverhalt bewertet wird. Das Gewicht für den Sachverhalt $n + 1$ wird auf 1 normiert. Die Individuen unterscheiden sich nur bezüglich des jeweiligen Vektors α^i. In der Bevölkerung sind die Charakteristika mehrdimensional mit einer Dichtefunktion $f(\alpha)$ verteilt.

Ein Beispiel kann helfen, diese Nutzenfunktion besser zu verstehen. Nehmen wir an, es ginge um eine einzige politische Entscheidung, etwa den Anteil der Mineralölsteuer $x \in [0, 1]$ am Benzinpreis. Die Politik ist eindimensional, also ist $m = 1$. Nehmen wir weiter an, die Steuer habe zwei Konsequenzen: Das Sozialprodukt wird erstens verringert, zweitens steigt die Qualität der Umwelt. Es gibt also zwei Sachverhalte und n ist gleich 1. Beide Konsequenzen werden von allen Individuen mit denselben Funktionen t_1 (für Sozialprodukt) und t_2 (für die Qualität der Umwelt) bewertet, aber diese Ergebnisse werden unterschiedlich gewichtet. Ein extremer Umweltschützer hat dann etwa die Nutzenfunktion $U(x) = t_2(x)$.

Entscheidend für die erforderliche Größe der Mehrheit, welche politische Stabilität garantiert, ist wie Caplin und Nalebuff zeigen, die Krümmung (oder Konkavität) der Dichtefunktion f. Der Grad der Konkavität einer Funktion ist durch die folgende Definition beschrieben:

Definition (ρ-Konkavität) *Sei f eine Funktion mit support auf einer konvexen Menge $B \subset R^n$. f ist ρ-konkav genau dann, wenn für alle Paare $\alpha, \alpha' \in X$ und für alle $\lambda \in [0, 1]$ gilt, dass:*

$$f(\lambda \alpha + (1 - \lambda)\alpha') \geq \left[\lambda f(\alpha)^\rho + (1 - \lambda) f(\alpha')^\rho\right]^{1/\rho} \tag{4.20}$$

Als mittleren Wähler (mean-voter) bezeichnen Caplin und Nalebuff den Wähler, dessen Präferenzen durch den Erwartungswert $\bar{\alpha}$ charakterisiert sind. Sie zeigen, dass die von einem solchen Wähler präferierte Politik ein δ-Mehrheitsgewinner ist, wenn

$$\delta \geq 1 - \left[\frac{n + \frac{1}{\rho}}{n + 1 + \frac{1}{\rho}}\right]^{n + \frac{1}{\rho}}. \tag{4.21}$$

Ist die Verteilung von α eine mehrdimensionale Gleichverteilung, so gilt zum Beispiel, dass ab einer Mehrheit von 63 % eine solche Politik existiert und das für beliebig große Werte von n. Verteilungen wie die Normalverteilung, die Exponentialverteilung oder die β-Verteilung sind nullkonkav, d. h. ihr Logarithmus ist konkav. Für diese Verteilungen schlägt bei einer 64-Prozent-Regel der Vorschlag des mean-voter alle anderen Vorschläge.

Zur Kritik des Mean-voter-Theorems lässt sich sagen, dass die 64-Prozent-Regel zwar zur Erklärung der Stabilität von Verfassungen dient, sofern diese durch eine Zweidrittelmehrheit gestützt wird. Offensichtlich erweist sich das Mean-voter-Theorem aber als weniger hilfreich, wenn wir Fälle betrachten, in denen niedrigere Mehrheiten ausreichen, um Politik zu ändern. Es ist auch zweifelhaft, ob die Verteilung der Parameter α immer eine unimodale Verteilung ist. Ist eine Gesellschaft stark polarisiert, d. h. zerfällt sie in mehrere homogene Gruppen mit entgegengesetzten Interessen, so könnte die Verteilungsfunktion mehrere Maxima haben, der Grad der Konkavität wäre dann höher.

4.5   Informationsaggregation im politischen Prozess

Die bisher besprochenen Modelle des politischen Wettbewerbs stellen Interessenkonflikte zwischen Wählern in den Vordergrund. Diese Konflikte werden in der Demokratie über

Abstimmungsregeln gelöst. Politische Parteien haben dabei Informationen über die Präferenzen der einzelnen Wähler und bemühen sich, durch geeignete Plattformen viele Wähler zufrieden zu stellen und so viele Stimmen zu erhalten.

In diesem Abschnitt wollen wir eine alternative Sichtweise des politischen Prozesses vorstellen, die sich zunächst nicht auf Interessengegensätze konzentriert. Nach dieser Sichtweise ist der politische Prozess ein Prozess der Aggregation von Informationen. Sofern Wähler private Informationen über die Qualität eines politischen (Reform-) Vorschlages haben, kann ein Wahlverfahren die dezentral vorhandene Information in einer sinnvollen Weise aggregieren. Die Information ist dann dezentral bei den einzelnen Wählern verteilt und sie wird durch das Abstimmungsverfahren gebündelt.

Betrachten wir etwa eine Situation, in der eine Reform gegen einen Status quo zur Abstimmung gebracht wird. Dabei sei zunächst mit Wahrscheinlichkeit q die Reform für alle Wähler von Vorteil und mit $1-q$ von Nachteil. Es gibt also keinen Interessengegensatz zwischen den Wählern. Jeder Wähler erhält ein privates Signal über die Qualität des Reformvorschlages. Wir wollen annehmen, dass das Signal eines einzelnen Wählers mit einer Wahrscheinlichkeit von p korrekt ist, wobei das Signal zwar wertvoll ($p > 1/2$), aber nicht perfekt ($p < 1$) sein soll. Bei einer großen Wahlbevölkerung würde dann bei einer Wahl, in der jeder Wähler seinem Signal folgt, ein Anteil p der Bevölkerung für die Reform stimmen, falls diese gut ist.

Dies ist ein wichtiges Resultat. Bei gleichgerichteten Interessen lohnt es sich, demokratisch zu entscheiden, da die demokratische Entscheidung die – mit dem wahren Zustand der Welt korrelierte – Informationen aller Individuen nutzt. Dieser Sachverhalt wurde zuerst von Condorcet in seinen beiden sogenannten Jury-Theoremen mathematisch festgehalten. Der erste Teil des Condorcet-Jury-Theorems sagt, dass in der oben beschriebenen Umgebung die Qualität einer Entscheidung zunimmt, wenn die Zahl derer, die an der Entscheidung per Mehrheitsentscheid beteiligt sind, zunimmt. Der zweite Teil des Condorcet-Jury-Theorems stützt sich auf das Gesetz großer Zahlen und sagt, dass für eine gegen Unendlich gehende Zahl von Jurymitgliedern die Wahrscheinlichkeit, die richtige Entscheidung zu treffen, gegen 1 geht.

Die Bedeutung der Condorcet-Jury-Theoreme wurde in letzter Zeit in einigen interessanten theoretischen Arbeiten aus spieltheoretischer Sicht neu beleuchtet. Ein erstes Problem ergibt sich, da Condorcet davon ausgeht, dass alle Jurymitglieder tatsächlich anhand ihrer privaten Information abstimmen. Dies ist aber nicht notwendig der Fall. Bisher haben wir angenommen, dass ein Wähler immer seinem persönlichen Eindruck über einen Sachverhalt folgt, wenn es zur Abstimmung kommt. Dieses oben zugrunde gelegte Wahlverhalten muss aber nicht immer das gleichgewichtige Wahlverhalten sein. Tatsächlich kann es nämlich Anreize geben, bei einer Abstimmung nicht der eigenen Information zu folgen.

Stellen wir uns zum Beispiel vor, dass bei einer sehr großen, aber endlichen Zahl von Wählern jeder Wähler mit einer Wahrscheinlichkeit $p = 0,6$ das richtige Signal bekommt und dass die Reform der Zustimmung von 66 % der Bevölkerung bedarf. Der Fall, dass sich ein einzelner Wähler als wahlentscheidend herausstellt, ist dann sehr unwahrscheinlich.

Wenn dies nun der Fall ist, dann haben ungefähr 66 % der Wähler der Reform zugestimmt, und es ist daher sehr wahrscheinlich, dass die Reform sinnvoll ist. In diesem Falle kann es sein, dass es für einen Wähler keine beste Antwort ist, seinem eigenen Signal folgend abzustimmen, wenn alle anderen Wähler das tun. Es kann stattdessen besser für ihn sein, wenn er sich der Stimme enthält, da sein eigenes Signal ja mit einer hohen Wahrscheinlichkeit von beinahe 100% falsch ist. In einem Gleichgewicht würde es daher zu strategischem Wählen oder zu Wahlenthaltungen kommen. Betrachtet man den politischen Prozess als Prozess der Informationsaggregation, so sind die politischen Regeln daher unter Berücksichtigung der tatsächlichen Verteilung von Informationen zu erstellen. Insbesondere ist die erforderliche Mehrheit an die oben benutzten Parameter angemessen anzupassen.

Ein anderes Problem ergibt sich, wenn die beteiligten Individuen die private Information über den wahren Zustand der Welt nicht kostenlos erhalten. In solchen Situationen kann es dazu kommen, dass eine Vergrößerung der Jury zu schlechteren Anreizen führt, Informationen zu beschaffen. Dies ist einleuchtend: Die Stimme eines Jurymitgliedes ist nur dann entscheidend, wenn dieses Jurymitglied tatsächlich wahlentscheidend ist. Steigt die Zahl der Jurymitglieder, so sinkt in der Regel die Wahrscheinlichkeit, dass ein Jurymitglied wahlentscheidend ist. Damit sinken aber auch die Anreize sich Informationen zu beschaffen.

Dies wird an einem sehr einfachen Beispiel deutlich (Mukhopadhaya 2003). Betrachtet man ein einzelnes Individuum, das eine Information erwerben kann, die mit Sicherheit richtig ist, so wird das Individuum die Information erwerben, wenn die richtige Entscheidung für dieses Individuum einen Wert hat, der über den entsprechenden Kosten der Informationsbeschaffung liegt. Betrachten wir nun stattdessen eine Situation, in der zwei Individuen simultan entscheiden müssen, ob sie verifizierbare Informationen zu Kosten c erwerben wollen. Beschaffen die beiden Individuen ihre Informationen unabhängig voneinander, so gibt es zunächst zwei Gleichgewichte in reinen Strategien. Bei den beiden Gleichgewichten wird jeweils eines der Individuen sich die Information beschaffen, das andere nicht. Derjenige, der die Information besitzt, offenbart sie und beide sind sich über die angemessene Entscheidung einig.

Eine offensichtlichere Art das Spiel zu spielen ist jedoch ein Gleichgewicht in gemischten Strategien, bei denen beide Individuen nur mit einer positiven Wahrscheinlichkeit p (die unter 1 liegt) die Information kaufen. Beträgt der Nutzen einer richtigen Entscheidung k, und ist jede der beiden Alternativen mit gleicher Wahrscheinlichkeit die richtige, so errechnet sich p durch

$$pk + (1 - p)\frac{k}{2} = k - c \qquad (4.22)$$

$$\Leftrightarrow p = 1 - \frac{2c}{k}. \qquad (4.23)$$

Links steht dabei der Nutzen der entsteht, wenn man die Information nicht erwirbt, rechts der Nutzen bei Erwerb der Information. Im Gleichgewicht kann es entweder zur Verdoppelung der Information kommen – dies ist ineffizient – oder aber es kommt dazu, dass nur ein

Individuum oder kein Individuum die Information besorgt. Sofern kein Individuum sich die Information besorgt, ist dies auch ineffizient, wenn die Kosten der Informationsbeschaffung unter dem sozialen Nutzen, der aus einer richtigen Entscheidung resultiert, liegen. Mit einer Vergrößerung der Zahl der Entscheidungsträger kommt es also in diesem Beispiel zu einer Reduktion der Qualität der Entscheidung.

Die systematische Erforschung der Informationsaggregation bei Abstimmungsprozessen begann Ende der 90er Jahre. Leser sind zum Einstieg auf die Artikel von Feddersen und Pesendorfer (1997), Piketty (1999), Gerling et al. (2003) und Myerson (1999) verwiesen.

4.6   Übungsaufgaben

1. Betrachten Sie eine Wahlbevölkerung von $i = 1, ..., 2n + 1$ Individuen. Es soll eine politische Entscheidung über eine Größe $x \in X$ getroffen werden. a) Was ist Eingipfligkeit der Wählerpräferenzen? Geben Sie jeweils eine verbale und eine formale Definition. b) Beweisen Sie das Medianwählertheorem.

2. Betrachten Sie den eindimensionalen Wettbewerb dreier stimmenmaximierender Parteien. Die Idealpunkte der Wähler seien uniform auf einem Intervall A verteilt und ihre Präferenzen single peaked. Die Parteien bestimmen die Plattformen simultan. Gibt es ein Nash-Gleichgewicht in reinen Strategien?

3. Zeigen Sie anhand eines Beispiels, dass bei mehrdimensionalen Wahlplattformen in der Regel kein Nash-Gleichgewicht im Parteienwettbewerb existiert.

4. Die Menge der politischen Alternativen sei $X = \{1, 2, ..., 100\}$. Es gibt 100 Wähler, jeder hat einen anderen Idealpunkt. Also ist jedes Element von X der Idealpunkt genau eines Wählers. Die Präferenzen aller Wähler sind eingipflig. Zwei stimmenmaximierende Parteien A und B schlagen simultan ihre Plattformen vor, bevor eine dritte Partei C entscheiden kann, ob sie auch eine Plattform vorschlägt. Die Zielfunktion der dritten Partei sei durch $U_C = \begin{cases} \#_c - k & \text{bei Eintritt} \\ 0 & \text{sonst} \end{cases}$ beschrieben, wobei $\#_c$ die Stimmenzahl von Partei C ist. Nehmen Sie zuerst $k = 0$ an und zeigen Sie, dass eine Situation, in der die beiden etablierten Parteien das Medianwählerprogramm vorschlagen, nicht Teil eines teilspielperfekten Gleichgewichts sein kann. Nehmen Sie nun an, dem Eindringling entstehen feste Kosten in Höhe von $k > 0$. Wann (und wie) wird der Zutritt von Partei C durch Partei A und B verhindert?

5. Erläutern Sie die Grundannahmen der verschiedenen Modelle des probabilistischen Abstimmens und diskutieren Sie deren Rechtfertigungen.

6. Zeigen Sie, dass im Modell von Coughlin das Nash-Gleichgewicht die Benthamsche Wohlfahrt maximiert.

7. Diskutieren Sie das theoretische Problem der Stabilität politischer Entscheidungsprozesse und bewerten Sie die Ihnen bekannten Lösungsansätze.

8. Ordnen Sie die Ihnen bekannten Abstimmungsmodelle nach (i) dem Grad der Informiertheit der Wähler über die politischen Programme und deren Konsequenzen, (ii) dem Grad der Informiertheit der Politiker über die Präferenzen der Wahlbevölkerung, (iii) der Zahl der zu bestimmenden Politikvariablen und (iv) der postulierten Ziele der politischen Akteure ein.
9. Beschreiben Sie anhand eines Beispiels, wie Information in einer Demokratie sinnvoll aggregiert wird.
10. Was besagt das Condorcet Jury Theorem?
11. Weshalb kann es in einer Abstimmung dazu kommen, dass ein Individuum nicht seiner eigenen Einschätzung folgt?

Literatur zu Kapitel 4

Eine sehr gute Einführung in Modelle des politischen Wettbewerbs liefern

- Mueller, Dennis (1990) *Public Choice II.* Cambridge, MA: Cambridge University Press.
- Bernholz, Peter und Friedrich Breyer (1984) *Grundlagen der politischen Ökonomie.* Tübingen: J.C.B. Mohr.
- Ordeshook, Peter C. (1988) *Game Theory and Political Theory.* Cambridge: Cambridge University Press.

Leserinnen und Leser, die sich vertieft dem Studium der Probabilistic Voting Theorie widmen wollen, sind auf das gleichnamige Buch von Peter Coughlin (1992) verwiesen. Es wird in jedem Fall empfohlen, die Abschnitte A-C des Kapitels 11 in Mueller (1990) zu lesen. Das Konzept des Probabilistic Voting wurde von Hinich, Ledyard und Ordeshook (1972) zuerst eingeführt. Dieses Modell wurde durch Denzau und Katz (1977) verallgemeinert. Insbesondere finden Denzau und Katz Bedingungen, unter denen das Probabilistic Voting Modell ein eindeutiges Nash-Gleichgewicht hat. Hierfür muss (i) bei gegebenen Nutzenfunktionen der Individuen die Unsicherheit über das Wahlverhalten hinreichend groß oder alternativ (ii) bei gegebener Unsicherheit die Risikoaversion der Individuen hinreichend groß sein. Die Übereinstimmung des Gleichgewichts unter Probabilistic Voting mit dem Benthamschen Wohlfahrtsmaximum wurde von Peter Coughlin (1986) und die Übereinstimmung mit dem Nash-Wohlfahrtsmaximum durch Coughlin und Nitzan (1981) gezeigt. Die vertiefende (Original-) Literatur zu den in diesem Kapitel behandelten Themen ist:

- Artale, Angelo und Hans Peter Grüner (2000) „A Model of Stability and Persistence in a Democracy", *Games and Economic Behavior,* 33, 20–40.
- Austen-Smith, David and Jeffrey S. Banks (1996) „Information Aggregation, Rationality, and the Condorcet Jury Theorem", *American Political Science Review,* 90, 34–45.

– Blinder, Allan S. and John Morgan (2000) „Are two heads better than one?: An experimental analyses of group versus individual decision making", NBER Working Paper No. 7909.
– Cai, Hongbin (2004) „Optimal Committee Design with Heterogeneous Preferences", *Review of Economic Studies,* 71, 165–191.
– Caplin, Andrew und Barry Nalebuff (1991) „Aggregation and Social Choice: A Mean-Voter Theorem", *Econometrica* 59, 1–23.
– Condorcet, Marquis de (1785) *Essai sur l'application de l'analyse à la probabilité des decisions rendues a la pluralité des voix*, Paris: L'imprimerie royale.
– Coughlan, Pete (2000) „In Defence of Unanimous Jury Verdicts: Communication, Mistrials, and Sincerity", *American Political Science Review,* 94, 375–393.
– Coughlin, Peter (1986) „Elections and Income Redistribution" *Public Choice,* 50, 27–91.
– Coughlin, Peter und Smuhel Nitzan (1981) „Electoral Outcomes with Probabilistic Voting and Nash Social Welfare Maxima", *Journal of Public Economics,* 15(1), 113–121.
– Coupé, Tom and Abdul G. Noury (2002) „On Choosing Not To Choose: Testing The Swing Voter's Curse", ECARES, Université Libre de Bruxelles, Working Paper.
– Doraszelski, Ulrich, Dino Gerardi and Francesco Squintani (2003) „Communication and Voting with Double-Sided Information", *Contributions to Theoretical Economics,* 3, Article 6.
– Epple, Dennis und Michael H. Riordan (1987) „Cooperation and Punishment under Repeated Majority Voting", *Public Choice,* 55, 41–73.
– Feddersen, Timothy J. and Wolfgang Pesendorfer (1996) „The Swing Voter's Curse", *American Economic Review,* 86, 408–424.
– Feddersen, Timothy J. and Wolfgang Pesendorfer (1997) „Voting Behavior and Information Aggregation in Elections with Private Information", *Econometrica,* 65, 1029–1058.
– Feddersen, Timothy J. and Wolfgang Pesendorfer (1998) „Convicting the Innocent: The Inferiority of Unanimous Jury Verdicts under Strategic Voting", *American Political Science Review,* 92, 23–35.
– Feddersen, Timothy J. and Wolfgang Pesendorfer (1999a) „Election, Information Aggregation and Strategic Voting", *Proceedings of the National Academy of Sciences,* 96, 10572–10574.
– Feddersen, Timothy J. and Wolfgang Pesendorfer (1999b) „Abstention in Elections with Asymmetric Information and Diverse Preferences", *American Political Science Review,* 93(2), 381–398.
– Gerling, Kerstin, Hans Peter Grüner, Alexandra Kiel und Elisabeth Schulte (2005) „Decision Making in Committees: a Survey", *European Journal of Political Economy,* 21, 563–579.
– Hinich, Ledyard und Ordeshook (1972) „Nonvoting and the existence of equilibrium under majority rule", *Journal of Economic Theory,* 4, 144–153.
– Luce, R. Duncan (1959) *Individual Choice Behavior.* New York: Wiley.

- Mukhopadhaya, Kaushik (2003) „Jury Size and the Free Rider Problem", *The Journal of Law, Economics and Organization,* 19, 24–44.
- Myerson, Roger (1999) „Informational Origins of Political Bias towards Critical Groups of Voters", *European Economic Review,* 43, 767–778.
- Nitzan, Smuhel (2001) „The Invalidity of the Condorcet Jury Theorem under Endogenous Decision Skills", *Economics of Governance,* 2, 243–249.
- Persico, Nicola (2004) „Committee Design with Endogenous Information", *Review of Economic Studies,* 71, 165–191.
- Piketty, Thomas (1999) „The Information-Aggregation Approach to Political Institutions", *European Economic Review,* 43, 791–800.

KAPITEL 5

Theorie wirtschaftspolitischer Reformen

Weitreichende Veränderungen der Wirtschaftspolitik eines Landes werden oft als Reformen bezeichnet. Der Reformbegriff hat eine positive Konnotation, und daher überrascht es nicht, wenn Interessengruppen der Öffentlichkeit Maßnahmen als Reform verkaufen wollen, die oft einfach nur ihren eigenen Interessen dienen und für andere Gruppen einen Nachteil bedeuten.

Eine Möglichkeit, festzulegen, wann eine Politikänderung den Beinamen „Reform" als eine Art Gütesiegel verdient, ist zu verlangen, dass sie die Verteilungsmasse vergrößert, sie also zum Beispiel das Sozialprodukt eines Landes erhöht. In diesem Fall wäre eine Pareto-Verbesserung grundsätzlich vorstellbar.

Wenn ein Vorschlag nicht auf ungeteilte Zustimmung trifft, kann das drei Gründe haben. Die erste Möglichkeit ist, dass es nach der Politikänderung gar keine größere Verteilungsmasse gibt. Das wäre dann der Fall, wenn die Reform zwar einer einzelnen Gruppe nutzt, sie dafür aber bei anderen Gruppen zu großen Verlusten führt.

Eine zweite Möglichkeit ist, dass die Verteilungsmasse durch die neue Politik zwar vergrößert wird, aber nicht jeder bessergestellt wird als zuvor. Wenn eine neue Politik keine glaubhafte Kompensation der Verteilungsverlierer beinhaltet ist deren Widerstand rational. Hier liegt ein Betätigungsfeld für die wissenschaftliche Beratung der Wirtschaftspolitik. Denn eine Analyse der Verteilungswirkung einer Reform ermöglicht es, Reformgewinner und Reformverlierer und deren Gewinne und Verluste zu identifizieren und so eine Diskussion über eine Kompensation zu ermöglichen.[1]

Es gibt drittens auch die Möglichkeit, dass nicht alle Wähler davon überzeugt sind, dass sie von der Reform tatsächlich profitieren, obwohl das tatsächlich der Fall wäre. Die beiden letzten Erklärungen sollen in diesem Kapitel weiter verfolgt werden.

---

[1]   Diese Aktivität dürfte mehr Erfolg haben als das Appellieren an den Gemeinsinn der Reformverlierer oder an den Mut der Politiker, das nach den gängigen Annahmen ökonomischer Modelle eher nutzlos sein sollte (siehe auch Grüner 2007).

© Springer-Verlag GmbH Deutschland, ein Teil von Springer Nature 2022
H. P. Grüner, *Wirtschaftspolitik,* https://doi.org/10.1007/978-3-662-63691-6_5

Die Konsequenzen einer Politik sind oft unsicher und vielfach ist die Information über die Folgen bestimmter politischer Maßnahmen asymmetrisch verteilt. So kann es zum Beispiel vorkommen, dass Interessengruppen besser über ihre eigene Lage oder über die Konsequenzen einer politischen Entscheidung informiert sind als die Politiker, die diese Entscheidung zu treffen haben. Umgekehrt kann es aber auch Situationen geben, in denen Politiker besser über die Konsequenzen einer Politik informiert sind, als die hierdurch betroffene Bevölkerung. Ein Beispiel hierfür ist etwa die Beurteilung der Erfolgsaussichten internationaler Verhandlungen. Sofern ein Politiker selbst an solchen Verhandlungen beteiligt war, kann er unter Umständen besser als andere einschätzen, welche Konsequenzen ein bestimmtes weiteres Vorgehen hat. Eine wachsende Zahl der Modelle des politischen Wettbewerbs bezieht mittlerweile Aspekte der Unsicherheit über die Konsequenzen der Politik explizit mit in die Analyse ein. Dabei ist es von entscheidender Bedeutung, wie die Information im politischen Prozess verteilt ist. Ist die Bevölkerung besser als die Politiker informiert, so kann man den Abstimmungsprozess als einen Prozess der Informationsaggregation interpretieren. Die Information, die unter den Stimmberechtigten verteilt ist, wird über das Abstimmungsverfahren gebündelt, und diesem Bündel wird eine Entscheidung zugeordnet. Im umgekehrten Fall, d. h. wenn die politische Führung besser als das Wahlvolk informiert ist, kann sie durch einen Reformvorschlag ein Signal über die zugrundeliegende Information senden.

In diesem Abschnitt wollen wir zwei interessante Beispiele solcher Modelle vorstellen. In beiden Fällen geht es um die Chancen einer politischen Reform. Im ersten Fall nehmen wir an, dass Politiker einen Informationsvorsprung über die Vor- oder Nachteile einer Reform vor der Öffentlichkeit haben und untersuchen, inwieweit es gelingt, diese Information glaubhaft zu vermitteln. Im zweiten Fall nehmen wir an, dass die Wahlbevölkerung unsicher über individuelle Konsequenzen einer politischen Reform ist, und wir untersuchen, wie sich dies auf die Erfolgsaussichten der Reform auswirkt.

5.1   Glaubwürdigkeit von Politik und Politiker: Policy Reversals

Es gibt eine Reihe interessanter Beispiele dafür, dass Politiker sich mit radikalen Reformen durchgesetzt haben, die man ihnen zuvor aufgrund ihrer persönlichen Geschichte kaum zugetraut hätte. Ein Beispiel für solch ein „policy reversal" ist etwa die Öffnung der USA gegenüber China, die 1972 mit einer Reise von Präsident Nixon nach China begann. Richard Nixon galt zuvor als ein besonderer Hardliner gegenüber dem chinesischen Regime. Ein anderes Beispiel ist der Friedensprozess im Nahen Osten, der 1977 von den beiden „Falken" Menachim Begin und Anvar el Sadat erfolgreich eingeleitet wurde. Woran liegt es, dass erfolgreiche Reformen oft gerade von den Politikern durchgeführt werden, die man mit einer solchen Politik am wenigsten in Verbindung bringen würde? Alex Cukierman und Mariano Tommasi (1998) untersuchen diese Frage in einem Modell asymmetrischer Information, in dem der Politiker im Amt besser über die Konsequenzen der Politik informiert ist als die Bevölkerung. Der Politiker macht einen Vorschlag, der nur dann implementiert wird, wenn er die Zustimmung eines hinreichend großen Anteils der Bevölkerung erhält. Macht der Politiker einen Vorschlag, der von seiner bislang bekannten Linie stark abweicht, so signalisiert dies der Bevölkerung, dass die private Information es ihm geboten erscheinen lässt, etwas zu tun, was er vorher nicht für richtig gehalten hat. Erst diese Abweichung macht also das im Vorschlag implizite Signal glaubwürdig.

In ihrem Modell eines Referendums betrachten Cukierman und Tommasi den Fall einer eindimensionalen Menge politischer Entscheidungen. Sie nehmen an, dass zu Beginn ein linker Politiker im Amt sei, der private Informationen über die Konsequenzen einer Reformpolitik besitzt. Den Informationsvorsprung besitzt der Politiker, weil er bereits seit einiger Zeit im Amt ist. Er macht der Wahlbevölkerung nun einen Vorschlag, der, falls dieser im Referendum bestätigt wird, implementiert wird. Der Politiker kann zwischen der Politik des Status quo und einem Vorschlag x aus der Menge $\{-\bar{x}, \bar{x}\}$ wählen. Wenn der Vorschlag abgelehnt wird, bleibt die Politik $x = 0$. Sonst wird die vorgeschlagene und gewählte Politik durchgeführt. Der Payoff von Wähler j sei

$$- \left| x - (c_j + \gamma) \right|. \tag{5.1}$$

wobei x die Politikvariable, c_j eine individuelle Konstante und γ ein alle gleichermaßen betreffender Schock ist. Wäre γ dem Wähler bekannt, so wäre seine bevorzugte Politik also $x_j^* = c_j + \gamma$. Durch die Betragsfunktion ist sichergestellt, dass Abweichungen von x_j^* nach links und nach rechts als schlecht empfunden werden. Tatsächlich ist aber γ für alle Wähler unbekannt und sie können nur versuchen, aus dem Vorschlag des Politikers etwas über seine Realisation zu erfahren. Wir wollen im Folgenden annehmen, dass γ normalverteilt mit Mittelwert null und Varianz σ_γ^2 ist:

$$\gamma \sim N(0, \sigma_\gamma^2). \tag{5.2}$$

Der Politiker L hat den Payoff

$$- \left| x - (c_L + \gamma) \right|. \tag{5.3}$$

Der Parameter c_L ist den Wählern bekannt. Sofern er von c_j abweicht, hat der Politiker ein anderes Interesse als der Wähler j und er würde ihn daher unter Umständen gerne über die wahre Realisation von γ täuschen. Das Spiel ist ein sogenanntes Signalisierungsspiel (Signaling Game), bei dem der Amtsinhaber der Sender, die Wählerschaft der Empfänger und die vorgeschlagene Politik das Signal ist. In einem Signalisierungsspiel wird immer zuerst in einem Zufallszug die private Information des Senders bestimmt (hier die Realisation von γ). Dann muss der Sender eine Handlung (das Signal) ergreifen, die vom Empfänger beobachtet wird. Schließlich handelt der Empfänger.

In diesem Rahmen untersuchen Cukierman und Tommassi, wann die in einem Politikvorschlag implizite Ankündigung über die Realisation von γ glaubwürdig ist. Ihr zentrales Resultat ist, dass ein rechter Schock ($\gamma > 0$) glaubwürdiger von einem linken Politiker vermittelt wird. Wir wollen dies an folgendem einfachen Zahlenbeispiel verdeutlichen. Sei $c_j = 0$ für alle Wähler und $c_L = -5$. Sei ferner $\bar{x} = 5$. Das folgende Strategienprofil ist ein Gleichgewicht, falls die Varianz σ_γ^2 hinreichend klein ist:

1. Der Politiker schlägt $x = 5$ vor, falls $\gamma \geq 7, 5$. Er schlägt $x = 0$ vor, falls $2, 5 < \gamma < 7, 5$. Sonst schlägt er $x = -5$ vor.
2. Alle Wähler stimmen für den Vorschlag des Politikers genau dann, wenn er $x = 5$ lautet. Sonst stimmen sie dagegen.

In diesem Gleichgewicht des Spiels macht der linke Politiker genau dann einen rechten Vorschlag, wenn ein hinreichend großer „Rechtsschock" eingetreten ist. Für hinreichend kleine Werte des Schocks macht er immer einen linken Vorschlag, der aber vom Medianwähler abgelehnt wird. Um zu verstehen, warum es sich bei diesem Strategienprofil um ein Gleichgewicht handelt, wollen wir zunächst prüfen, ob die Strategie des Politikers eine beste Antwort auf die Strategie der Bürger ist. In der Tat ist es für den Politiker optimal, $x = 5$ vorzuschlagen, genau dann, wenn er $x = 5$ dem Status quo vorzieht. Als nächstes prüfen wir, ob die Strategie der Wähler eine beste Antwort auf die des Politikers ist. Die Wähler verhalten sich optimal, wenn sie den Vorschlag $x = 5$ annehmen, da dieser vom Politiker nur dann gemacht wird, wenn er auch für sie der beste Vorschlag ist. Den Vorschlag $x = -5$ abzulehnen ist optimal, falls der erwartete Nutzen aus $x = -5$ konditional auf einen Wert von $\gamma \leq 2, 5$ kleiner ist als der erwartete Nutzen aus $x = 0$. Dies ist der Fall, wenn die Varianz von γ hinreichend klein ist, denn in diesem Falle ist $x = 0$ mit einer hohen Wahrscheinlichkeit $x = -5$ vorzuziehen.

Besonders interessant ist, dass unter bestimmten Umständen kein Nash-Gleichgewicht existiert, in dem der Vorschlag $x = -5$ von einem linken Politiker durchgesetzt wird. Um dies zu verstehen, wollen wir eine hypothetische Gleichgewichtssituation betrachten, in der der Vorschlag $x = -5$ immer akzeptiert wird. Für alle Werte $\gamma < 2, 5$ wird der linke Politiker in einem solchen Gleichgewicht $x = -5$ vorschlagen. Ein Wähler weiß also, dass γ kleiner als $2, 5$ ist, wenn der Vorschlag $x = -5$ lautet. Ein Wähler möchte diesen Vorschlag tatsächlich aber nur dann akzeptieren, wenn γ kleiner als $-2, 5$ ist. Ist nun die Wahrscheinlichkeit, dass γ kleiner als $-2, 5$ ist, nicht zu groß, so würden die Wähler nicht für den Vorschlag $x = -5$, sondern für den Status quo stimmen wollen. Wenn die Varianz σ_γ^2 hinreichend klein ist, kann es daher kein Gleichgewicht geben, in dem ein linker Politiker immer eine linke Politik durchsetzt. Entscheidend für die Glaubwürdigkeit, und damit den Erfolg der Reform, ist also das Paar Politiker-Politik.

Perfektes Bayesianisches Gleichgewicht*

Es handelt sich bei dem oben beschriebenen Gleichgewicht übrigens auch um ein sogenanntes perfektes Bayesianisches Gleichgewicht (PBE) dieses Signalisierungsspiels. Das PBE ist eine Verfeinerung des Konzepts des Nash-Gleichgewichts. Diese Verfeinerung verlangt, dass die Handlungen des Senders nicht nur durch „unsinnige" Erwartungen über die verborgene Information gerechtfertigt werden können. Ein perfektes Bayesianisches Gleichgewicht eines Signalisierungsspiels besteht neben den Strategien der beiden Spieler auch aus Vermutungen des Empfängers über die Realisation von γ. Diese Vermutungen müssen in einem PBE nach der Regel von Bayes aus den empfangenen Signalen und der gleichgewichtigen Strategie des Senders gebildet werden. In einem PBE muss außerdem die Strategie des Empfängers unter Berücksichtigung der Vermutungen, die zu dem empfangenen Signal gehören, optimal sein.

Das im vorigen Abschnitt beschriebene Gleichgewicht wird zu einem PBE, wenn man es mit den folgenden Vermutungen kombiniert: Die Wähler erwarten einen Schock, der größer als $7, 5$ ist, wenn $x = 5$ vorgeschlagen wird. Sie erwarten einen Schock im Intervall $[2, 5, \quad 7, 5]$, wenn der Vorschlag $x = 0$ war usw. Wie sich leicht prüfen lässt, ist die Strategie der Wähler tatsächlich das Beste, was sie unter diesen Vermutungen tun können. Auch ist die Strategie des Senders eine beste Antwort auf die Strategie des Empfängers.

5.2 Das Scheitern von Reformen

Raquel Fernandez und Dani Rodrik (1991) entwickelten eine Theorie fehlgeschlagener Reformen, die erklären soll, weshalb in einer Demokratie Reformen, die die Höhe des Sozialproduktes vergrößern würden, nicht immer durchsetzbar sind. Entscheidender Faktor ist dabei, dass bei der Abstimmung über die Reform nicht von vornherein feststeht, wer die Kosten der Reform trägt. Die Reform kann in diesem Fall nicht zustande kommen, selbst wenn sie die insgesamt zur Verteilung anstehende Summe erhöht. Dabei ist nicht entscheidend, dass die Individuen besonders gegen Risiken abgeneigt sind. Selbst wenn sie risikoneutral sind, d. h., wenn sie allein der Erwartungswert ihres Einkommens interessiert, können sie gegen Reformen stimmen.

Dies sei an einem einfachen Beispiel erläutert. Nehmen wir an, eine Ökonomie produziere hauptsächlich in zwei Sektoren, einem traditionellen und einem modernen. Die Zahl der im modernen Sektor beschäftigten Mitarbeiter sei etwas kleiner als die im traditionellen Sektor. Stellen wir uns weiter vor, der traditionelle Sektor werde subventioniert. Eine Abschaffung der Subventionen würde das Einkommen aller im modernen Sektor Beschäftigten erhöhen und das aller im traditionellen Sektor Beschäftigten senken. Wir nehmen an, dass der Nettoeffekt positiv wäre, das heißt, dass eine Abschaffung der Subventionen das Volkseinkommen erhöhen würde. Ein weiterer Effekt wäre, dass ein Teil der Arbeiter aus dem traditionellen in den modernen Sektor wechseln würde. Ex-post würde sich eine Mehrheit für die Abschaffung der Subventionen finden, wenn die Gruppe im modernen Sektor nun die Mehrheit der Bevölkerung umfasst. Ex-ante aber ist für die einzelnen im traditionellen Sektor Beschäftigten nicht sichergestellt, dass sie zu der Gruppe gehören, die in den modernen Sektor wechseln kann. Sie müssen also alle mit einer größeren Wahrscheinlichkeit mit einer Einkommenseinbuße als mit einem Einkommensgewinn rechnen. Die Reform wird also unter Umständen keine Mehrheit finden, obwohl sie ex-post eine Mehrheit besser stellen würde.

Dies lässt sich leicht an einem Zahlenbeispiel verdeutlichen. Wir betrachten eine Situation, in der im modernen Sektor anfangs 40 % und nach einer Reform 60 % der Bevölkerung beschäftigt sind. Die Wahrscheinlichkeit, im modernen Sektor Arbeit zu finden, ist also für einen vor der Reform im traditionellen Sektor Beschäftigten $20/60 = 1/3$. Wir wollen annehmen, dass vor der Reform alle Einkommen gleich groß sind. Die Reform erhöht das Einkommen im modernen Sektor um den gleichen Betrag Δy, um den es das Einkommen im traditionellen Sektor senkt. Der Gesamteffekt auf das Volkseinkommen ist positiv, da nach der Reform mehr Arbeiter im modernen Sektor beschäftigt sind. Dennoch stimmt die Mehrheit der Bevölkerung ex-ante gegen die Reform, da sie mit einer Wahrscheinlichkeit von 2/3 einen Einkommensverlust von Δy und nur mit Wahrscheinlichkeit 1/3 einen Gewinn von Δy erzielt.

Eine Transferzahlung an diejenigen, die im traditionellen Sektor verbleiben, könnte dieses Problem lösen. Solche Transfers würden aber ex-post, das heißt nachdem bekannt ist, wer im traditionellen Sektor verbleibt, von einer Mehrheit der Bevölkerung abgelehnt. Die Ankündigung von Transfers ist also in diesem Falle nicht glaubwürdig. Daher kann die Reform scheitern, selbst wenn Entschädigungszahlungen mit der Reform verbunden werden können.

Das eben beschriebene Scheitern einer Reform ist grafisch in Abb. 5.1 dargestellt. Auf der Ordinate ist ein Kontinuum von Individuen abgetragen. Die dünn gezogene Linie gibt

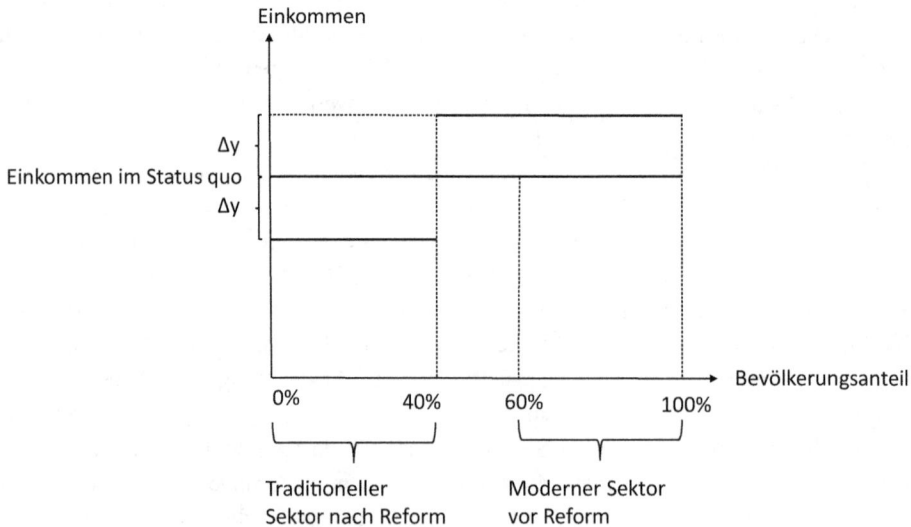

Abb. 5.1 Scheitern einer Reform

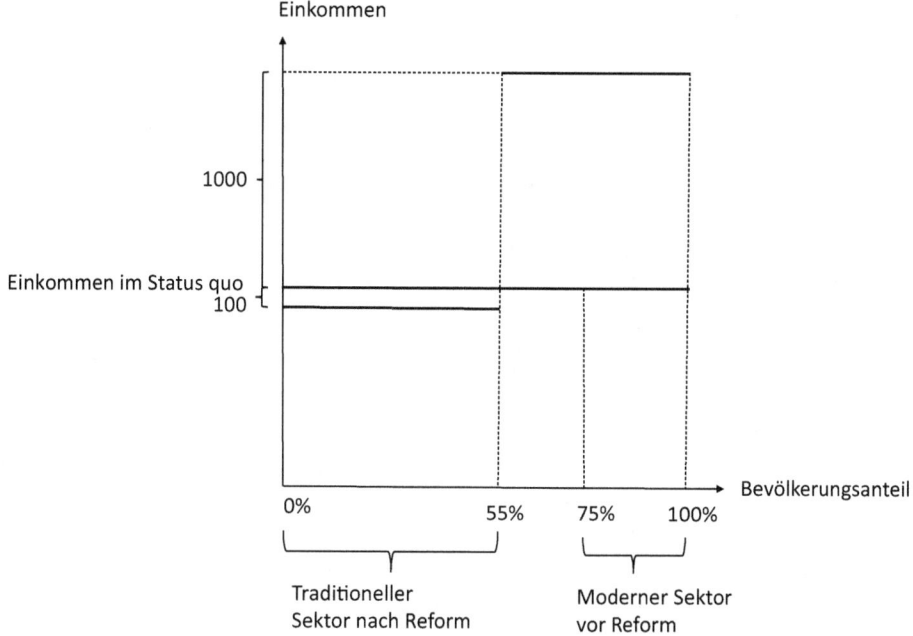

Abb. 5.2 Rücknahme einer Reform

das einheitliche Einkommen vor der Reform, die dick gezogenen Linien die Einkommen nach der Reform an.

Reformen können aber auch dann scheitern, wenn eine Mehrheit *nach* ihrer Implementierung eine Rückkehr zum früheren Zustand fordert. Betrachten wir erneut eine Situation mit Einkommensgleichheit vor der Reform (Abb. 5.2). Im traditionellen Sektor sei nun eine Mehrheit von 75 % beschäftigt. Nach der Reform sind dort nur noch 55 % beschäftigt. Der Einkommensgewinn im modernen Sektor sei 1000 EUR, der Verlust im traditionellen Sektor betrage dagegen 100 EUR. Risikoneutrale Agenten im traditionellen Sektor erwarten einen Einkommensgewinn von $20/75 \cdot 1000 + 55/75 \cdot (-100) = 193.33$ EUR. Ungeachtet dessen hat nach der Reform aber eine Mehrheit von 55 % einen Einkommensverlust von 100 EUR hinzunehmen. Ist die Unsicherheit aufgelöst, so werden diejenigen Individuen für eine Umkehrung der Reform stimmen, die im Gegensatz zu der alten Politik verloren haben. Ist dies, wie in unserem Beispiel, die Mehrheit, so wird die Reform erst implementiert und später wieder zurückgenommen. In diesem Falle wären vereinbarte Entschädigungszahlungen allerdings glaubhaft.

Zusammenfassend lässt sich sagen, dass bei individueller Unsicherheit über die Konsequenzen einer Reform ihr Erfolg bedroht ist, wenn (i) ex-ante eine Mehrheit nur eine geringe Chance auf eine Einkommensverbesserung hat und wenn (ii) sich ex-post eine Mehrheit schlechter gestellt sieht.

5.3   Reformen bei asymmetrischer Information

In der zuvor dargestellten Theorie von Fernandez und Rodrik kommen wirtschaftspolitische Reformen nicht zustande, wenn Transferzahlungen nicht glaubwürdig gemacht werden
können. In diesem Abschnitt soll nun erklärt werden, dass selbst, wenn Transferzahlungen
glaubwürdig sind, wirtschaftspolitische Reformen, die die Verteilungsmasse vergrößern,
scheitern können. Dies ist der Fall, sofern die durch die Reform betroffenen Gewinner und
Verlierer private Informationen über das Ausmaß ihrer Betroffenheit haben. Dieser Fall
liegt in der Regel vor. Betrachten wir etwa den Fall eines in einem subventionierten Sektor
beschäftigten Arbeiters. Der Wegfall der Subventionen kann ihn seinen Arbeitsplatz kosten. Es herrscht jedoch eine weite Übereinstimmung darüber, dass die gesamte Produktion
einer Ökonomie ohne Subventionierung gesteigert werden kann. Es sollte also im Prinzip
möglich sein, eine Entschädigung des Arbeiters zu finanzieren und gleichzeitig die Reform
durchzusetzen. Dies ist nicht mehr notwendig der Fall, wenn der Arbeiter private Informationen über sein Ausmaß an Betroffenheit hat. So können wir uns z. B. vorstellen, dass der
Arbeiter selbst am besten weiß, mit welcher Wahrscheinlichkeit er in einem anderen Betrieb
in derselben Region einen neuen Arbeitsplatz finden würde. Auch ist seine Verbundenheit
mit dem Unternehmen, in dem er gegenwärtig beschäftigt ist, private Information. Die Höhe
des in Geldeinheiten gemessenen Schadens, den die Reform bei dem Arbeiter verursacht,
ist also insgesamt seine private Information. Einer Reform wird er nur dann zustimmen
können, wenn eine Entschädigung in Höhe dieses Schadens geleistet wird. Würde man die
Betroffenen befragen, so würden sie in der Hoffnung auf eine entsprechend hohe Entschädigungsleistung angeben, dass der Schaden besonders hoch ist. Es ist also zu prüfen, ob es
beim Vorhandensein von privater Information noch möglich ist, sich die Zustimmung zu
einer Reform von allen Beteiligten zu erkaufen.

Die Schwierigkeiten, die hierbei entstehen, sollen an einem einfachen Beispiel dargestellt werden. Wir betrachten einen Status quo, der für zwei betroffene Individuen durch
eine Auszahlung von null charakterisiert ist. Gegen den Status quo steht eine Reform zur
Abstimmung. Diese Reform kann für ein Individuum entweder einen Schaden in Höhe von
einer Geldeinheit erzeugen oder aber einen Nutzen gemessen in a Geldeinheiten stiften.
Wir wollen annehmen, dass der Nutzen a größer als der Schaden 1 ist. Die Reform lohnt
sich also, sobald wenigstens ein Individuum einen Nutzen davon trägt. Ob ein Individuum
tatsächlich von der Reform positiv oder negativ betroffen ist, ist stochastisch. Beide Individuen erhalten den Nutzen a mit Wahrscheinlichkeit $1/2$; die Nutzen sind nicht korreliert.
Die private Information von Individuum i nennen wir θ_i, wobei θ_i den Wert -1 oder a
annehmen kann.

Die ex-post effiziente Entscheidung ist dadurch charakterisiert, dass die Reform genau
dann implementiert wird, wenn für wenigstens ein Individuum ein Nutzen entsteht. Die
Reform ist also wie ein öffentliches Gut, das genau dann bereitgestellt werden sollte, wenn
die Summe der Nettozahlungsbereitschaften positiv ist.[2]

---

2   Eine allgemeine Analyse dieses Problems findet sich in Güth und Hellwig (1986).

Durch ein einfaches von einer politischen Führung festgelegtes Kompensationsangebot in Form eines Transfers wäre in diesem Beispiel nichts zu erreichen, weil die Identität von Reformgewinnern und Reformverlierern nicht feststellbar ist. Mehr kann man unter Umständen mit einem direkten Mechanismus erreichen, der die Umsetzung des Reformvorschlags auf Signale der Bevölkerung konditioniert.

Ein direkter Mechanismus fragt die Individuen nach deren Nutzen oder Schaden und ordnet dann den Ankündigungen beider Individuen eine Entscheidung zu. Ferner werden Zahlungen festgesetzt, die das eine Individuum zu leisten hat. Diese Zahlungen sind eine Funktion der Ankündigung beider Individuen. Mit $z = z_i(\theta_1, \theta_2)$ bezeichnen wir die Zahlung, die Individuum i erhält, wenn die Ankündigungen (θ_1, θ_2) gemacht wurden. Die erste Anreizverträglichkeitsbedingung verlangt, dass es sich nicht lohnt, im Falle $\theta_i = a$ zu lügen. Sie lautet für Individuum 1:

$$\frac{1}{2}(a + z_1(a, a)) + \frac{1}{2}(a + z_1(a, -1)) \tag{5.4}$$

$$\geq \frac{1}{2}(a + z_1(-1, a)) + \frac{1}{2}(0 + z_1(-1, -1)). \tag{5.5}$$

Dabei steht auf der linken Seite die erwartete Auszahlung, wenn man die Wahrheit sagt, auf der rechten Seite steht der Erwartungswert der Auszahlung, wenn man lügt. Die zweite Anreizverträglichkeitsbedingung verlangt, dass es sich nicht lohnt, im Falle $\theta_i = -1$ zu lügen. Sie lautet:

$$\frac{1}{2}(-1 + z_1(-1, a)) + \frac{1}{2}(0 + z_1(-1, -1)) \tag{5.6}$$

$$\geq \frac{1}{2}(-1 + z_1(a, a)) + \frac{1}{2}(-1 + z_1(a, -1)). \tag{5.7}$$

Die obere Bedingung bezieht sich auf den Fall, in dem das Individuum feststellt, dass es einen Nutzen von der Reform haben würde, die untere Bedingung darauf, dass es einen Schaden erleiden würde.

Wir wollen zusätzlich verlangen, dass die Zahlungen an beide Individuen sich immer zu null addieren, und dass für beide Teilnehmer dieselbe Zahlungsfunktion gilt. Es gilt also $z_1(a, -1) = -z_1(-1, a) = -z$. Das führt uns zu:

$$\frac{1}{2}a + \frac{1}{2}(a - z) \geq \frac{1}{2}(a + z) \Leftrightarrow \tag{5.8}$$

$$\frac{1}{2}a \geq z, \tag{5.9}$$

und:

$$\frac{1}{2}(-1 + z) \geq -1 - \frac{1}{2}z \Leftrightarrow \tag{5.10}$$

$$z \geq -\frac{1}{2}. \tag{5.11}$$

Eine Zahlung z, die beiden Bedingungen genügt, würde, sofern beide Individuen zur Teilnahme an dem Mechanismus gezwungen sind, die ex-post-effiziente Lösung implementieren. In der Tat sehen wir, dass es Werte für z gibt, die beide Bedingungen zugleich erfüllen. Dies sind alle $z \in \left[-\frac{1}{2}, \frac{1}{2}a \right]$.

Jedoch ist in einer Demokratie zusätzlich zu verlangen, dass eine hinreichende Zahl von Individuen mit dem Mechanismus, der über die Implementierung der Reform entscheidet, zufrieden ist. Diese Bedingung wäre zu einem Zeitpunkt erfüllt, in dem die Individuen noch keine private Information besitzen. Denn der Mechanismus stiftet im Erwartungswert einen höheren Nutzen als das feste Beharren auf dem Status quo. Anders sieht dies aus, wenn die Individuen bereits im Besitz der privaten Information sind. Hier müsste zusätzlich gewährleistet sein, dass die erwartete Auszahlung einer hinreichend großen Zahl von Individuen, die bereits ihre jeweilige private Information besitzen, größer ist als der Nutzen aus dem Status quo. Für ein Individuum, welches weiß, dass es ein Reformverlierer ist, muss also gelten:

$$\frac{1}{2}(-1 + z) \geq 0 \Leftrightarrow \tag{5.12}$$

$$z \geq 1. \tag{5.13}$$

Das heißt, die Zahlung muss wenigstens die Höhe von 1 haben, damit das Individuum bereit ist, der Reform zuzustimmen. Aus Sicht eines Individuums, das von der Reform profitieren würde, lautet die Teilnahmebedingung hingegen:

$$\frac{1}{2}a + \frac{1}{2}(a - z) \geq 0 \Leftrightarrow \tag{5.14}$$

$$2a \geq z. \tag{5.15}$$

Diese zweite Teilnahmebedingung erfordert, dass die Zahlung nicht zu groß ist. Sie ist immer erfüllt, wenn die Anreizverträglichkeitsbedingungen erfüllt sind. Ist aber a zu klein, so sehen wir, dass es nicht gleichzeitig möglich ist, die Anreizverträglichkeitsbedingung $\frac{1}{2}a \geq z$ und die Bedingung der Interimteilnahme des Typs $\theta_i = -1$ zu erfüllen.

An diesem Beispiel wird deutlich, dass ein Mechanismus, der eine ex-post-effiziente Lösung implementieren soll, nicht immer als ausgeglichener Mechanismus implementierbar ist, sofern eine Interimteilnahmebedingung zu erfüllen ist. Die Interimteilnahmebedingung entspricht aber genau der Bedingung, dass in einer Demokratie alle Betroffenen einer Veränderung zustimmen, also der Einstimmigkeitsregel bei bereits realisierter privater Information.

Dieses Negativresultat ist nicht daran gebunden, dass die Identität von Reformgewinnern und Reformverlierern nicht ex ante feststeht, was mit Blick auf das Myerson Satterthwaite Theorem deutlich wird.

Ein weiteres Resultat ist, dass selbst wenn nur eine Mehrheit der Betroffenen zustimmen soll, eine ex-post-effiziente Implementierung unmöglich sein kann (siehe Grüner, 1998).

Auf dieses Resultat werden wir im Zusammenhang mit Arbeitsmarktreformen noch einmal zurückkommen.

Das zentrale Problem ist, dass Individuen, die von einer Reform nicht besonders stark betroffen sind, bzw. besonders stark von ihr profitieren, einen Anreiz haben, ihren Verlust als besonders hoch bzw. ihren Gewinn als besonders niedrig darzustellen. Im ersten Fall hat man eine Informationsrente zu bezahlen, da die Individuen mit einem niedrigen Verlust eine hohe Entschädigungszahlung verlangen werden. Auch im zweiten Fall ist eine Informationsrente zu zahlen, denn Personen, die stark betroffen sind, werden sagen, dass sie zur Entschädigung nur wenig zu zahlen bereit sind. Ist die Informationsrente zu groß, so wird es nicht möglich sein, die Entschädigung bei ausgeglichenem Staatshaushalt zu finanzieren.

5.4   Übungsaufgaben

1. Beurteilen sie die Erfolgschancen von politischen Reformen unter Unsicherheit über a) individuelle Konsequenzen der Reform. b) kollektive Konsequenzen der Reform.
2. Welche Rolle spielen Entschädigungszahlungen bei politischen Reformen?

Literatur zu Kapitel 5

– Cukierman, Alex und Mariano Tommasi (1998) „When Does it Take a Nixon to go to China", *American Economic Review,* 88, 180–198.
– Fernadez, Raquel und Dani Rodrik (1991) „Resistance to Reform: Status Quo Bias in the Presence of Individual Specific Uncertainty", *American Economic Review,* 81, 1146–55.
– Grüner, Hans Peter (1998) „Unemployment and Labor Market Reform: A Contract Theoretic Approach", *Scandinavian Journal of Economics,* 104, 2002, 641–656.
– Grüner, Hans Peter (2007) „Demokratie, Reform und Wissenschaft", *Wirtschaftsdienst,* 87, 567–570.
– Güth, Werner and Martin F. Hellwig (1986) „The Private Supply of a Public Good", *Journal of Economics,* 5, 121–159.
– Myerson, R. and M. Satterthwaite (1983) Efficient mechanisms for bilateral trading, *Journal of Economic Theory,* 29, 265–281.

KAPITEL 6

Modelle der politischen Einflussnahme

6.1 Rent-Seeking

Bislang haben wir Modelle vorgestellt, in denen gut informierte Wähler entweder direkt durch ihre Stimme die Politik beeinflussen können oder aber indirekt über die Wahl eines Kandidaten mit einer politischen Plattform, an die dieser dann gebunden ist. Tatsächlich kostet es aber jeden Einzelnen Zeit, sich politisch informiert zu halten. Zugleich ist die Wahrscheinlichkeit, dass die eigene Stimme den Wahlausgang entscheidet, bei einer großen Wahlbevölkerung äußerst gering. Es liegt also nahe, dass viele Wähler sich entschließen, über bestimmte, für sie nicht so wichtige, Politikbereiche uninformiert zu bleiben. Auch sind Wahlplattformen bekanntlich keineswegs immer genau spezifiziert oder verbindlich. Beides lässt der Regierung und der Bürokratie in einer repräsentativen Demokratie Spielräume, unkontrolliert Entscheidungen zu treffen. Hieraus entsteht für einzelne ebenso wie für organisierte Interessengruppen die Möglichkeit zur Einflussnahme auf den politischen Prozess. Diese Einflussnahme kann verschiedene Formen annehmen, etwa

1. die Einflussnahme über Ausgaben für Propaganda, die die öffentliche Meinung beeinflussen soll.
2. Wahlkampfspenden und andere Gefälligkeiten an Parteien, die diese dazu bringen, ihre Wahlplattformen oder ihre Politik zu ändern.
3. Die Bestechung von Politikern und Bürokraten.

Aktivitäten Einzelner oder von Interessengruppen, die so im politischen Prozess Einfluss nehmen, werden unter dem Begriff des Rent-Seeking zusammengefasst. Unter einer Rente wird der Betrag verstanden, den der Eigentümer einer Ressource über seine Opportunitätskosten für deren Nutzung hinaus erhält. Erfolgreiches Rent-Seeking liegt etwa vor, wenn ein Unternehmer durch Bestechung eines Bürokraten eine Lizenz für ein Spielkasino erhält, das er in einem sonst nur als Lagerhalle nutzbaren Gebäude einrichten kann. Die

© Springer-Verlag GmbH Deutschland, ein Teil von Springer Nature 2022
H. P. Grüner, *Wirtschaftspolitik*, https://doi.org/10.1007/978-3-662-63691-6_6

Opportunitätskosten der Nutzung des Gebäudes als Kasino liegen in der entgangenen Miete für eine Lagerhalle. Die Rente liegt in den zusätzlichen Einnahmen, die über die Einnahmen aus dieser sonst möglichen Nutzung hinausgehen. Sofern Rent-Seeking nicht mit der Bestechung der Entscheidungsträger verbunden ist (d. h. sobald nicht in einem juristischen Sinne Korruption vorliegt), wollen wir diese Aktivitäten im Folgenden als Lobbying bezeichnen.

Wichtig für den möglichen Erfolg von Rent-Seeking Aktivitäten ist zweierlei: Erstens ist entscheidend, dass die Regierung Regulierungsmöglichkeiten hat, die sie in die Position versetzen, Gruppen oder Personen in den Genuss einer Rente kommen zu lassen. Zweitens ist die mangelnde politische Kontrolle durch die Wähler eine Voraussetzung für die Möglichkeit von Rent-Seeking.

6.2   Contest Success Functions

Der Kampf verschiedener Gruppen oder Individuen um politisch verteilte Renten wird als Rent-Seeking Contest bezeichnet. Es gibt eine umfangreiche formale Literatur zur Beschreibung dieser Wettbewerbe. Als Contest Success Function bezeichnen wir eine Funktion, die den Anstrengungen aller Wettbewerber in einem Rent-Seeking Contest ein Ergebnis zuordnet (wobei wir in der Folge den Einsatz in Geldeinheiten angeben). Das Ergebnis kann etwa die Aufteilung einer Rente unter den Wettbewerbern sein, oder aber (etwa im Fall eines unteilbaren Gewinns) ein Vektor von Erfolgswahrscheinlichkeiten. Wollen zwei verschiedene Gruppen ein unterschiedliches Ergebnis, so ist es natürlich, anzunehmen, dass das Resultat sich mehr in Richtung auf die von Gruppe 1 präferierte Politik bewegt, wenn Gruppe 1 mehr oder auch wenn Gruppe 2 weniger Einsatz leistet. Unterschiedliche Spezifikationen des Einflusses des Lobbying-Einsatzes auf das Ergebnis des politischen Prozesses werden in der Literatur verwendet. Nehmen wir etwa an, es gehe darum, einen Steuersatz zwischen 0 und 1 zu wählen. Interessengruppe 2 sei an einem niedrigen Steuersatz ($t = 0$) und Gruppe 1 an einem hohen Satz ($t = 1$) interessiert. Die Lobbyingausgaben von Gruppe 1 seien L_1 die von Gruppe 2 L_2. Der Steuersatz sei:

$$t(L_1, L_2) = \frac{L_1}{L_1 + L_2} \text{ falls } L_1 + L_2 > 0. \tag{6.1}$$

Falls $L_1 = L_2 = 0$ ist soll $t = 1/2$ sein. In dieser Spezifikation der Contest-Success-Funktion, die auf Gordon Tullock zurückgeht, kommt zum Ausdruck, dass allein das Verhältnis der Lobbying-Ausgaben entscheidend für das politische Ergebnis ist.[1] Dies wird deutlich, wenn wir diese Funktion umschreiben als

---

1   Eine alternative Annahme, die häufig gebraucht wird, ist, dass die Differenz der Ausgaben entscheidend ist, was zum Beispiel zur Spezifikation $t(L_1, L_2) = \min\{\max\{a + b(L_1 - L_2), 0\}, 1\}$ führen würde, wobei $b > 0$ wäre.

$$t(L_1/L_2) = \frac{1}{1 + L_2/L_1}. \tag{6.2}$$

6.3 Nash-Gleichgewicht mit Lobbying

Die Funktionsweise von Lobbying-Modellen soll in diesem Abschnitt verdeutlicht werden. Wir bleiben bei dem Modell, in dem zwei Gruppen um die Höhe des Steuersatzes t kämpfen. Wir nehmen an, dass mit dem Steuersatz t eine Aktivität von Mitgliedern der Gruppe 2 besteuert wird, um einen Transfer an Mitglieder der Gruppe 1 in Höhe von $T(t)$ zu finanzieren. Das Einkommen von Mitgliedern der Gruppe 2 sei:

$$y_2 = (1 - t)A - L_2. \tag{6.3}$$

Dabei ist A das feste Einkommen der Gruppe 2, das durch Steuern t und durch Lobbying-Ausgaben reduziert wird. Analog lässt sich das Einkommen in Gruppe 1 als

$$y_1 = tA - L_1. \tag{6.4}$$

schreiben, wobei tA der Transfer an Gruppe 1 ist. Wir wollen annehmen, dass beide Gruppen simultan, also ohne die Ausgaben der anderen Gruppe zu kennen, ihre Lobbyingausgaben festlegen. In diesem Fall ist ein Nash-Gleichgewicht in den Ausgaben (L_1, L_2) das angemessene Gleichgewichtskonzept. Man errechnet es, indem man die beiden Reaktionsfunktionen herleitet und ihren Schnittpunkt bestimmt. Es geht also darum, die optimalen Ausgaben der Gruppe 1 als Funktion der Ausgaben von Gruppe 2 herzuleiten und umgekehrt. Es gilt zunächst für die Einnahmen π_2 der Gruppe 2:

$$\pi_2 = \frac{L_2}{L_1 + L_2}A - L_2. \tag{6.5}$$

Für Gruppe 1 gilt:

$$\pi_1 = \frac{L_1}{L_1 + L_2}A - L_1. \tag{6.6}$$

Als Bedingungen erster Ordnung erhält man durch Differenzieren der beiden Gewinnfunktionen nach den jeweiligen Ausgaben und durch Nullsetzen der Ableitungen:

$$\frac{L_1}{(L_1 + L_2)^2}A - 1 = 0 \tag{6.7}$$

und

$$\frac{L_2}{(L_1 + L_2)^2}A - 1 = 0 \tag{6.8}$$

Die Reaktionsfunktionen sind also:

Abb. 6.1 Reaktionsfunktionen
im Rent-Seeking-Contest

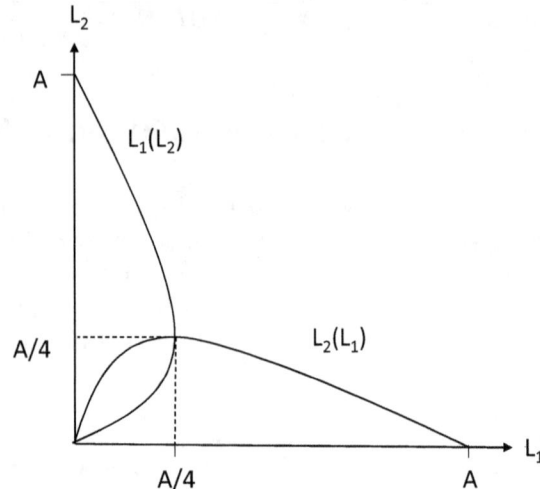

$$L_2 = \sqrt{(AL_1)} - L_1 \text{ falls } L_1 > 0, \tag{6.9}$$

$$L_1 = \sqrt{(AL_2)} - L_2 \text{ falls } L_2 > 0, \tag{6.10}$$

Eine optimale Reaktion auf Ausgaben von Null existiert nicht. Die Reaktionsfunktionen sind in Abb. 6.1 dargestellt. Beide Reaktionsfunktionen nehmen zunächst mit dem Einsatz der anderen Gruppe zu, bis es sich nicht mehr lohnt „mitzubieten" und man bei sehr hohen Ausgaben des Anderen den eigenen Einsatz reduziert. Beide Funktionen schneiden sich im Punkt $(L_1, L_2) = (A/4, \ A/4)$, was zu Gesamtaufwendungen von $A/2$ und einem Steuersatz von $t = 0{,}5$ führt. Es wird also insgesamt die Hälfte der zur Verteilung anstehenden Summe A für Lobbying aufgewendet.

Das Gleichgewicht lässt sich übrigens bequem errechnen, da man an den beiden Bedingungen erster Ordnung leicht erblickt, dass in einem Nash-Gleichgewicht $L_1 = L_2$ gelten muss. Einsetzen in eine Bedingung erster Ordnung ergibt dann die Lösung.

6.4   Die Verschleuderung der Renten

Welche allokative Rolle haben Rent-Seeking-Aktivitäten? In vielen Fällen stellen die Rent-Seeking-Ausgaben einen Transfer von einer Gruppe an eine andere dar, also etwa an die Regierung. Dies ist zum Beispiel der Fall, wenn Bestechungsgelder gezahlt werden. Rent-Seeking kann aber auch eine Verschwendung darstellen. Dies wäre zum Beispiel der Fall, wenn eine Interessengruppe versucht, durch Fälschung, Betrug oder Propaganda die Aktivitäten einer anderen Gruppe zu sabotieren. Hierfür werden Ressourcen aufgewendet, etwa der Arbeitseinsatz qualifizierter Interessenvertreter, die anderswo tatsächlich produktiv eingesetzt werden könnten. Sofern also Rent-Seeking Aktivitäten, die Ressourcen verschlingen, weder Informationen vermitteln noch einen Transfer darstellen, können sie als Verschwendung betrachtet werden. Eine umfangreiche Literatur hat untersucht, in welcher Relation die Ausgaben, die beim Kampf um eine Rente getätigt werden, zu der Summe, die es zu verteilen gilt, stehen. Sind die Verschwendungen gerade gleich der gesamten Rente, so spricht man von einer „Verschleuderung" der Rente (Rent-dissipation).

Das Harberger Dreieck
Gordon Tullock war der Erste, der eine formale Theorie des Rent-Seeking entwickelte. In seinem grundlegenden Aufsatz von 1969 untersucht er die Regulierung eines Monopols. Betrachten wir einen Markt für ein Produkt, das mit konstanten Grenzkosten c produziert werden kann. Die fallende Nachfragekurve ist in Abb. 6.2 dargestellt. Die Produzentenrente ergibt sich hier als das Produkt aus Preis und Menge abzüglich des Produktes aus Grenzkosten P_C und Menge. Die Konsumentenrente ist beschrieben durch die Fläche unterhalb der Nachfragekurve bis hin zu der horizontalen Aufhöhe des Preises. Als Effizienzverlust gilt das sogenannte Harberger-Dreieck, ABC. Ökonometrische Schätzungen haben ergeben, dass – im Falle der in den USA bestehenden Monopole – dieser Effizienzverlust nicht besonders groß ist. Wenn nun aber Anstrengungen unternommen werden, in den Genuss der Monopolrente zu gelangen, dann wird mehr als nur das Dreieck ABC verschleudert. Wird die gesamte Rente verschleudert, so ist der durch Regulierung entstandene Verlust durch die Fläche $P_M P_C BA$ beschrieben, also wesentlich größer als nur ABC.

Die Verschleuderung der Rente: Ein Beispiel
Die Verschleuderung der gesamten Rente ist durchaus nicht unwahrscheinlich. Nehmen

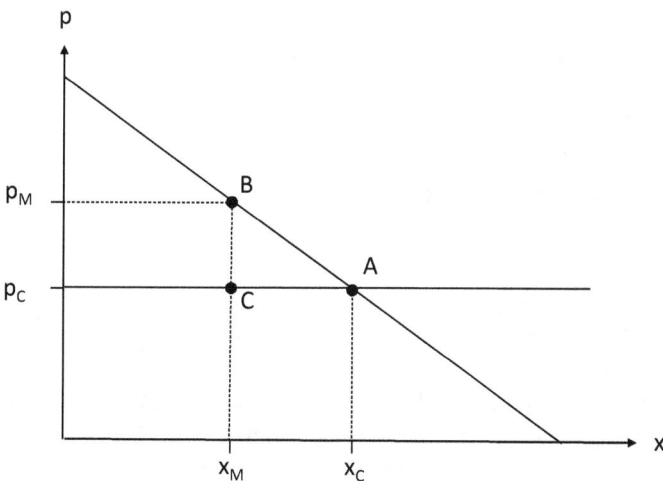

Abb. 6.2 Wohlfahrtsverluste durch ein Monopol und durch Rent-Seeking

wir etwa an, eine bestimmte Rente habe einen Geldwert von R Einheiten. Eine Gruppe von $i = 1, ..., n$ Individuen betreibe jeweils einen Aufwand I_i, um die Rente zu erlangen. Alle Gruppen bestimmen ihren jeweiligen Aufwand simultan und im Verborgenen. Die Erfolgswahrscheinlichkeit von Gruppe i sei:

$$p_i(I_1, ..., I_n) = \frac{I_i}{\sum_{j=1...n} I_j}. \tag{6.11}$$

Alle Individuen sind risikoneutral, so dass ihr Payoff jeweils durch

$$y_i = \frac{I_i}{\sum_{j=1...n} I_j} \cdot R - I_i \tag{6.12}$$

beschrieben ist. Es gibt in diesem Spiel ein symmetrisches Gleichgewicht, in dem alle n Individuen, die sich um die Rente bemühen, denselben Aufwand I^* betreiben. In diesem Falle fällt jedem die Rente mit der gleichen Wahrscheinlichkeit $1/n$ zu. In diesem Gleichgewicht ist die Ableitung der Payoff-Funktionen nach der eigenen Aufwendung null, also:

$$\frac{d\left(p_i(I_1, ..., I_n)R - I_i\right)}{dI_i} = 0 \Leftrightarrow \tag{6.13}$$

$$\frac{\sum_{j=1...n} I_j - I_i}{\left(\sum_{j=1...n} I_j\right)^2} R - 1 = 0. \tag{6.14}$$

Wenn alle n Individuen denselben Aufwand I^* betreiben, gilt:

$$\frac{(n-1)I^*}{(nI^*)^2} R - 1 = 0. \tag{6.15}$$

Die gesamten Lobbying-Ausgaben errechnen sich daraus als:

$$nI = \frac{n(n-1)}{n^2} R. \tag{6.16}$$

Die Rente R wird also für große n beinahe vollständig durch die Anstrengungen verschleudert.

Theoretiker des Rent-Seeking argumentieren auch, dass Rent-Seeking oft staatliche Umverteilungsmechanismen erzwingt, die besonders viele Ressourcen verschlingen. Dies passiert, wenn direkte Umverteilungsmechanismen, etwa durch eine pro-Kopf-Steuer auf die Betroffenen, auffallen würden und unpopulär wären, während die Begünstigung Einzelner durch ineffiziente Regulierungen weniger leicht von der Bevölkerung bemerkt wird.

Das Verschleudern der Renten wurde von einigen Theoretikern (darunter Gordon Tullock) zum Anlass genommen, eine Beschränkung des Staates auf die notwendigsten Eingriffsmöglichkeiten zu fordern. Ist der Handlungsspielraum des Staates eingeschränkt, so gibt es weniger Möglichkeiten, durch staatliche Eingriffe Renten zu erzeugen. Dies wird also die Ausgaben für Rent-Seeking senken und so die Verschwendung von Ressourcen eindämmen.

6.5 Rent-Seeking und Korruption

Man könnte argumentieren, dass Bestechung effizienzfördernd ist, wenn durch sie die Durchsetzung ineffizienter Verbote unterbunden wird. So würde etwa die verbotene Einfuhr einer Ware durch die Bestechlichkeit des Zöllners möglich, was die Summe aus inländischer Konsumentenrente und ausländischer Produzentenrente erhöhen würde.

Allerdings hat Korruption grundsätzlich erhebliche negative allokative Wirkungen. Die Rent-Seeking Literatur hat hierzu das folgende Argument zu bieten. Die Einnahmen eines korrupten Beamten können als dessen Rente aufgefasst werden. Individuen werden also Ressourcen aufwenden, um in eine Position zu gelangen, in der man Bestechungsgelder erhalten kann. Länder mit viel Korruption sollten also auch viel Rent-Seeking aufweisen.

Jenseits von diesem Aspekt ist besonders wichtig, dass ein Staat, in dem Korruption bei der Allokation von Gütern und bei bürokratischen Entscheidungen die Regel ist, kaum Rechtssicherheit bieten kann. Gerade, wer durch eine Investition einen hohen Ertrag erwirtschaftet muss damit rechnen, dass sich die Bürokratie eben diesen Ertrag wieder aneignet. Vor diesem Hintergrund sind die Investitionsanreize gering, und das wirtschaftliche Wachstum ist niedrig.[2]

Korruption in öffentlichen Vergabeverfahren kann ineffizient sein, wenn einige Bieter Kreditbeschränkungen unterliegen. In diesem Fall können Anbieter mit hohen Produktionskosten und hohem Vermögen günstigere Anbieter verdrängen.

6.6 Parteispenden und Wahlen

In diesem Abschnitt wollen wir ein Modell bedingter finanzieller Transfers an Parteien vorstellen, das uns Aufschluss über das Zustandekommen politischer Plattformen gewährt, wenn Interessengruppen durch Wahlkampfspenden Einfluss auf Parteien nehmen. Das Modell geht auf Gene Grossman und Elhanan Helpman (1996) zurück. Sie untersuchen die Einflussnahme von Interessengruppen auf die Ausgestaltung von Wahlplattformen im Rahmen eines Probabilistic Voting Modells. Das Modell kann als ein Modell der Parteispenden, aber auch als eines von politischer Korruption angesehen werden. In diesem Modell konkurrieren zwei Parteien, die die Wahrscheinlichkeit, die Wahl zu gewinnen, maximieren wollen. Dabei wird angenommen, dass nicht alleine – wie in Coughlins Probabilistic Voting Modell – die Differenz der Nutzenwerte entscheidend für das Wahlverhalten der Individuen ist. Vielmehr wird ein Teil der Wähler auch durch die Propaganda der Parteien beeinflusst,

---

2 Siehe hierzu auch Murphy, Shleifer und Vishny (1993).

die über Wahlkampfausgaben finanziert wird. Einzelne Interessengruppen können nun auf den politischen Prozess Einfluss nehmen, indem sie die Höhe ihrer Spenden an die Parteien von deren Wahlplattformen abhängig machen. Diese Spenden werden für die Finanzierung des Wahlkampfes genutzt. Das politische Ergebnis weicht dann von dem Benthamschen Wohlfahrtsmaximum ab.

Im Modell von Grossman und Helpman ist die Konvergenz der politischen Plattformen nicht länger gewährleistet. Sie zeigen, dass eine Partei mit einem Popularitätsvorsprung Partikularinteressen ein höheres Gewicht gibt. Hat eine Partei einen Popularitätsvorsprung in der Bevölkerung, so wird sie mehr Lobbying-Ausgaben an sich ziehen, da ihre Wahlwahrscheinlichkeit ex-ante höher ist. Ihre Plattform wird also den Partikularinteressen ein höheres Gewicht geben als die Plattform der weniger populären Partei.

6.7   Übungsaufgaben

1. a) Was ist eine Contest-success-Funktion? b) Zwei Gruppen konkurrieren um die politische Aufteilung eines Geldbetrages in Höhe von A. Die Contest-success-Funktion sei die Tullock-Lobbying-Funktion. Ermitteln Sie das Nash-Gleichgewicht dieses Spiels.
2. Stellen Sie grafisch den Wohlfahrtsverlust in einem Monopol dar und erläutern Sie Tullocks Argument.
3. Erläutern sie die Struktur des Spiels in Grossman Helpman (1990). Warum können die Plattformen zweier Parteien in diesem Modell divergieren?
4. Zwei Firmen bestechen einen Politiker, um einen bestimmten öffentlichen Auftrag zu erhalten. Sie wissen, dass der Politiker der meistbietenden Firma den Zuschlag gibt. Beide Firmen seien risikoneutral. Keine Firma kennt genau den Wert, den der Auftrag für die andere Firma hat. Sie vermuten eine Gleichverteilung auf dem Intervall $[0, a]$. Nehmen Sie an, dass beide Firmen simultan die Lobbying-Ausgaben wählen. Wie gehen Sie vor, um ein Bayesianisches Nash-Gleichgewicht des Spiels zu finden?
5. Betrachten Sie einen Rent-Seeking Wettbewerb mit zwei risikoneutralen Spielern ($i = 1,2$), in dem ein Spieler die Rente R dann und nur dann mit Sicherheit bekommt, wenn er wenigstens einen festen Betrag $e > 0$ mehr einsetzt als der andere Spieler. Bezeichnen Sie die Aufwendungen von Spieler i mit L_i. Wenn die Aufwendungen L_1 und L_2 sich um weniger als e unterscheiden, wird die Rente halbiert und zwischen beiden Spielern aufgeteilt. Gehen Sie dabei davon aus, dass e kleiner als ein Viertel der Rente R ist. (a) Wie groß ist der Payoff von Spieler 1, abhängig von L_1 und L_2? (b) Stellen Sie die optimale(n) Reaktion(en) von Spieler 1 formal und grafisch dar. Hinweis: Es muss nicht immer nur eine optimale Reaktion auf ein gegebenes L_2 geben. (c) Prüfen Sie, ob es ein Gleichgewicht in reinen Strategien gibt. (d) Begründen Sie intuitiv, warum

es in einem Gleichgewicht in gemischten Strategien nicht dazu kommen kann, dass im Wettbewerb um die Rente von beiden Spielern in der Summe im Erwartungswert mehr als R ausgegeben wird.

6. Beurteilen Sie Korruption aus allokationstheoretischer Sicht.

Literatur zu Kapitel 6

- Dixit, Avinash; Gene M. Grossman und Elhanan Helpman (1997) „Common Agency and Coordination: General Theory and Application to Government Policy Making", *Journal of Political Economy;* 105, 752–69.
- Grossman, Gene und Elhanan Helpman (1996) „ Electoral Competition and Special Interest Politics", *Review of Economic Studies,* 63, 265–282.
- Hirshleifer, Jack (1989) „Conflict and Rent-Seeking Success Functions: Ratio vs. Difference Models of Relative Success", *Public Choice,* 63, 101–112.
- Jung, Chulho et al. (1995) „The Coase Theorem in a Rent-Seeking Society", *International Review of Law and Economics,* 15, 259–268.
- Mueller, Dennis (1990) *Public Choice II.* Cambridge, MA: Cambridge University Press.
- Murphy, Kevin M., Andrei Shleifer und Robert W. Vishny (1993) „Why Is Rent-Seeking So Costly to Growth?", *American Economic Review,* 83, 409–414.
- Nitzan, Shmuel (1994) „Modelling Rent-Seeking Contests", *European Journal of Political Economy,* 10, 41–60.
- Scully, Gerald W. (1997) „Democide and Genocide as Rent-Seeking Activities", *Public Choice,* 93, 77–97.
- Tullock, Gordon (1969) „Social Cost and Government Action", *American Economic Review,* 59, 189–197.
- Ursprung, Heinrich W. (1991) „Economic Policies and Political Competition" in Hillman Arye L. (Hrsg.) *Markets and politicians: Politicized economic choice.* 1–25, Norwell, MA und Dordrecht: Kluwer Academic.

Teil III

Spezielle Bereiche der Wirtschaftspolitik

KAPITEL 7

Politik öffentlicher Einnahmen und Ausgaben

Ein wesentlicher Teil der staatlichen Wirtschaftspolitik ist die Bestimmung öffentlicher Einnahmen und Ausgaben. Dazu gehört insbesondere die Festlegung des Steuersystems, also die Festlegung von Steuerbasis, Freibeträgen, Steuersätzen, Ausnahmen, etc. Auf der Ausgabenseite ist über den Erwerb von öffentlichen Gütern und die Höhe von Transfers zu entscheiden. Insgesamt nennt man den Bereich der Volkswirtschaft, der sich mit diesen Fragen beschäftigt Finanzwissenschaft (Public Economics). Dabei werden oft andere Bereiche der Wirtschaftspolitik berührt – etwa hat das Einkommensteuersystem einen Einfluss auf Ergebnisse am Arbeitsmarkt oder das Wirtschaftswachstum.

In diesem Kapitel wollen wir zuerst der Frage nachgehen, was öffentliche Einnahmen und Ausgaben in einer Demokratie bestimmt und insbesondere, ob eine Demokratie effizient darüber entscheidet. Anhand zweier einfacher Medianwählermodelle diskutieren wir zunächst einige Grundfragen der Bestimmung von Steuern und Staatsausgaben in einer Demokratie. Dabei werden wir zwei alternative Verwendungsmöglichkeiten der Einnahmen berücksichtigen: den Kauf öffentlicher Güter und die Einkommensumverteilung. In beiden Fällen stellen wir das Ergebnis des politischen Prozesses einem Wohlfahrtsoptimum gegenüber. Im Anschluss betrachten wir neue Mechanism Desing Ansätze zur Frage ob eine Demokratie effizient über Fiskalpolitik entscheidet.

Der folgende Abschnitt dieses Kapitels widmet sich der Umverteilung von Kapital. Wir gehen dabei auch auf ein spezielles Problem bei der Besteuerung ein, das sogenannte Zeitinkonsistenzproblem. Es tritt auf, wenn die Regierung Schwierigkeiten hat, glaubhaft zu machen, dass die Aktivitäten der Bürger in Zukunft nicht stärker besteuert werden.

Schließlich diskutieren wir ausgiebig die Bestimmungsgründe der Höhe staatlicher Defizite. Zunächst geben wir einen kurzen Überblick über die konkurrierenden normativen Ansichten zu Staatsdefiziten. Danach werden wir die Bestimmungsgründe der Höhe des Staatsdefizits in polit-ökonomischen Modellen untersuchen.

© Springer-Verlag GmbH Deutschland, ein Teil von Springer Nature 2022
H. P. Grüner, *Wirtschaftspolitik*, https://doi.org/10.1007/978-3-662-63691-6_7

7.1   Die Größe des öffentlichen Sektors bei Bereitstellung eines öffentlichen Gutes

Steuerpolitik ist komplex weil das Steuersystem durch viele Parameter charakterisiert ist, etwa Freibeträge und Steuersätze. Eine politisch-ökonomische Analyse ist einfach, wenn man viele dieser Parameter vorgibt. Die Bestimmungsfaktoren der Größe des öffentlichen Sektors lassen sich in einem Modell zum Beispiel recht einfach untersuchen, wenn man alle öffentlichen Leistungen zu einem einzigen öffentlichen Gut aggregiert, über dessen Bereitstellung abgestimmt wird.[1] Ein reines öffentliches Gut kann von allen Individuen gleichermaßen konsumiert werden, der Konsum eines Individuums konkurriert also nicht mit dem eines anderen. Wir wollen in diesem Abschnitt annehmen, dass die Bereitstellung des öffentlichen Gutes durch eine lineare Steuer auf das Einkommen der Haushalte finanziert wird. Bezeichnen wir mit y_i das (exogen gegebene) Einkommen des Haushalts i, so ist sein Nettoeinkommen $(1 - t)y_i$ wenn t der lineare Steuersatz ist. Wir nehmen an, dass die Haushalte sich alleine in ihrem Bruttoeinkommen, nicht aber in ihren Präferenzen über privatem Konsum (c) und öffentlichen Konsum (x) unterscheiden. Die Präferenzen aller Haushalte seien durch die Nutzenfunktion $U(c, x)$ beschrieben.

Wir betrachten das private Gut als numéraire, das heißt wir fixieren seinen Preis auf 1. Damit kann bei einem Steuersatz in Höhe von t ein Konsument $(1 - t)y_i$ Einheiten des Konsumgutes erwerben. Bei einem vorgegebenen relativen Preis des öffentlichen Gutes p ist der von Haushalt i präferierte Steuersatz also die Lösung des Maximierungsproblems

$$\max_t \ U((1 - t)y_i, x), \tag{7.1}$$

$$\text{unter der NB}: \ px = t\bar{y}. \tag{7.2}$$

Dabei ist $\bar{y}$ das exogen vorgegebene gesamte Volkseinkommen. Die Nebenbedingung besagt, dass der Staatshaushalt ausgeglichen sein soll. Die Optimalitätsbedingung ergibt sich durch Einsetzen der Nebenbedingungen in die Nutzenfunktion und Ableiten nach dem Steuersatz t als:

$$- U_c(c, x)y_i + U_x(c, x)\frac{\bar{y}}{p} = 0 \Leftrightarrow \tag{7.3}$$

$$\frac{U_x(c, x)}{U_c(c, x)} = p\frac{y_i}{\bar{y}}. \tag{7.4}$$

---

1   Das Medianwählermodell ist praktisch, da man sich beim Untersuchen exogener Einflüsse auf das politische Ergebnis auf die Analyse der Präferenzen des Medianwählers beschränken kann. Seine Verwendung ist aber nur dann sinnvoll, wenn sich der gesamte politische Konflikt tatsächlich auf die Bestimmung einer einzelnen möglicherweise aggregierten – Größe reduzieren lässt und wenn die Präferenzen eingipflig sind. Inwieweit diese Annahmen einschränkend sind, haben wir bereits erörtert.

Das heißt, der von Individuum i präferierte Steuersatz führt zu einer Grenzrate der Substitution zwischen dem Konsum des privaten und des öffentlichen Gutes, die ansteigt, wenn der Haushalt relativ mehr Einkommen hat. Darüber hinaus gilt, dass bei einer Erhöhung des Preises des öffentlichen Gutes auch die Grenzrate der Substitution, die der Haushalt wünscht, ansteigt.

Grafisch lassen sich die Optima aus Sicht der verschiedenen Haushalte wie in Abb. 7.1 darstellen. Wenn der Steuersatz Null ist, kann jeder Haushalt genau sein Einkommen y_i konsumieren. Der Konsum des öffentlichen Gutes ist aber Null. Ist der Steuersatz 1, so wird von allen alleine das öffentliche Gut in der Menge $\bar{y}/p$ konsumiert. Jeder Haushalt hat also eine andere „Budgetgerade", die durch die Besteuerung erzeugt wird. Die Steigung dieser Geraden ist dabei vom Einkommen des Haushalts abhängig. Entsprechend der Optimalitätsbedingung (7.4) wird in der Regel jeder Haushalt einen anderen Steuersatz vorziehen. Sofern die Indifferenzkurven der Individuen konvex sind, fallen die Präferenzen über die Steuersätze eingipflig aus und das Medianwählertheorem lässt sich zur Bestimmung der mehrheitsfähigen Politik anwenden.

In Abb. 7.1 ist eine Situation dargestellt, in der der von einem Haushalt präferierte Steuersatz niedriger ist, je größer sein Einkommen ist. In diesem Fall haben ärmere Haushalte eine Präferenz für Parteien, die für einen relativ großen öffentlichen Sektor sind. Besteht ein monotoner Zusammenhang zwischen Einkommen und präferiertem Steuersatz, so wird im Gleichgewicht eines zwei-Parteienwettbewerbs die präferierte Politik eines Individuums mit Medianeinkommen implementiert.

In einer Übungsaufgabe gibt es Gelegenheit zu zeigen, dass der präferierte Steuersatz nicht vom Einkommen abhängt, wenn alle Haushalte eine Cobb-Douglas Nutzenfunktion haben. In diesem Fall ist der individuell präferierte Steuersatz einkommensunabhängig.

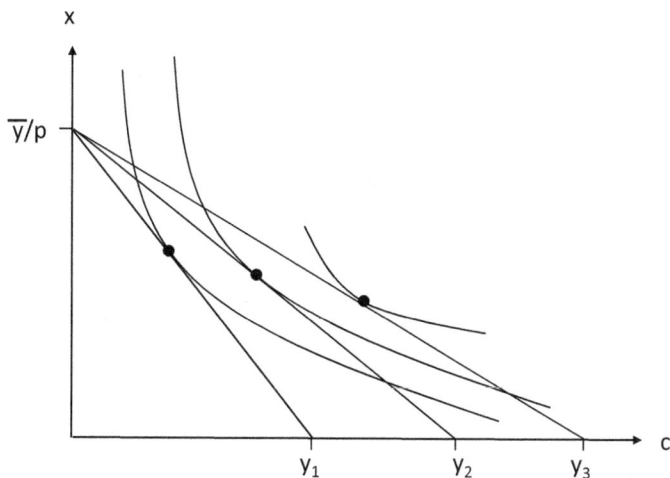

Abb. 7.1 Bestimmung des Konsums eines öffentlichen Gutes in einer Demokratie

Wenn privater und öffentlicher Konsum komplementär sind steigt hingegen der präferierte Steuersatz mit dem Einkommen, weil reichere Bürger sich mehr komplementären staatlichen Konsum wünschen.

7.2   Die Größe des öffentlichen Sektors bei Einkommensumverteilung

Im vorigen Abschnitt haben wir gesehen, dass (unter bestimmten einschränkenden Annahmen) die Grenze der Besteuerung in einer Demokratie durch die vom Medianwähler präferierte Kombination aus privaten und öffentlichen Gütern gezogen wird. Die Bereitstellung öffentlicher Güter ist aber nur ein Zweck, zu dem Besteuerung genutzt werden kann. Steuereinnahmen können auch zur direkten Umverteilung von Einkommen genutzt werden. Eine zentrale Frage, die die politische Ökonomie beantworten muss, ist, was in einer Demokratie die (meist relativ wenig vermögende) Mehrheit daran hindert, das Einkommen oder den Reichtum einer reichen Minderheit zu besteuern und umzuverteilen. Was also hält einen relativ armen Medianwähler davon ab, unbegrenzt Einkommen umzuverteilen? Ein Grund dafür, dass nicht unbegrenzt umverteilt wird, sind Kosten, die dadurch entstehen, dass die Umverteilung den Anreiz zum Arbeiten oder Sparen für den Einzelnen verringert. Auch werden Ausweichreaktionen legaler und illegaler Art häufiger auftreten, wenn der Steuersatz steigt. Im Extremfall (Steuersatz von 100 %) sind diese Anreizkosten so hoch, dass gar nichts mehr produziert und damit umverteilt werden kann. Wir wollen dies anhand eines einfachen Beispiels näher untersuchen.

Wir betrachten eine Ökonomie, bestehend aus einem Kontinuum von Haushalten, mit Maß 1. Anders als im vorigen Abschnitt ist das Einkommen der Haushalte nicht länger exogen vorgegeben. Vielmehr besitzt jeder Haushalt eine Menge an Arbeit $\bar{l}_i$, die er für Arbeit oder Freizeit verwenden kann. Die Haushalte konsumieren das Konsumgut c und Freizeit $\bar{l}_i - l_i$. Wir betrachten erneut den Fall einer linearen Steuer, die hier auf das Arbeitseinkommen wl_i entrichtet wird, wobei w der vorgegebene Reallohn sei. Die Staatseinnahmen werden pro Kopf in Form eines Transfers T umverteilt. Zunächst wollen wir das individuelle Arbeitsangebot bei einem gegebenen Steuersatz t und einem ebenfalls gegebenen Transfer T bestimmen.

Wir nehmen hierzu der Einfachheit halber eine Cobb-Douglas Nutzenfunktion in Konsum und Freizeit an:

$$U_i = c_i^\alpha \left(\bar{l}_i - l_i\right)^{1-\alpha}, \tag{7.5}$$

wobei $\alpha < 1$. Bei gegebenem Steuersatz t und Transfer T kann der Haushalt

$$c_i = (1-t)wl_i + T \tag{7.6}$$

konsumieren. Also ist sein Nutzen als Funktion seines Arbeitsangebotes:

$$U_i = ((1-t)wl_i + T)^{\alpha} \left(\bar{l}_i - l_i\right)^{1-\alpha}. \tag{7.7}$$

Die notwendige Bedingung für einen optimalen Arbeitseinsatz bei vorgegebenem Steuersatz und vorgegebenen Transfers erhält man durch Ableiten nach l_i als:

$$\frac{(1-t)wl_i + T}{\bar{l}_i - l_i} = (1-t)w\frac{\alpha}{1-\alpha}, \tag{7.8}$$

oder:

$$(1-t)wl_i + T = (1-t)w\frac{\alpha}{1-\alpha}\left(\bar{l}_i - l_i\right).$$

Durch das Aggregieren dieser Optimalitätsbedingung über alle Haushalte erhält man eine Gleichung, die implizit das gesamte Arbeitsangebot l in Abhängigkeit von Steuersatz, Transfers und Gesamtarbeitsmenge angibt:

$$(1-t)wl + T = (1-t)w\frac{\alpha}{1-\alpha}\left(\bar{l} - l\right). \tag{7.9}$$

Hierbei ist jetzt $\bar{l}$ die gesamte verfügbare Arbeitsmenge. Der Staat kann Transfers und Steuersätze nicht beliebig kombinieren. Vielmehr dürfen die Einnahmen die Ausgaben nicht übersteigen, also muss zusätzlich die staatliche Budgetbedingung

$$T = twl(t, T). \tag{7.10}$$

erfüllt sein. Die Bedingungen (7.9) und (7.10) müssen also zugleich von Steuersatz, Arbeitsangebot und Transfers erfüllt sein. Durch Substitution des Arbeitsangebotes in (7.9) durch T/tw erhalten wir nun den im Gleichgewicht möglichen Transfer als Funktion des Steuersatzes:

$$(1-t)w\frac{T}{tw} + T = (1-t)w\frac{\alpha}{1-\alpha}\left(\bar{l} - \frac{T}{tw}\right) \Leftrightarrow \tag{7.11}$$

$$T = t\frac{1-t}{1-t\alpha}\alpha w\bar{l}. \tag{7.12}$$

Das aggregierte Arbeitseinkommen ohne Besteuerung würde $\alpha w\bar{l}$ betragen, die Steuereinnahmen ohne Ausweichreaktion also $t\alpha w\bar{l}$. Der Faktor $\frac{1-t}{1-t\alpha}$ ist positiv, nimmt mit t ab und ist Null für $t = 1$. Wie sich beim Bilden der zweiten Ableitung der Transfers zeigt, sind die Transfers eine konkave Funktion des Steuersatzes:

$$\frac{d\left(t\frac{1-t}{1-t\alpha}\alpha w\bar{l}\right)}{dt} = \frac{1-2t+t^2\alpha}{(1-t\alpha)^2}\alpha wl. \tag{7.13}$$

$$\frac{d\left(\frac{1-2t+t^2\alpha}{(1-t\alpha)^2}\right)}{dt} = -2\frac{1-\alpha}{(1-t\alpha)^3} < 0. \tag{7.14}$$

Das Maximum ist erreicht, wenn

$$1 - 2t + t^2\alpha = 0 \Leftrightarrow \tag{7.15}$$

$$t^+ = \frac{1}{\alpha}\left(1 - \sqrt{1-\alpha}\right) < 1. \tag{7.16}$$

Die Transfers steigen bis zu diesem Wert mit dem Steuersatz t. Danach fallen die Transfers. Eine solche Beziehung zwischen Steuersatz und Staatseinnahmen wird Laffer Curve genannt.

Ein Haushalt, der über gar keine Arbeit verfügt ($l_i = 0$), wird also den Steuersatz t^+ allen anderen vorziehen, da sein Einkommen, und damit sein Nutzen, maximiert wird. Haushalte, die mehr als die durchschnittliche Arbeitsmenge besitzen, werden ganz gegen Umverteilung sein, weil sie durch die Umverteilung immer weniger Transfers erhalten, als sie Steuern bezahlen.

Das Medianwählermodell lässt sich anwenden, wenn zusätzlich gewährleistet ist, dass die Präferenzen der Haushalte eingipflig auf der Menge der möglichen Steuersätze sind.

Oft wird in polit-ökonomischen Modellen vereinfachend eine linear-quadratische Laffer Curve

$$T(t) = \left(t - t^2\right)\bar{y} \tag{7.17}$$

postuliert, ohne dass das Arbeitsangebot explizit modelliert wird. Dabei ist $\bar{y}$ ein vorgegebenes Durchschnittsbruttoeinkommen. Das Nettoeinkommen ist $(1 - t)\,y_i + T(t)$. In diesem Fall ist es leicht zu zeigen, dass die Präferenzen über den Steuersätzen eingipflig sind.[2]

---

2   Genau wie bei dem Modell zur Bestimmung der Bereitstellung eines öffentlichen Gutes liegt eine Schwäche dieses Modelles in der ad hoc angenommenen Eindimensionalität der zu treffenden politischen Entscheidung. Tatsächlich gibt es zahlreiche Steuersätze, Freibeträge und Transfers, die Teil politischer Programme sind. Auch nehmen Steuern nicht unbedingt die einfache lineare Form an, die in diesem Modell vorgesehen ist.

   Wenn die politische Entscheidung mehrdimensional ist, hat man keine Chance, mit dem Medianwählermodell Aussagen über das politische Ergebnis zu machen. Die Bestimmung aller Steuersätze, Freibeträge, Transfers, Progressionen etc., die die Steuerpolitik ausmachen, ist ein solches mehrdimensionales politisches Problem. Wir haben bereits das Probabilistic Voting Modell als ein Modell kennengelernt, das mit dieser Mehrdimensionalität umgehen kann. Je nach Spezifikation der Wahrscheinlichkeitsverteilungen, die in diesem Modell benutzt wird, ergibt sich ein anderes Resultat bezüglich der Wohlfahrtswirkung der entstehenden Politik. In bestimmten Situationen maximiert die Politik, wie wir gesehen haben, die Benthamsche Wohlfahrt, also die Summe der Nutzenfunktionen unter der Nebenbedingung, dass nur die vorliegenden politischen Instrumente gebraucht werden. Die erzielte Steuerpolitik ist dabei unter dieser Restriktion zugleich Pareto-optimal. Ein Probabilistic Voting Modell zur Besteuerung mehrerer Einnahmequellen findet sich in Hettich und Winer (1998).

   Akzeptiert man also das Probabilistic Voting Modell als zutreffende Beschreibung des politischen Prozesses, so kann man die umfangreiche Literatur zur optimalen Besteuerung (sofern sie von heterogenen Wirtschaftssubjekten ausgeht) zugleich als positiven Erklärungsansatz politischer Ergebnisse deuten.

7.3 Vergleich demokratischer Ergebnisse mit sozialen Optima

7.3.1 Bereitstellung teilbarer öffentlicher Güter

Grundsätzlich muss eine demokratische Entscheidung wie wir sie zuvor dargestellt haben kein Wohlfahrtsmaximum hervorbringen. Wir betrachten hierzu erneut das Modell der Bereitstellung öffentlicher Güter und nehmen vereinfachend an, dass es nur zwei Klassen in der Gesellschaft gibt, Arme und Reiche. Die Benthamsche Wohlfahrt lässt sich ermitteln, indem man die Nutzen aller Individuen aufaddiert. Eine perfekte Substitutionsbeziehung zwischen privatem und öffentlichem Konsum ist durch eine Nutzenfunktion $U((1-t)y_i+x)$ charakterisiert. Da privater und öffentlicher Konsum linear im Steuersatz sind, ist das politische Ergebnis eine Randlösung, wenn der Medianwähler nicht gerade zwischen allen Steuersätzen indifferent ist. Eine solche Randlösung muss allerdings nicht mit dem Wohlfahrtsmaximum identisch sein[3].

Auch wenn privater und öffentlicher Konsum komplementär sind setzt sich in einer zwei-Klassen Gesellschaft politisch die Gruppe durch, die einen höheren Anteil an der Bevölkerung hat. Wenn es die Ärmeren sind, dann bleibt privater Konsum der Reichen teilweise nutzlos, weil zu dem höheren privaten Konsum teilweise die komplementären öffentlichen Güter fehlen. Eine Erhöhung des öffentlichen Konsums würde zu einer Steigerung des Nutzens der Reichen führen, der bei großen Einkommensunterschieden auch mit einem Wohlfahrtsgewinn verbunden sein kann.

In beiden Fällen gilt also, dass grundsätzlich das so modellierte politische Gleichgewicht nicht mit einem Wohlfahrtsmaximum zusammenfallen muss. Bei diesen Überlegungen haben wir allerdings zugrunde gelegt, dass nur eine lineare Besteuerung möglich ist. Grundsätzlich wäre denkbar, dass die Politik den Wählern beliebige Steuersysteme vorschlagen kann. Darauf kommen wir später zurück.

7.3.2 Bereitstellung unteilbarer öffentlicher Güter

Auch wenn über unteilbare öffentliche Güter entschieden wird, kann eine Abstimmungslösung das Wohlfahrtsmaximum verfehlen. Die Entscheidung über die Bereitstellung eines unteilbaren öffentlichen Gutes erfassen wir mit der Variablen $d \in \{0, 1\}$. In der Regel sind Individuen privat darüber informiert, wie wichtig ihnen ein bestimmtes öffentliches Gut ist. In der Wirtschaftstheorie wird diese Information oft über eine sogenannte Zahlungsbereitschaft ausgedrückt. Spezifiziert man den von Neumann-Morgenstern Nutzen eines Individuums als

---

3 Dies zu zeigen ist eine Übungsaufgabe.

$$u(x, \theta_i) = \theta_i d + t_i \tag{7.18}$$

$$x = (d, t_1, ..., t_I) \tag{7.19}$$

dann sollte ein öffentliches Gut genau dann bereitgestellt werden, wenn die Summe der Zahlungsbereitschaften $\sum_{i=1}^{I} \theta_i$ größer als die Kosten der Bereitstellung ist.

Wir wollen nun annehmen, dass die Kosten der Bereitstellung des öffentlichen Gutes c von allen Individuen gleichermaßen getragen werden, wenn da Gut angeschafft wird. In diesem Fall ergeben sich Nettonutzen aus der Bereitstellung von $\tilde{\theta}_i = \theta_i - c/I$. Ex-post-Effizienz erfordert also, dass das öffentliche Gut genau dann bereitgestellt wird, wenn die Summe der Nettonutzen $\sum_{i=1}^{I} \tilde{\theta}_i$ positiv ist.

Eine demokratische Entscheidung über die Bereitstellung eines öffentlichen Gutes führt in der Regel nicht zu einem ex-post effizienten Ergebnis. Der Grund ist, dass es sowohl Fälle geben kann, in denen das öffentliche Gut bereitgestellt wird, obwohl die Summe der Zahlungsbereitschaften negativ ist, als auch Fälle, in denen das Gut nicht bereitgestellt wird, obwohl die Summe der Zahlungsbereitschaften positiv ist. Liegt private Information vor, so führen demokratische Entscheidungen über öffentliche Güter also in der Regel zu ineffizienten Ergebnissen. Es gibt eine ausführliche Literatur über sophistizierte Anreizmechanismen, die demokratischen Entscheidungsprozeduren überlegen sind. Tatsächlich zeigen Grüner und Koryama (2012), dass unter bestimmten Umständen in einer Demokratie selbst bereits über ihre Zahlungsbereitschaften informierte Individuen einem solchen Anreizmechanismus zustimmen würden.

7.3.3 Umverteilung

Ähnlich wie im Fall der Bereitstellung teilbarer oder unteilbarer öffentlicher Güter gilt, dass der politische Wettbewerb bei der Besteuerung zur Finanzierung von Umverteilung nicht zu einem Wohlfahrtsmaximum führen muss. Es ist leicht zu verstehen, weshalb eine demokratische Entscheidung über Umverteilung kein Wohlfahrtsmaximum hervorbringen muss. Betrachten wir den Fall einer einfachen Laffer Kurve, die Steuereinnahmen in Höhe von $(t - t^2)\,\bar{y}$ zulässt. Der Nutzen aus Einkommen $U(y)$ sei strikt konkav. Die Grenznutzen aus Besteuerung sind fallend in t, mit unterschiedlichen Achsenabschnitten, und die Grenzwohlfahrt ist deshalb ebenfalls fallend. Das Wohlfahrtsmaximum liegt bei dem Steuersatz, bei dem die Grenzwohlfahrt Null ist. An dieser Stelle muss aber nicht notwendig der Grenznutzen des Medianwählers aus Besteuerung Null sein[4].

---

4   Dies lässt sich leicht anhand des Beispiels einer zwei-Klassen Gesellschaft zeigen.

7.3.4 Die Analyse von Bierbrauer und Boyer

Bierbrauer und Boyer (2016) betonen zurecht, dass der Vergleich der Ergebnisse optimaler Mechanismen mit den Ergebnissen politökonomischer Modelle, in denen man sich auf bestimmte politische Instrumente wie zum Beispiel eine lineare Steuer beschränkt, um überhaupt ein politisches Ergebnis herleiten zu können, naturgemäß zu Lasten der Demokratie als Entscheidungsmechanismus ausfallen muss. Stattdessen betrachten Bierbrauer und Boyer in ihrer Arbeit den Wettbewerb zweier politischer Kandidaten, die aus der Menge aller verfügbaren Mechanismen Vorschläge an das Wahlvolk machen können. Damit fällt der offensichtliche Nachteil des eingeschränkten politischen Wettbewerbs weg.

Zunächst analysieren Bierbrauer und Boyer den Fall der Bereitstellung öffentlicher Güter. Individuen verfügen in ihrem Modell über Anfangsausstattungen an Geld, die den Parteien bekannt sind. Im Gleichgewicht schlagen beide Parteien einen Surplus-maximierenden Mechanismus vor. Politischer Wettbewerb findet dann lediglich hinsichtlich der Verteilung der Anfangsausstattung statt. Hierbei kommt es zu dem von Myerson (1993) beschriebenen Gleichgewicht in gemischten Strategien. Das politische Ergebnis ist also immer ex-post-effizient.

In einem zweiten Umverteilungsmodell analysieren Bierbrauer und Boyer den Fall, in dem Individuen private Informationen über ihre Fähigkeit, Einkommen zu erzielen haben. Es ist seit Mirrlees (1971) bekannt, dass in einer solchen Umgebung die soziale Wohlfahrt maximiert wird, indem man progressiv das Einkommen besteuert und umverteilt. Stattdessen wird in vorliegendem Modell in beiden Parteien im Gleichgewicht auf solche Umverteilung verzichtet. Umverteilung wird lediglich hinsichtlich der Anfangsausstattungen mit Geld betrieben. Das Ergebnis ist die Maximierung des sozialen Surplus aber nicht die Maximierung der sozialen Wohlfahrt.

Ich halte allerdings im Rahmen des Mirlees Modells die Annahme, dass die politischen Parteien Einblick in die Anfangsausstattung der Individuen haben, für sehr problematisch. Letztlich sind Vermögenswerte aus Einkommen entstanden. Die Annahme, dass man sie unverzerrend besteuern kann, ist deshalb, sofern Individuen vorausschauend sind, nicht besonders plausibel. Dennoch handelt es sich hier um das erste Papier, das einen ernsthaften Versuch macht, einen Bezug zwischen politischem Ergebnis, sozialem Surplus und sozialer Wohlfahrt herzustellen. Weitere Forschung in diesem Feld ist nötig.

7.4 Die Grenzen der Umverteilung von Kapital

Wir haben bereits gesehen, dass bei endogenen Arbeitsangebotsentscheidungen der Umverteilung von Arbeitseinkommen in einer Demokratie Grenzen gesetzt sind. Was hindert aber angesichts einer ungleichen Verteilung von Kapital (Piketty, 2014) die Wähler daran, Kapital oder seine Erträge umzuverteilen?

Die Besteuerung vorhandener Kapitalbestände sollte vielen Wählern zu jedem Zeitpunkt besonders attraktiv erscheinen, da sie nicht verzerrenden Charakter hat. Wird dies aber von den Kapitaleignern antizipiert, so verringert es den Anreiz, Kapital zu akkumulieren. Es wäre also wünschenswert, wenn sich die Wahlbevölkerung glaubwürdig binden könnte, Kapital nicht zu hoch zu besteuern. Ist dann aber das Kapital erst einmal da, so besteht der Anreiz, das gemachte Versprechen zu brechen. Man sagt, der Plan niedriger Besteuerung sei „zeitinkonsistent". Wie kommt es also, dass in einer Demokratie nicht immer wieder auf solch einmalige Kapitalsteuern zurückgegriffen wird?

Eine Erklärung liefern Persson und Tabellini (1990) in einem einfachen Modell der Kapitalbesteuerung. Ihre Idee ist, dass es Wählern möglich ist, das Zeitinkonsistenzproblem in der Kapitalbesteuerung zu lösen, indem sie die Entscheidung an einen Politiker delegieren, der ein direktes finanzielles Interesse an niedrigen Kapitalsteuern hat oder der aus ideologischen Gründen gegen Kapitalbesteuerung ist.

Neben der Theorie der Zeitinkonsistenz optimaler steuerpolitischer Pläne bieten sich verschiedene andere Erklärungen dafür an, dass der Besteuerung von Kapital Grenzen gesetzt sind. Zum ersten engt Kapitalmobilität den Handlungsspielraum der Politik bei der Besteuerung von Kapital stark ein. Betrachten wir etwa ein kleines Land, das mit einer Technologie mit abnehmenden Grenzprodukten produziert. Ist die reale Weltmarktverzinsung von Kapital aus Sicht dieses Landes vorgegeben, so verdrängen höhere Steuern Kapital ins Ausland bis die inländische Nettoverzinsung der im Ausland entspricht. Letztlich sinkt dann das Grenzprodukt der Arbeit in diesem Land. Die Steuererhöhung hat dann nur zu einer Verringerung der Arbeitseinkommen geführt. Anders sieht dies nur für ein großes Land aus, das die Nettoverzinsung von Kapital auf dem Weltmarkt beeinflussen kann.

Eine zweite einfache Erklärung ist, dass Kapitalisten unter Umständen zu einer gut organisierten Interessengruppe werden, die über hinreichende Mittel verfügt, um durch Lobbying die Steuern auf Kapital niedrig zu halten (siehe etwa Benabou 2000).

Schließlich gibt es neuere Erklärungen für ein geringes Maß an Umverteilung von Vermögen, die auf der Annahme basieren, dass die Angleichung der Lebensverhältnisse nach Umverteilung der politikbestimmenden Mittelklasse zwar wirtschaftliche Gewinne, aber auch einen Verlust an sozial allozierten Gütern verschafft (Corneo und Grüner, 2000, 2002). Demnach scheut die Mittelklasse die soziale Konkurrenz der Unterklasse. Je mehr zu Gunsten der Unterklasse umverteilt wird, desto ähnlicher werden die Konsummuster. Daher kann die Mittelklasse Umverteilung ablehnen, selbst wenn sie auch einen wirtschaftlichen Gewinn davontragen würde.

Alesina und Angeletos (2002) liefern einen weiteren Ansatz zur Erklärung von Grenzen der Umverteilung. Ihr Modell hat zwei polit-ökonomische Gleichgewichte. Im ersten Gleichgewicht spiegelt ein hohes individuelles Einkommen den Arbeitseinsatz eines Menschen besonders gut wieder, weil es nur geringe staatliche Eingriffe in das Nettoeinkommen gibt. Daher wissen die Menschen in einer solchen Volkswirtschaft, dass Ungleichheit Anstrengungsunterschiede wiederspiegelt, weshalb die Akzeptanz von Umverteilung gering ist. Im zweiten Gleichgewicht gibt es ein hohes Maß staatlicher Umverteilung. Das Modell erklärt also, weshalb hohe Ungleichheit nicht zu mehr Umverteilung führen muss. Einkommen spiegelt individuelle Anstrengung daher nur sehr unvollkommen wieder, weshalb Ungleichheit weniger akzeptiert wird. Alesina und Angeletos betrachten ihr Modell als Erklärung für die unterschiedlichen Ausmaße der Ungleichheit und der Umverteilung in den USA und Europa.

7.5 Staatsverschuldung

7.5.1 Staatsschulden aus normativer Sicht

Was bestimmt die Höhe der Staatsverschuldung in einer Volkswirtschaft? Und welche Höhe kann als akzeptabel angesehen werden? Ökonomen haben sich vor allem mit der zweiten Frage ausführlich auseinandergesetzt. Wir wollen in diesem Abschnitt die wichtigsten Ergebnisse der normativen Finanzwissenschaft zusammenfassen, um sie dann im nächsten Abschnitt der positiven politisch-ökonomischen Analyse gegenüberzustellen.

Der Anteil der Staatsverschuldung am Bruttosozialprodukt hat sich in den letzten 40 Jahren in den Ländern der EU erheblich erhöht. Die Höhe der Staatsschulden wird spätestens dann zum Problem, wenn sich die Zinsleistungen zu einem erdrückenden Faktor im Staatshaushalt entwickeln. Evsey Domar (1944) hat gezeigt, dass eine permanente Nettokreditaufnahme nicht zu einem unbeschränkt wachsenden Anteil der Staatsschulden am Sozialprodukt führen muss. Vielmehr wird der Anteil durch wirtschaftliches Wachstum u. U. auf einer konstanten Höhe gehalten. Der Anteil der Verschuldung am BSP wird positiv durch die Wachstumsrate und negativ durch die Zinsen beeinflusst. Beide Größen haben sich in vielen Ländern in den letzten Jahren aber zu Ungunsten der öffentlichen Hand entwickelt. So kommt es, dass der Anteil der Staatsschulden am Sozialprodukt immer neue Höhen erreicht. Dieser Prozess hat erst mit dem Versuch, die im Maastrichter Vertrag gesetzten Kriterien (60 % Schulden/BSP) zu erfüllen, in Teilen Europas eine vorläufige Umkehr erfahren. Seit Beginn der Währungsunion droht aber in machen Teilnehmerstaaten der Währungsunion die Fiskaldisziplin wieder zu verfallen.

Die Rolle der Staatsschulden und der Defizite wird von Ökonomen ganz unterschiedlich bewertet. Keynesianer bewerten die Kreditaufnahme durch den Staat unter Umständen als positiv. Defizite seien sinnvoll, wenn sie zur Finanzierung der Konjunkturpolitik genutzt werden können. Viele neoklassische Ökonomen sehen hingegen die Staatsverschuldung als schädlich an. Sie erhöhe die Zinsen und verdränge private Investitionen. Schließlich gibt es auch Ökonomen, die in der Ricardianischen Tradition die Ansicht vertreten, die Höhe der Staatsschulden sei bezüglich der realwirtschaftlichen Prozesse vollkommen irrelevant. Wir wollen hier kurz auf diese Standpunkte eingehen.

7.5.2   Staatsschulden aus Keynesianischer Sicht

Aus Sicht keynesianischer Ökonomen können Defizit-finanzierte Ausgaben zur Stimulierung der Nachfrage und daher, in einer Ungleichgewichtssituation mit Überschussangebot auf Arbeits- und Gütermarkt, zur Erhöhung von Output und Beschäftigung genutzt werden. Temporäre Defizite sind also aus Keynesianischer Sicht willkommen, wenn sie in einer Ungleichgewichtssituation zur Erhöhung der Staatsausgaben genutzt werden und schließlich zur Erhöhung der Beschäftigung beitragen. Inwieweit ein solcher Effekt tatsächlich auftritt ist aber fragwürdig, da es zu verschiedenen Formen der Verdrängung privater Nachfrage kommen kann. Antizipieren die Konsumenten etwa, dass die Staatsschulden später abgetragen werden muss, so sinkt das erwartete Lebenseinkommen und damit auch die private Konsumnachfrage.

7.5.3   Die Ricardianische Äquivalenz

David Ricardo (1772–1823) zufolge muss die Staatsverschuldung nicht notwendig realwirtschaftliche Auswirkungen haben. Ricardo argumentiert, dass die Zahlung der Zinsen ebenso wie eine Rückzahlung der Staatsschulden letztlich vom Bürger über Steuern bezahlt werden muss. Sofern die Bürger dies korrekt antizipieren, betrachten sie die von ihnen gehaltenen Staatsschuldentitel nicht als echten Vermögenswert, da ihm ja die in der Zukunft zu bezahlenden Steuern gegenüberstehen. Diese Intuition fand ihre formale Darstellung in einer Arbeit von Robert Barro (1974). Barros Modell ist eines, in dem die Bürger sich nicht nur für ihren eigenen Konsum interessieren, sondern sich auch um den Konsum ihrer Nachfahren kümmern. Ihre Zielfunktion wird demnach auch als eine dynastische Nutzenfunktion bezeichnet. Barro hat gezeigt, dass es bei einer solchen dynastischen Nutzenfunktion in der Tat egal ist, ob der Staat eine gegenwärtige Ausgabe

a) zuerst durch Staatschuld finanziert und dann später die Schuld durch Steuern tilgt oder
b) sofort durch Steuern finanziert.

Allerdings gilt das Resultat der Ricardianischen Äquivalenz nur, wenn die Steuern, um die es sich handelt, nicht verzerrend wirken, d. h., wenn sie sogenannte pro-Kopf-Steuern darstellen. Andernfalls beeinflusst das Timing der Besteuerung die realwirtschaftlichen Entscheidungen der Wirtschaftssubjekte. Eine Steuer, die etwa heute auf das Arbeitsangebot erhoben wird, wird das Arbeitsangebot heute senken und morgen u. U. erhöhen. Die Ricardianische Äquivalenz gilt also nur in einem recht eingeschränkten Modellrahmen.

7.5.4 Staatsschulden bei endlichem Zeithorizont

Eine zentrale Annahme im Ricardianischen Modell ist, dass die Individuen altruistisch bezüglich ihrer Kinder sind und ihnen daher Erbschaften hinterlassen. Einige Ökonomen zweifeln diese Hypothese des Ricardianischen Ansatzes an. Sie halten entgegen, dass viele Erbschaften eher als unbeabsichtigt angesehen werden müssen (d. h., sie sind durch den überraschenden Tod des Erblassers entstanden).

Wenn dies zutrifft, zerbricht die Ricardianische Äquivalenz, da nun die Generationen nicht länger durch Altruismus verbunden sind. Modelliert man die Generationen als voneinander unabhängig, so hat das Timing der Besteuerung einen Einfluss auf realwirtschaftliche Vorgänge. Staatsschulden erhöht dann den realen Zins, verdrängt Investitionen und senkt wirtschaftliches Wachstum.

7.5.5 Staatsschulden bei unendlichem Zeithorizont und verzerrender Besteuerung

Wie wir bereits erwähnt haben, bricht die Ricardianische Äquivalenz aber auch bei Aufgabe der Annahme nicht verzerrender Besteuerung zusammen. Die Frage nach der optimalen Besteuerung von Kapitalerträgen und Arbeitslohn wurde in Modellen mit unendlichem Zeithorizont von Chamley (1985), Judd (1985) und Lucas (1990) untersucht. Übereinstimmend kommen sie zu den Ergebnissen, dass ein optimaler Besteuerungsplan

1. eine anfänglich hohe Besteuerung von Kapital vorsieht, die langfristig gegen Null konvergiert und dabei
2. zunächst Überschüsse aufbaut, die dann langfristig abgebaut werden.

Eine allgemeine Analyse der optimalen Besteuerung lieferten kürzlich Jones Manuelli und Rossi (1993) und Milesi Feretti und Roubini (1995). Sie verallgemeinern das Ergebnis und zeigen, dass auch Konsum und Arbeitseinkommensteuern langfristig gegen Null konvergieren sollen. Eine optimale Politik sieht demnach einen Haushaltsüberschuss in der kurzen Frist vor. Langfristig werden Überschüsse abgebaut. Zwar ist diese Politik nicht zeitkonsistent, aber selbst wenn in jeder Periode re-optimiert würde, könnten daraus nicht die exzessiven Staatsdefizite erklärt werden, die wir tatsächlich beobachten.

7.5.6 Fiskalische Nachhaltigkeit

Unabhängig davon, wie man unterschiedliche Schuldenstandsquoten (relativ zum Bruttoinlandsprodukt) bewertet, ist klar, dass eine Fiskalpolitik, die nicht dauerhaft tragfähig ist riskiert, vom Kapitalmarkt nicht länger finanziert zu werden. Da die Folgen einer Staats-insolvenz erheblich sind lohnt es sich, zu verstehen, wann eine hohe Schuldenstandsquote überhaupt dauerhaft tragfähig ist.

Um zu überprüfen, ob ein Land sich auf einem nachhaltigen fiskalpolitischen Kurs befin-det, nutzt eine relativ einfache Formel. Betrachten Sie eine Ausgangssituation in der der nominale Output Y_t, die nominale Verschuldung D_t, die reale Wachstumsrate g_{t+1} der nominale Zins r_t, und die Inflationsrate π_{t+1} vorgegeben sind. Die Schuldenstandsquote des nächsten Jahres errechnet sich aus den bisher gegebenen Parametern und dem nomina-len Primärüberschuss X_t wie folgt:

$$b_{t+1} \; := \; \frac{D_{t+1}}{Y_{t+1}} = \frac{D_t \, (1 + r) - X_t}{(1 + g_{t+1}) \, (1 + \pi_{t+1}) \, Y_t} \tag{7.20}$$

$$= \frac{(1 + r)}{(1 + g_{t+1}) \, (1 + \pi_{t+1})} b_t - \frac{1}{(1 + g_{t+1}) \, (1 + \pi_{t+1})} x_t, \tag{7.21}$$

wobei $x_t := X_t/Y_t$. Die Schuldenstandsquote bleibt von Periode t zu Periode $t + 1$ konstant, wenn gilt:

$$b_t = \frac{(1 + r_t)}{(1 + g_{t+1}) \, (1 + \pi_{t+1})} b_t \quad - \frac{x_t}{(1 + g_{t+1}) \, (1 + \pi_{t+1})} \; \Leftrightarrow \tag{7.22}$$

$$\frac{(1 + g_{t+1}) \, (1 + \pi_{t+1}) - (1 + r_t)}{(1 + g_{t+1}) \, (1 + \pi_{t+1})} b_t = - \frac{x_t}{(1 + g_{t+1}) \, (1 + \pi_{t+1})} \tag{7.23}$$

$$\Rightarrow x_t \approx (r_t - g_{t+1} - \pi_{t+1}) \, b_t. \tag{7.24}$$

Dieser Wert für x_t sinkt bei Inflation, weil Inflation den realen Wert der Rückzahlung verrin-gert.[5] Der Wert steigt mit der realen Zinslast und er sinkt mit der Wachstumsrate. Liegt die Primärüberschussquote unterhalb dieses Wertes, so steigt die Schuldenstandsquote über die Zeit an. Damit ergibt sich eine adverse Dynamik. Liegt die Primärüberschussquote oberhalb dieses Wertes, so reduziert sich die Schuldenstandsquote über die Zeit.

Bei den bisherigen Überlegungen haben wir außer Acht gelassen, woher der nominale Zins r_t, zu dem ein Land sich Geld von einem Jahr aufs nächste leihen kann, bestimmt wird. Tatsächlich ist es denkbar, dass alle Wirtschaftssubjekte die dem Land Geld leihen, davon ausgehen, dass die Rückzahlungswahrscheinlichkeit niedrig ist. In diesem Fall gehen die nominalen Zinsen wegen der Risikoprämie in die Höhe und es ist tatsächlich schwieriger für das Land, die Defizitquote konstant zu lassen oder zu reduzieren. Daher ist es schwer fest-zustellen, wann ein Land nun tatsächlich auf einem soliden oder nicht soliden fiskalischen Kurs ist. Klar ist jedoch, dass es leichter ist, Veränderungen der Einschätzungen durch die Märkte entgegenzuwirken, wenn die Schuldenstandquote niedrig ist. Denn dann ist eine rela-tiv kleine Anpassung des Primärüberschusses nötig, um des Effekt von Zinsveränderungen auszugleichen.

---

5   Zusätzliche korrekt erwartete Inflation verändert die nominale Verzinsung r_t allerdings entspre-chend und ändert deshalb nichts am Ergebnis.

7.5.7   Staatsschulden als Ergebnis des politischen Prozesses

Zusammenfassend lässt sich sagen, dass, wenn man vom Keynesianischen Stabilisierungs-paradigma absieht, die wohlfahrtstheoretische Bewertung der Staatsschulden zwischen irrelevant und schädlich einzuordnen ist[6]. Wie also ist es zu erklären, dass Staatsschulden immer weiter aufgebaut werden, obwohl sie allgemein eher als bedrohlich empfunden werden? In einer polit-ökonomischen Analyse führt von Weizsäcker (1992) zwei Gründe an. Sofern Wähler nur unvollkommen über alle Politikbereiche informiert sind, werden sie die eigene Einnahmen- und Ausgabensituation besser kennen als abstrakte Größen wie etwa die Höhe der Staatsschulden und die Höhe der Neuverschuldung. Politiker, die an der Wiederwahl interessiert sind, werden demzufolge vor allem die „merklichen Ausgaben" des Staates erhöhen wollen, während sie die Kosten über „unmerkliche Einnahmen", also etwa Verbrauchsteuern und Staatsschulden, erhöhen wollen. Diese psychologische Erklärung stößt aber dort an ihre Grenzen, wo die Öffentlichkeit sich des Problems der Staatsschulden bewusst wird.

Eine zweite mögliche Erklärung ist, dass Staatsschulden im Interesse der älteren Bürger sind, die sie nicht zurückzahlen werden. Die Erklärung ist einfach: Die gegenwärtig entscheidenden Wähler haben die Konsequenzen der Staatsschulden ja nicht oder nur noch teilweise zu tragen. Der Medianwähler in diesem Sinne hätte ein Medianalter und würde damit rechnen, zur Rückzahlung der Schulden nicht mehr herangezogen zu werden. Unter diesen Umständen würde sich der Staat so weit verschulden, an dem die Zahlung der Zinsen gerade noch möglich und glaubwürdig ist. Zwei weitere interessante Erklärungen finden sich in den beiden folgenden Abschnitten.

7.5.8   Politische Unsicherheit und Staatsschulden

Es muss aber nicht notwendig auf den Egoismus älterer Generationen und auf die Kurzsichtigkeit der Politiker zurückgegriffen werden, um hohe Staatsschulden politisch zu erklären. Tabellini und Alesina (1990) betrachten ein Modell, in dem die Eltern ihren Kindern gegenüber altruistisch sind, d.h., sich nicht nur um ihren eigenen Konsum, sondern auch um das Wohlergehen ihrer Kinder, Enkel, u.s.w. kümmern. In diesem Fall sollten Eltern die Folgen der Staatsschulden für ihre Kinder internalisieren und deshalb politisch ablehnen. Politische Unsicherheit kann aber auch dann, wenn die Elterngeneration nicht egoistisch ist, zu Staatsverschuldung führen. Wir betrachten ein einfaches Modell mit zwei Legislaturperioden. Nehmen wir an, der Staat habe in jeder der beiden Legislaturperioden exogen vorgegebene Einnahmen in Höhe von 1. Er kann in beiden Legislaturperioden zwei verschiedene öffentliche Güter, Gut g und f, zum Preis von einer Geldeinheit kaufen. In der

---

6   Die Rechtfertigung von Verschuldung als Mittel, nützliche staatliche Investitionen zu ermöglichen, vermag wenig zu überzeugen, solange sich Steuerzahler, die sofort einen Beitrag leisten müssen ebenfalls einen Kredit aufnehmen können.

ersten Legislaturperiode kann er sich verschulden, wir nennen die Höhe der Schulden b. In der zweiten Periode müssen diese Schulden aber zurückgezahlt werden. In Periode 1 lautet die Budgetbeschränkung des Staates also:

$$g_1 + f_1 - b \leq 1, \tag{7.25}$$

und in Periode 2:

$$g_2 + f_2 + b \leq 1. \tag{7.26}$$

Wir wollen nun annehmen, dass die Individuen verschiedene Präferenzen über die Menge möglicher Konsumvektoren der öffentlichen Güter g und f haben. Diese seien für Individuum i durch

$$W^i = E \left[\sum_{t=1}^{2} \alpha^i u\,(g_t) + (1 - \alpha^i)u\,(f_t) \right]. \tag{7.27}$$

gegeben. Die von-Neumann- Morgenstern Nutzenfunktion $u(\cdot)$ sei konkav und streng monoton steigend. Unterschiede zwischen den Individuen bestehen bezüglich des Geschmacks für die verschiedenen öffentlichen Güter, der in dem Parameter α^i zum Ausdruck kommt, wobei $i = 1, 2$ zwei Gruppen der Gesellschaft beschreibt.

Im Modell können die Individuen nicht perfekt voraussehen, welche Präferenzen der Medianwähler in der zweiten Legislaturperiode hat. Am liebsten würde die Mehrheit der Bevölkerung in der ersten Legislaturperiode daher schon die Ausgabenpolitik für die zweite Periode mit festlegen. Eine solch langfristige Festlegung ist aber oft nicht möglich, da ja jede Festlegung – sofern sie nicht technisch irreversibel oder in der Verfassung festgeschrieben ist – sich wieder in einer späteren Abstimmung aufheben ließe. Also fürchtet der Medianwähler, dass er in der zweiten Periode unter den Entscheidungen einer anderen Mehrheit zu leiden haben wird. Er wird daher versuchen, mehr Ausgaben in den Zeitraum zu verlegen, in dem er einen größeren politischen Einfluss hat. Mit der Staatsverschuldung kann er also heute politisch über mehr Geld verfügen, das er in seinem Interesse verwenden kann.

Er wird aber nicht alle Ressourcen in die Gegenwart transferieren. Schließlich ist durch die Konkavität der Funktion $u(\cdot)$ ein abnehmender Grenznutzen gegeben. Also ist mit dem Transfer von Ausgaben in die Gegenwart ein immer stärker steigender Verlust in der Zukunft verbunden – und das selbst, wenn sicher wäre, dass in der Zukunft zu Ungunsten des heutigen Medianwählers entschieden wird.

Bei diesem Abwägen von politischer Sicherheit gegen die Kosten einer ineffizienten Verschiebung von Ressourcen wird der Medianwähler den Punkt wählen, bei dem der Grenzgewinn aus politischer Sicherheit gerade den Grenzkosten entspricht. In diesem Zustand ist die Staatsverschuldung positiv.

Könnte der Medianwähler die Politik in beiden Perioden bestimmen, so würde er bei der (nicht abdiskontierenden) Zielfunktion (7.27) eine Staatsverschuldung in Höhe von $b = 0$ wählen. Dies ergibt sich, wenn wir das folgende Programm lösen:

$$\max \sum_{t=1}^{2} \alpha^i u\,(g_t) + (1 - \alpha^i)u\,(f_t) \tag{7.28}$$

$$\text{u.d.N.} : g_1 + f_1 - b \leq 1,\, g_2 + f_2 + b \leq 1. \tag{7.29}$$

Das Ergebnis ist, dass in beiden Perioden der Grenznutzen aus beiden Gütern, f und g, jeweils gleich sein muss. Also wird in beiden Perioden gleich viel ausgegeben, die Staatsschulden wäre Null. Auch das Wohlfahrtsmaximum sieht keine Staatsverschuldung vor, wie man an der Lösung dieses Problems sieht:

$$\max \sum_{i=1}^{2} \sum_{t=1}^{2} \alpha^i u\,(g_t) + (1 - \alpha^i)u\,(f_t) \tag{7.30}$$

$$\text{u.d.N.} : g_1 + f_1 - b \leq 1,\, g_2 + f_2 + b \leq 1. \tag{7.31}$$

Bei politischer Unsicherheit wird aber zur Absicherung des Medianwählers Einkommen aus der Zukunft in die Gegenwart verlagert.

Die Staatsverschuldung wird in diesem Modell größer, wenn die politische Unsicherheit wächst. Länder, die ständig wechselnde politische Mehrheiten aufweisen, werden diesem Modell zufolge auch mit mehr Staatsverschuldung zu rechnen haben.

Eine einfache Lösung dieses Problems liegt in einer festen Obergrenze für Staatsschulden. Problematisch ist allerdings, dass eine solche Obergrenze nicht flexibel auf Veränderungen der wirtschaftlichen Lage reagiert. Überlässt man hingegen Entscheidungen über Ausnahmen von einer solchen Regel einer deutlichen Parlamentsmehrheit, so kann eine gewisse Flexibilität erreicht werden. Allerdings kann die so gestärkte Opposition auch versuchen, Einfluss auf die Ausrichtung der Staatsausgaben zu erlangen (Grüner 2012).

7.5.9   Intertemporaler politischer Wettbewerb und Staatsschulden

Eine alternative Erklärung für das Entstehen hoher Budgetdefizite liefert Alessandro Lizzeri (1999). In seinem Papier „Budget Deficits and Distributive Politics" stellt Lizzeri eine Verbindung zwischen Einkommensumverteilung und Staatsverschuldung her. Das Modell betrachtet den Wettbewerb zweier politischer Parteien in zwei aufeinanderfolgenden Perioden. In jeder Periode kann eine Partei vorschlagen, wie Einkommen in dieser Periode zwischen den Wählern umverteilt werden sollten. In der ersten Periode ist es möglich, Schulden aufzunehmen, die dann in der zweiten Periode zurückgezahlt werden müssen.

Bevor wir dieses Zweiperiodenspiel näher untersuchen ist es nützlich, das entsprechende Einperiodenspiel zu analysieren. Wir betrachten ein Kontinuum von Wählern, die mit $i \in [0, 1]$ indiziert sind. Jeder Wähler verfügt anfangs eine Einheit Einkommen. Zwei politische Kandidaten machen Vorschläge, wie das Gesamteinkommen in Höhe von 1 unter allen Wählern aufgeteilt werden soll. Jeder Wähler stimmt für den Kandidaten, der ihm mehr anbietet. Das vorliegende Problem ist also ein Blottoproblem, wie wir es bereits kennengelernt haben. Es gibt kein Gleichgewicht in reinen Strategien. Allerdings existiert ein Gleichgewicht in gemischten Strategien, das von Myerson (1993) gefunden wurde. In diesem Gleichgewicht wird jedem Wähler zusätzlich zu seinem Einkommen eine Zahlung in Höhe von t_i versprochen, die aus dem Intervall $[-1, 1]$ stammt. Die Zahlung wird für jedes Individuum mit einer uniformen Verteilung gezogen.

Es ist leicht, zu zeigen, dass hier ein Gleichgewicht vorliegt. Zunächst ist im Gleichgewicht der Stimmenanteil beider Parteien $1/2$. Bietet man eine Plattform mit beliebigen Transfers $t_i \in [-1, 1]$ an, so ist die Wahlwahrscheinlichkeit, von Wähler i gewählt zu werden $\frac{1+t_i}{2}$. Umverteilung von einem zu einem anderen Wähler ändert wegen der Linearität der Wahrscheinlichkeit auf $t_i \in [-1, 1]$ nichts am gesamten Stimmenanteil. Daher ist eine Partei indifferent zwischen allen Transferkombinationen, die die Budgetbeschränkung und die Bedingung dass für alle $i \in [0, 1]$ die individuellen Transfers $t_i \in [-1, 1]$ erfüllen. Deshalb ist auch die Gleichverteilung auf $[-1, 1]$ eine beste Antwort. Es ist anzumerken, dass ein solches durch eine Lotterie bestimmtes Versprechen nur bei einer unbegrenzt großen Population ein ausgeglichenes Budget hervorbringt. Andernfalls könnte es zu Überschüssen oder Defiziten kommen.

Aufbauend auf der Analyse Myersons lässt sich das Zweiperiodenspiel von Lizzeri leicht lösen. Betrachten wir zunächst die zweite Periode und nehmen wir an, dass das Budgetdefizit der ersten Periode die Ausgabemöglichkeiten der zweiten Periode entsprechend einschränkt. Nun liegt ein modifiziertes Myerson Spiel vor, in dem die Ressourcenausstattung der Ökonomie verringert wurde. Das Myerson Gleichgewicht resultiert und die Wahlwahrscheinlichkeit beider Parteien liegt jeweils bei $\frac{1}{2}$.

Betrachten wir nun die erste Periode. In der ersten Periode ist unabhängig von der Höhe des Defizits klar, dass in der Folgeperiode jede Partei die Wahlwahrscheinlichkeit $\frac{1}{2}$ hat. Die Höhe des Defizits ist also für den weiteren Verlauf des Spieles aus Sicht beider Parteien irrelevant. Darum gilt es alleine, die Wahlwahrscheinlichkeit in der ersten Periode zu maximieren. Das gelingt, indem man möglichst viele Ressourcen von der zweiten Periode zur ersten Periode transferiert. Tatsächlich bieten in einem Gleichgewicht beide Parteien eine maximale Staatsverschuldung an und verteilen dann das verfügbare Einkommen von 2 gemäß der oben beschriebenen gemischten Strategie.

Intuitiv liegt also Lizzeris Begründung für hohe Staatsverschuldung darin, dass Wähler in der Zukunft lediglich auf Basis der dann vorliegenden Plattformen entscheiden, und sich nicht darum kümmern, wer in der Vergangenheit ein Defizit hervorgebracht hat. Dies antizipierend versuchen politische Parteien heute durch das Ausgeben von viel Geld Wählerstimmen zu erwerben.

7.5.10 Zermürbungskriege und Stabilisierung

Während die beiden zuvor besprochenen Modelle den Aufbau von Staatsverschuldung analysieren, geben Alberto Alesina und Allan Drazen (1989) eine Antwort darauf, weshalb oft eine

Politik übermäßiger Staatsverschuldung, die langfristig nicht tragbar ist, nicht aufgegeben wird. Ihr Erklärungsansatz basiert auf der Annahme, dass es verschiedene gesellschaftliche Gruppen gibt, von denen keine die Hauptlast, die durch eine Sanierung der Staatsfinanzen entsteht, tragen will. Jede der Gruppen wartet also ab und hofft, dass die andere Gruppe zuerst aufgibt.

Das Andauern von Verteilungskämpfen und die fehlende Einigungsbereitschaft in Konfliktsituationen kann als der Ursprung von Ineffizienzen gesehen werden, die im Verfehlen volkswirtschaftlicher Zielgrößen zum Ausdruck kommen. Zeitraubende Verhandlungen gehören zum alltäglichen Erscheinungsbild des politischen Prozesses. Aus Sicht des Theoretikers stellen sie ein interessantes Phänomen dar, weil nicht leicht zu erklären ist, weshalb zwei Gruppen sich erst – sagen wir nach einem Jahr – auf ein Ergebnis einigen, das sie genauso gut sofort erzielen könnten. Wenn das Abwarten in Verhandlungen den beteiligten Gruppen schadet, so ist es ineffizient, eine bestimmte Einigung nicht sofort, sondern erst nach einer bestimmten Zeit zu erzielen. Wenn die verhandelnden Gruppen über ihre gegenseitige Stärke informiert sind, so sollten sie an sich korrekt antizipieren, welches Ergebnis erreicht wird. Sie können sich dann sofort auf diese Lösung einigen und vermeiden so die im Verhandlungsprozess entstehenden Kosten. Die Spieltheorie hat verschiedene Erklärungen für dieses Paradox zeitraubender Verhandlungen geliefert. Hierzu gehört auch das Modell des „Zermürbungskrieges".

Viele Ineffizienzen entstehen, weil in einer Demokratie nicht rechtzeitig eine Einigung zwischen verschiedenen gesellschaftlichen Gruppen in einem Verteilungskonflikt herbeigeführt wird. Alesina und Drazen (1989) haben die Entstehung hoher Inflationsraten auf einen „Zermürbungskrieg" zwischen verschiedenen gesellschaftlichen Gruppen zurückgeführt, die sich nicht auf eine Verteilung der aus einer Stabilisierung erwachsenden Lasten einigen können. Dabei ist von zentraler Bedeutung, dass die Hauptlast der Stabilisierung von einer der beiden Gruppen getragen werden muss, d. h., dass Kompromisslösungen auf dem Verhandlungsweg ausgeschlossen sind. Hintergrund kann eine erhebliche politische Polarisierung sein, die Kompromisse unmöglich machen, weil die Vertreter von Interessengruppen nur einen vollständigen Sieg als Erfolg verbuchen können. Eine zwingend asymmetrische Lastenverteilung kann aber auch entstehen, wenn bei einer zentrale politische Entscheidung nur zwei Ergebnisse möglich sind und eine Kompensation der Verlierer schwer möglich. In jüngster Zeit gilt das etwa im europäischen Kontext die Einführung von Eurobonds, die entweder stattfindet oder nicht. Zwar könnte man sich grundsätzlich eine Seitenzahlung an die Gegner von Eurobonds vorstellen, die einen Kompromiss herbeiführt, es ist aber nicht klar, wie diese Zahlung von den Ländern geleistet werden kann, die von Eurobonds kurzfristig profitieren. Ein weiteres Beispiel wäre der Streit über den möglichen Ankauf von Anleihen europäischer Staaten durch die Zentralbank am Sekundärmarkt. Hier kann die eigentliche Änderung der Politikergebnisse bereits durch die Ankündigung der Möglichkeit einer Zentralbankintervention erreicht werden.

In Fällen mit unteilbaren Lastenaufteilungen können im Konflikt stehende Gruppen abwarten, in der Hoffnung, dass die andere Gruppe zuerst aufgibt. Die Gruppen zwingen durch ihre Verweigerungshaltung den Staat, die anfallenden Ausgaben durch Inflation zu decken. Letztlich schadet diese Inflation aber allen Akteuren. Im Rahmen dieses Zermürbungskrieg-Modelles können die folgenden Gegebenheiten erklärt werden:

1. Es herrscht Einigkeit darüber, dass die gegenwärtige Situation (d. h., ein überhöhtes Defizit) auf Dauer nicht tragbar ist, aber es gibt einen Konflikt über die Verteilung der Last, die aus einer Stabilisierung erwächst.
2. Die politische Polarisation der Gesellschaft verlängert die Dauer des Zermürbungskrieges.
3. Erfolgreiche Stabilisierungen enthalten oft Punkte, die schon zu früheren Zeitpunkten vorgeschlagen und abgelehnt wurden.

Alesina und Drazen zufolge ist die politische Lösung des Verteilungskonfliktes oft mit einer stark asymmetrischen Verteilung der aus der Stabilisierung erwachsenden Lasten verbunden. Als Beispiele nennen sie die erfolgreichen Stabilisierungen in Frankreich (1926) und Italien (1922–1924). Diese asymmetrische Lastenverteilung stimmt also mit der im Modell des Zermürbungskrieges beschriebenen Struktur überein.

In ihrer Analyse nehmen Alesina und Drazen an, dass ein nicht näher spezifizierter Schock ein permanentes Defizit im Staatshaushalt erzeugt. Ein Teil dieses Defizits wird durch zusätzliche Staatsverschuldung gedeckt, der verbleibende Teil muss durch verzerrende Besteuerung, etwa durch eine Inflationssteuer, bezahlt werden. Für eine Stabilisierung in Form höherer Steuern oder niedrigerer Ausgaben benötigt die Regierung die Zustimmung zweier wichtiger konkurrierender Interessengruppen.

Bis zum Zeitpunkt der Stabilisierung, den wir mit T bezeichnen wollen, wachsen Staatsschulden und verzerrende Besteuerung also exponentiell. Eine Stabilisierung zum Zeitpunkt T würde darin bestehen, die Steuerlast so zu erhöhen, dass der Staatshaushalt ab dem Zeitpunkt T ausgeglichen ist. Dabei ist klar, dass durch den kontinuierlichen Anstieg der Staatschulden bis T die Steuerlast bei einer Stabilisierung mit T wächst.

Der Tatsache, dass Stabilisierungen oft mit dem Überhandnehmen einer Gruppe verbunden sind, wird Rechnung getragen, indem man annimmt, dass die Gruppe, die zuerst aufgibt, einen Anteil $\alpha > 1/2$ der zusätzlichen Steuerlast zu tragen hat. Während die beiden Gruppen abwarten, entstehen ihnen die (hohen) Kosten durch verzerrende Besteuerung. Dabei wird eine temporäre Nutzenfunktion der Form

$$u_i(t) = c_i(t) - K_i(t) \tag{7.32}$$

zugrunde gelegt. Hierbei steht c für den Konsum der Gruppe, und K für die Kosten, die aus der verzerrenden Besteuerung erwachsen. Von zentraler Bedeutung ist die Annahme, dass keine der beiden Gruppen genau die Höhe des Schadens kennt, der der anderen Gruppe aus verzerrender Besteuerung erwächst. Es wird also angenommen, dass die Kosten von Gruppe i zum Zeitpunkt t durch

$$K_i(t) = \theta_i \tau(t) \tag{7.33}$$

gegeben sind, wobei $\tau(t)$ der durch verzerrende Besteuerung zu erzielende Betrag und θ_i ein stochastisches gruppenspezifisches Gewicht ist. Das Gewicht ist die private Information der Gruppe i. Jede Gruppe hat also einen Anreiz abzuwarten und zu prüfen, ob die jeweils andere Gruppe nicht unter derart hohen Kosten leidet, dass sie zuerst bereit ist aufzugeben. Ist eine Gruppe nur von niedrigen Kosten betroffen, so wird sie länger warten als unter hohen Kosten.

Zu den Resultaten der Analyse von Alesina und Drazen zählt, dass höhere Kosten der verzerrenden Besteuerung die erwartende Dauer bis zu einer erfolgreichen Stabilisierung verringern. Umgekehrt wirkt sich hingegen eine verstärkte politische Polarisierung, die in einem höheren Wert von α zum Ausdruck kommt, aus. Dies wird leicht klar, wenn man bedenkt, dass im Fall einer gleichen Lastenverteilung (d. h. $\alpha = 1/2$) beide Gruppen an einer sofortigen Stabilisierung ($T = 0$) Interesse haben. Gewinnt man den Zermürbungskrieg, so ändert dies ja nichts an der Lastenverteilung. Anders ist das, wenn α $1/2$ übersteigt. Dann nämlich wächst auf beiden Seiten das Interesse, den Zermürbungskrieg durch Abwarten zu gewinnen.

Aufbauend auf der Arbeit von Alesina und Drazen untersuchten Guidotti und Vegh (1993) die Entwicklung der Glaubwürdigkeit eines fixierten Wechselkurses, wenn die Last der Stabilisierung der Staatsschulden von zwei Gruppen getragen werden kann. In ihrem Modell sieht das Stabilisierungspaket eine anfängliche Stabilisierung vor, nach der ein Restdefizit übrig bleibt. Dieses Restdefizit wird durch Inflation finanziert. Weil infolge der Inflation der reale Wechselkurs steigt, wird die Stabilisierung mit der Zeit unglaubwürdiger. Die Stabilisierung gelingt, wenn eine der beiden Gruppen – durch den realen Wechselkurs getrieben – aufgibt, bevor es zu einer Zahlungsbilanzkrise kommt. Der folgende Abschnitt gibt ein Beispiel eines sehr einfachen Zermürbungskrieges.

Zermürbungskriege

Die grundlegende Struktur eines Zermürbungskrieges lässt sich an einem vereinfachenden Modell erläutern. Wir nehmen an, dass zwei Spieler um einen Preis der Größe v kämpfen. Die Zeit sei in einzelne Perioden $t \in \{0, 1, 2, ...\}$ unterteilt. In jeder Periode kann ein Spieler entweder aufgeben oder weiterkämpfen. Weiterzukämpfen erfordert von jedem Spieler eine Anstrengung, von der angenommen wird, dass sie in jeder Periode Kosten in Höhe von einer Geldeinheit erzeugt. Beide Spieler diskontieren mögliche Gewinne und Verluste mit dem Diskontfaktor $\delta < 1$ ab. Kämpft ein Spieler bis zur Periode $t - 1$ und gibt er anschließend in Periode t auf, so ist seine Auszahlung daher durch

$$L(t) = - \left(1 + \delta + ... + \delta^{t-1}\right) = - \frac{1 - \delta^t}{1 - \delta} \tag{7.34}$$

gegeben. Kämpft er hingegen bis zur Periode t und gibt der Gegner dann in dieser Periode auf, so erhält er den Preis in Höhe von v und seine gesamte Auszahlung ist:

$$F(t) = -\left(1 + \delta + \ldots + \delta^{t-1}\right) + \delta^t v = L(t) + \delta^t v \qquad (7.35)$$

Wenn beide Spieler gleichzeitig in Periode t aufgeben, so wollen wir annehmen, dass keiner der beiden den Preis erhält und dass beide $L(t)$ erhalten.

Eine Strategie des Spielers beschreibt einen Plan, wie er sich in jeder zukünftigen Periode verhalten will. Ein solcher Plan könnte also etwa darin bestehen, bis zur 15ten Runde zu kämpfen und dann, falls der Gegner bis zu dieser Runde durchgehalten hat, in Runde 16 aufzugeben. Unter einem Gleichgewicht versteht man zwei Strategien, für die gilt:

1. Die Strategie des Spielers 1 ist eine beste Antwort auf den Plan des Spielers 2.
2. Die Strategie des Spielers 2 ist eine beste Antwort auf den Plan des Spielers 1.

Das so beschriebene Spiel hat, wie sich leicht einsehen lässt, eine Vielzahl von solchen Gleichgewichten. Betrachten wir etwa den Plan von Spieler 2, nie aufzugeben. Die einzig vernünftige Antwort für Spieler 1 liegt darin, sofort in der ersten Periode aufzugeben. Dies ist sinnvoll, da Spieler 1 durch das Kämpfen nur Kosten entstehen, er aber – da Spieler 2 nie aufgeben wird – mit Sicherheit nie den Preis gewinnen kann. Die Strategie von Spieler 2 ist ebenfalls eine optimale Wahl, gegeben dass Spieler 1 plant aufzugeben. Die beiden Strategien bilden also ein Gleichgewicht.

Vertauscht man die Rollen der Spieler, so ergibt sich ebenfalls ein Gleichgewicht. Beide Gleichgewichte sind aber wenig plausibel. Warum sollte etwa gerade Spieler 2 immer gewinnen? Ein plausibleres, symmetrisches Gleichgewicht existiert in gemischten Strategien, bei denen jeder Spieler mit Wahrscheinlichkeit p_t in Periode t aufgibt. Eine Strategie ist dann durch eine Folge solcher Wahrscheinlichkeiten $(p_1, p_2, p_3, \ldots)$ gegeben. Da dieses Spiel sich selber immer wieder als Teilspiel enthält, ist es sinnvoll, nach einem Gleichgewicht zu suchen, in dem die Wahrscheinlichkeiten p_t von Periode zu Periode nicht variieren. Stellen wir uns nun vor, es gebe ein symmetrisches stationäres Gleichgewicht in gemischten Strategien, d. h., in jeder Periode geben beide Spieler mit derselben Wahrscheinlichkeit p auf. Dann müssen im Gleichgewicht beide Spieler (unter anderem) zwischen den beiden folgenden reinen Strategien indifferent sein:

1. Kämpfen bis Periode $t - 1$ und Aufgeben in Periode t.
2. Kämpfen bis Periode t und Aufgeben in Periode $t + 1$.

Wäre die Auszahlung dieser beiden Strategien ungleich, so wäre das Mischen zwischen beiden Strategien suboptimal. Einen Unterschied machen die beiden Strategien nur, wenn man bis zur Periode t kommt. Daher betrachten wir nun diesen Fall und erhalten die folgende Gleichgewichtsbedingung:

$$L(t) = p F(t) + (1 - p)L(t + 1). \qquad (7.36)$$

Links steht der Payoff beim Aufgeben in Periode t, rechts der, wenn man in dieser Periode weiterkämpft und dann aufgibt. Löst man diese Bedingung nach p auf, so erhält man für die Wahrscheinlichkeit, mit der ein Spieler in einer Periode aufgibt:

$$p^* = \frac{1}{1+v}. \tag{7.37}$$

Diese Wahrscheinlichkeit sinkt, wenn die Größe des Preises v steigt. Also steigt die zu erwartende Dauer dieses einfachen Zermürbungskrieges mit der Größe des Preises. Der Diskontfaktor der Spieler beeinflusst die Dauer des Zermürbungskrieges in diesem Modell nicht. Schließlich ist zu bemerken, dass die Unteilbarkeit des Preises hier als Ursache für die positive Dauer des Krieges gesehen werden muss. Könnte man ihn teilen, so wären ja auch Verhandlungen möglich und wir haben gesehen, dass solche Verhandlungen bei vollkommener Information keine Zeit brauchen.

Zermürbungskriege können auch dann besonders lange andauern, wenn einzelne Spieler über private Informationen verfügen. Solche privaten Informationen können sich sowohl auf die Höhe des Gewinnes beziehen, den ein siegreicher Spieler davonträgt, als auch auf die Kosten, die ihm während des Abwartens entstehen. Man ist also nicht sicher, mit welcher Art von Gegenspieler man es zu tun hat und wird vermuten, dass ein Gegner, der besonders stark am Sieg interessiert ist, besonders lange aushalten wird. Ebenso wird man selbst sein eigenes Abwarten von Gewinnen und Verlusten abhängig machen. Zusammenfassend lässt sich sagen, dass die Dauer von Zermürbungskriegen mit der Höhe des Preises, um den gekämpft wird, und mit dem Ausmaß der Unsicherheit über die Eigenschaften des Gegners ansteigt.

7.6   Übungsaufgaben

1. Was unterscheidet den polit-ökonomischen von dem wohlfahrtstheoretischen Ansatz in der Finanzwissenschaft?
2. a) Untersuchen Sie anhand eines einfachen Modells die Bestimmung des Konsums eines öffentlichen Gutes in einer Demokratie. b) Was tritt ein, wenn alle Haushalte identische Cobb-Douglas Nutzenfunktionen haben?
3. Betrachten Sie eine Ökonomie, in der die Individuen sich alleine durch Ihre Anfangsausstattung an Arbeit unterscheiden. Der Lohn sei exogen vorgegeben. In dieser Ökonomie werde nun über die Höhe der (umverteilenden) Einkommensteuer abgestimmt. Was kann der Umverteilung von Einkommen in dieser Ökonomie Grenzen setzen?
4. Worin liegt die Schwäche des Medianwählermodells bei der Erklärung des Steuersystems? Worin sehen Sie den Vorzug eines Probabilistic Voting Modells? Welche anderen Modelle halten Sie für anwendbar?
5. Vergleichen Sie die Ihnen bekannten normativen Ansätze zur Staatsverschuldung.

6. Viele Ökonomen sehen den fehlenden Altruismus älterer Generationen als die Ursache von exzessiver Staatsverschuldung. Erklären Sie, weshalb Staatsverschuldung auch dann auftreten kann, wenn Eltern das Wohl der nachfolgenden Generation im Auge haben. Welche Rolle spielt hierbei politische Unsicherheit?

7. Erläutern Sie Myersons Lösung für ein Blotto Spiel mit unendlich vielen Wählern.

8. Erklären Sie, weshalb Staatsschulden resultieren können, wenn Parteien in aufeinanderfolgenden Perioden Verteilungspolitik betreiben (das Modell von Lizzeri, 1999).

9. Beschreiben Sie das Modell eines Zermürbungskrieges und bestimmen Sie drei Gleichgewichte des Spiels.

10. Beschreiben Sie verbal das Modell von Alesina und Drazen.

Literatur zu Kapitel 7

Eine gute Darstellung des Konfliktes zwischen Ricardianern und Neoklassikern über die Rolle von Budgetdefiziten erhält man durch:

– Barro (1989) „The Ricardian Approach to Budget Deficits", *Journal of Economic Perspectives,* 3, 37–54.
– Bernheim, Douglas B. (1989) „A Neoclassical Perspective on Budget Deficits", *Journal of Economic Perspectives,* 3, 55–72.

Weitere verwendete Literatur:

– Auerbach, Alan J., Laurence Kottlikoff und Jonathan Skinner (1983) „The Efficiency Gains from Dynamic Tax Reform", *International Economic Review,* 24, 81–101.
– Alesina, Alberto und Allan Drazen (1989) „Why are Stabilizations Delayed?", *American Economic Review,* 79, 1170–1189.
– Alesina, Alberto und George Marios Angeletos (2002) „Fairness and Redistribution: U.S. versus Europe", *American Economic Review,* 95, 913–35.
– Benabou, Roland (2000) „Unequal Societies: Income Distribution and the Social Contract", *American Economic Review,* 90, 96–129.
– Bierbrauer, Felix und Pierre Boyer (2016) „Efficiency, Welfare and Political Competition", *Quarterly Journal of Economics,* 131, 461–518.
– Bierbrauer, Felix und Marco Sahm (2010) „Optimal Democratic Mechanisms for Taxation and Public-Good Provision", *Journal of Public Economics,* 94, 453–466.
– Chamley, Christophe P. (1986) „Optimal Taxation of Capital Income in General Equilibrium with Infinite Lives", *Econometrica,* 54, 607–622.
– Corneo, Giacomo und Hans Peter Grüner (2000) „Social Limits to Redistribution", *American Economic Review,* 90, 1491–1507.

- Corneo, Giacomo und Hans Peter Grüner (2002) „Individual Preferences for Political Redistribution", *Journal of Public Economics,* 83, 2002, 83–107.
- Domar, Evsey (1944) „The Burden of Debt and the National Income", *American Economic Review,* 34, 798–827.
- Guidotti Pablo E. und Carlos E. Vegh (1993) „Losing Credibility: the Stabilization Blues", *International Economic Review,* 40, 23–51.
- Grüner und Koryama (2012) „Public Goods, Participation Constraints, and Democracy: A Possibility Theorem", *Games and Economic Behavior,* 75, 152–167.
- Hettich, Walter und Stanley L. Winer (1988) „Economic and Political Foundations of Tax Structure", *American Economic Review,* 78, 701–712.
- Jones, Manuelli und Rossi (1993) „Optimal Taxation in Models of Endogenous Growth", *Journal of Political Economy,* 101, 485–517.
- Lizzeri, Alessandro (1999) "Budget Deficits and Redistributive Politics", *Review of Economic Studies,* 66, 909–928.
- Lucas, Robert E. (1990) „Supply-side Economics: an Analytical Review", *Oxford Economic Papers,* 42, 293–316.
- Mirrlees, James A. (1971) „An Exploration in the Theory of Optimum Income Taxation", *Review of Economic Studies,* 38, 175–208.
- Myerson, Roger (1993) "Incentives to Cultivate Favored Minorities Under Alternative Electoral Systems", *American Political Science Review,* 87, 856–69.
- Persson, Torsten und Guido Tabellini (1994) „Representative Democracy and Capital Taxation", *Journal of Public Economics,* 55, 52–70.
- Piketty, Thomas (2014) *Capital in the 21st Century,* Cambridge, MA: Harvard University Press.
- Summers, Lawrence H. (1981) „Capital Taxation and Accumulation in a Life Cycle Growth Model", *American Economic Review,* 71, 533–544.
- Tabellini, Guido und Alberto Alesina (1990) „Voting on the Budget Deficit", *American Economic Review,* 80, 37–49.
- von Weizsäcker, Robert K. (1992) „Staatsverschuldung und Demokratie", *Kyklos,* 45, 51–67.

KAPITEL 8

Wachstumspolitik

Unter dem Begriff „Wachstumspolitik" fassen wir im Folgenden diejenigen wirtschaftspolitischen Maßnahmen zusammen, die einen Einfluss auf die mittel bis langfristige Wachstumsrate des Sozialproduktes haben. Ausgeklammert werden also Maßnahmen, die nur eine einmalige Steigerung der Wachstumsrate nach sich ziehen, wie zum Beispiel eine einmalige Erhöhung der Wochenarbeitszeit.

Ausgangspunkt theoretischer Überlegungen zum Wirtschaftswachstum ist das Wachstumsmodell von Robert Solow. In diesem Modell ist das Wirtschaftswachstum exogen durch einen Technologieparameter vorgegeben, der in die aggregierte Produktionsfunktion der Ökonomie eingeht. Wachstum entsteht also nicht endogen in diesem Modell und Wachstumspolitik kann daher nicht sinnvoll untersucht werden. Warum das Solow-Wachstumsmodell keine positiven Wachstumsraten hervorbringt, versteht man am besten, wenn man bedenkt, dass in einem Modell nur ein Faktor (Kapital) akkumuliert werden kann, dessen Grenzprodukt bei Wachstum immer weiter sinken würde. Es gibt dann immer geringere Anreize, in diesen Faktor zu investieren. In den neueren Modellen endogenen Wachstums bleibt hingegen das Grenzprodukt der Faktoren bei Wirtschaftswachstum erhalten. In einem zwei-Faktoren Modell ist dies möglich, wenn beide Faktoren akkumulierbar sind. Die Arbeitszeit kann etwa durch die Akkumulation von Humankapital aufgewertet werden, das Kapital durch neue Anlageinvestitionen.

Das einfachste derartige Modell ist Rebelos (1990) A-k-Modell, in dem die Technologie linear in einem einzigen Faktor k ist: $y = Ak$. Der Faktor k kann als ein Hybrid aus physischem und Humankapital gesehen werden. Ein alternatives Modell bietet Rebelo (1991). Dort werden Humankapital x und physisches Kapital k entsprechend verschiedener Technologien akkumuliert. Wenn Humankapital nur aus Humankapital erzeugt wird (Wissen erzeugt Wissen), ergibt sich die Lucas (1988) Technologie. In diesen Modellen ist die Akkumulation von physischem Kapital eine individuelle Entscheidung. Humankapital kann aber auch durch externe Effekte vergrößert werden, die an Kapital gebunden sind, man spricht

© Springer-Verlag GmbH Deutschland, ein Teil von Springer Nature 2022
H. P. Grüner, *Wirtschaftspolitik,* https://doi.org/10.1007/978-3-662-63691-6_8

dann von Knowledge Spillovers. Liegen Knowledge Spillovers vor und internalisieren die Firmen diese positiven externen Effekte nicht, so wird zu wenig Kapital akkumuliert.

Technologische Innovationen wurden von Romer (1990) untersucht. In seinem Modell wird Humankapital mit anderen Inputs in der Produktion benutzt. Steigt die Zahl der Inputs durch Innovation, so wird mehr produziert. Innovationen wiederum benötigen physisches Kapital und Humankapital. Schließlich gibt es auch noch Infrastrukturmodelle des Wachstums, in denen staatlich bereitgestellte Infrastruktur in die Produktion eingeht.

Mit dem Aufkommen der endogenen Wachstumstheorie in den achtziger Jahren ist die Steuerpolitik als Determinante der Wachstumsrate in den Vordergrund gerückt. Dabei variieren aber die Ergebnisse der Theorien mit der Wahl des Wachstumsmotors, der in den Modellen zugrunde gelegt wird. Grundsätzlich sind zur Zeit vier wichtige Modelle der endogenen Wachstumstheorie zu unterscheiden:

1. Solche, bei denen Wachstum durch die Akkumulation von Humankapital erzeugt wird (etwa das Modell von Lucas (1990)),
2. Modelle, in denen Wachstum durch technischen Fortschritt, insbesondere durch das Entwickeln neuer Produkte, entsteht.
3. Modelle, in denen vom Kapitalbestand positive externe Effekte (knowledge-spillovers) auf den Humankapitalbestand ausgehen.
4. Modelle, in denen Wachstum durch relative Bedürfnisse, insbesondere durch den Versuch, soziales Ansehen zu erhalten, entsteht (Corneo und Jeanne, 1996).

8.1   Wachstumseffekte von Steuern

Die Effekte wirtschaftspolitischer Maßnahmen, die sich aus endogenen Wachstumsmodellen herleiten lassen, variieren mit der Art des gewählten Modells. Negative Wachstumseffekte einer allgemeinen Einkommensteuer werden aus Rebelos (1991) A-k-Modell, und aus Humankapital-Modellen mit und ohne spillovers [Rebelo (1991) und Romer (1986)] hergeleitet. In Lucas (1988) Modell, in dem Humankapital nur mit Humankapital produziert wird, spielt hingegen die Einkommensteuer keine Rolle.

Die Wachstumseffekte von Besteuerung lassen sich auch anhand von Simulationen der endogenen Wachstumsmodelle untersuchen. Dabei müssen Annahmen über zentrale Parameter des Modells getroffen werden. Insbesondere spielen die Grenzrate der intertemporalen Substitution und die Elastizität des Arbeitsangebotes eine zentrale Rolle für die Bedeutung der Steuerpolitik. Mittlerweile ist die allgemeine Überzeugung, dass die Wachstumseffekte der Besteuerung eher als gering eingeschätzt werden können.

Empirische Studien haben sich bislang vor allem auf den Effekt des Verhältnisses von Steuern zum Sozialprodukt auf die Wachstumsrate konzentriert, d. h., sie haben nicht das Steuersystem im Allgemeinen untersucht. Die festgestellten Effekte der Größe des Staatssektors auf das Wachstum sind in der Regel negativ [Marsden (1983), Martin and Fardmanesh (1990)]. Neuere Arbeiten, die eine negative Wachstumswirkung einzelner Steuern nahelegen sind Arnold, Brys, Heady, Johansson, Schwellnus, und Vartia (2011), Folster und Henrekson (2001) sowie Mertens und Ravn (2012).

8.2 Die politische Ökonomie des wirtschaftlichen Wachstums

Die Ergebnisse der endogenen Wachstumstheorie haben sich Persson und Tabellini (1995) und auch Alesina und Rodrik (1991) zu Nutze gemacht, um den Zusammenhang zwischen Ungleichheit und Wachstum zu untersuchen. In ihren Modellen beeinflusst die anfängliche Ungleichheit der Verteilung der Ressourcen die politische Entscheidung über die Steuersätze und damit letztlich die Wachstumsrate. In ihren Modellen ist bei größerer anfänglicher Ungleichheit der Medianwähler zugleich ärmer. Wird nun ein einziger Steuersatz in einem zwei-Parteiensystem bestimmt, so ist größere anfängliche Ungleichheit mit niedrigerem Wachstum verbunden, wenn die Steuer das Wachstum reduziert. Ärmere Wähler sehen sich einem Zielkonflikt gegenüber. Sie profitieren in der kurzen Frist von der Umverteilung. Gleichzeitig reduziert aber die umverteilende Besteuerung das Wachstum und damit das eigene zukünftige Einkommen. Je ärmer der Medianwähler ist, um so mehr wird er sich jedoch zu Gunsten von Umverteilung entscheiden.

Das Verhältnis von Ungleichheit zu Wachstum sollte allerdings nicht als menue of choice für Politiker interpretiert werden – eine Interpretation, die in der Literatur oft fälschlicherweise nahegelegt wird. Es beinhaltet also keine Botschaft der Art: mehr Wachstum lässt sich durch weniger Ungleichheit erzielen. Vielmehr ist der Zusammenhang von Ungleichheit und Wachstum ja bereits als Ergebnis des politischen Prozesses hergeleitet worden.

8.3 Ausbildung, unvollkommene Kapitalmärkte und Wachstum

Der Zusammenhang von Ungleichheit und Wirtschaftswachstum ist nicht immer so eindeutig und einfach wie oben beschrieben. Roberto Perotti (1993) hat in einem Wachstumsmodell den Einfluss umverteilender Einkommensbesteuerung auf Wachstum untersucht. Dabei nimmt Perotti an, dass kein Haushalt Zugang zu Kreditmärkten hat[1]. Ist ein Haushalt arm, so kann er also keinen Kredit aufnehmen, um in Ausbildung oder physisches Kapital zu investieren. Ist nun ein bestimmter Sockelbetrag nötig, um in Ausbildung zu investieren,

---

1 Dies ist eine extreme und stark vereinfachende Form der Modellierung von Kapitalmarktunvollkommenheiten. Im Allgemeinen empfiehlt es sich nur aus didaktischen Gründen zu solchen Vereinfachungen zu greifen. Ernsthafte Untersuchungen sollten immer klarmachen, weshalb genau die Aufnahme eines Kredites nicht möglich ist. Dies ist jedenfalls hilfreich, wenn es um die Diskussion staatlicher Intervention geht.

so ist für die Wachstumsrate entscheidend, wie viele Haushalte nach Umverteilung diesen Sockelbetrag aufbringen können.

In der einfachen Version von Perottis Modell gibt es zwei Perioden. In beiden Perioden erhalten drei Klassen (h, m, l) jeweils ein Grundeinkommen $y_h > y_m > y_l$. Keine der drei Klassen stellt eine politische Mehrheit. Das Grundeinkommen kann mit einem Steuersatz t besteuert werden. Die Steuereinnahmen werden, abzüglich eines progressiven Effizienz-verlusts $t^2\bar{y}$ umverteilt. Die Einkommen nach Steuern in Klasse i sind also:

$$\hat{y}_i = (1 - t)y_i + (t - t^2)\bar{y}. \tag{8.1}$$

In Periode 1 kann jedes Individuum in Humankapital investieren. Diese Investition kostet eine Geldeinheit und wirft in Periode 2 einen sicheren Ertrag in Höhe von $R > 1$ Geldeinheiten ab. Zudem gibt es einen positiven externen Effekt, den die Humankapitalakkumulation auf alle Einkommen in der Ökonomie hat. Dieser Effekt hat die Grösse μR, wobei μ der Anteil derer ist, die in Periode 1 in Humankapital investiert haben. Die Individuen maxi-mieren die Einkommenssumme aus beiden Perioden. Diese ist:

$$(1 - t)y_i + (t - t^2)\bar{y} - e \tag{8.2}$$

$$+ y_i + R \cdot e + R \cdot \mu. \tag{8.3}$$

Dabei ist e eine Dummyvariable, die den Wert 1 annimmt, wenn in Humankapital investiert wurde und sonst null. Ohne Berücksichtigung der externen Effekte würde der Medianwähler, der hier das Einkommen y_m hat, für einen Steuersatz von

$$t_m^* = \frac{1}{2} - \frac{1}{2}\frac{y_m}{\bar{y}} \tag{8.4}$$

stimmen. (Dies zu zeigen ist eine Übungsaufgabe). Dieser Steuersatz maximiert sein Ein-kommen in Periode 1. Der präferierte Steuersatz der Mittelklasse fällt mit ihrem Brutto-einkommen y_m. Abb. 8.1 stellt die Nettoeinkommen verschiedener Einkommensklassen als Funktion des Steuersatzes dar.

Unter Berücksichtigung des externen Effekts kann es nun aber passieren, dass die Mit-telklasse auf Einkommen verzichtet, um der Oberklasse die Investition zu ermöglichen. Umgekehrt kann es auch sein, dass sie mehr umverteilt, als ihr andernfalls lieb wäre, um der Unterklasse die Möglichkeit der Investition zu verschaffen. Die Rolle der Ungleich-heit ist aus diesem Grunde in einer reichen Ökonomie verschieden von der in einer armen Ökonomie.

In einer reichen Ökonomie gibt es einen Steuersatz, bei dem alle drei Klassen investieren können. Die Mittelklasse entscheidet sich genau dann dafür soweit umzuverteilen, dass auch die Unterklasse investieren kann, wenn der Unterschied zwischen Mittel– und Unterklasse-einkommen nicht zu großist. Also kann die Unterklasse genau dann investieren, wenn die Ungleichheit, gemessen als Differenz zwischen Mittel- und Unterklasseeinkommen, nicht zu großist.

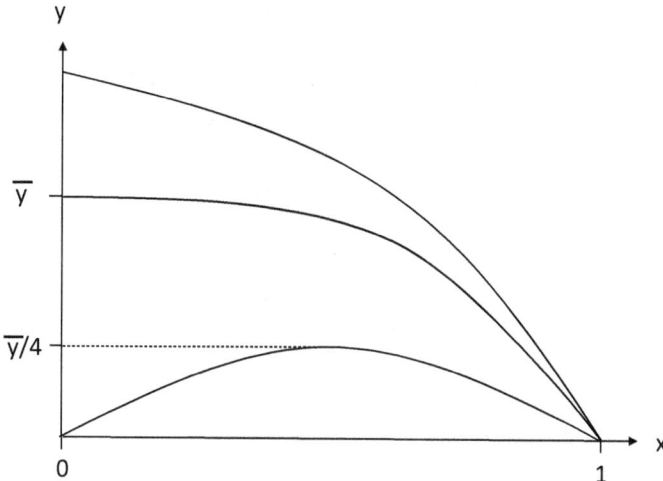

Abb. 8.1 Nettoeinkommen nach Umverteilung als Funktion des Steuersatzes für verschiedene Einkommen

In einer armen Ökonomie ist dies anders. Dort kann höchstens die Oberklasse investieren. Bei zu viel Umverteilung wird sie aber nicht mehr investieren können. Die Oberklasse ist hier nur dann vor Umverteilung geschützt, wenn die Mittelklasse nicht zu arm ist. Denn nur eine reiche Mittelklasse wird auf etwas Umverteilung verzichten, um der Oberschicht die Investition in Humankapital zu ermöglichen. Bei einem vorgegebenen Einkommen der Oberklasse bedeutet dies, dass es eine hinreichend große Ungleichheit zwischen Mittel- und Unterklasse geben muss. Ungleichheit ist hier also nötig, um ein Höchstmaß an Investitionen zu ermöglichen.

Erweitert man dieses Modell um weitere Perioden, so wird der Zusammenhang zur Wachstumsrate deutlich. Denn wenn mehr Individuen investieren und wenn damit das Einkommen in der zweiten Periode ansteigt, wachsen auch wieder die Investitionsmöglichkeiten in den folgenden Perioden. Der Zusammenhang zwischen Ungleichheit und Wachstum ist daher im Modell von Perotti nur in einer relativ reichen Ökonomie negativ.

8.4   Wachstum und persistente Ungleichheit

Die Rolle anfänglicher Ungleichheit im Wachstumsprozess wird auch von Galor und Zeira (1993) untersucht. Galor und Zeira betrachten ein Modell, in dem Individuen zwei Perioden leben. In der ersten Periode haben sie die Wahl, entweder direkt in einer unqualifizierten Beschäftigung zu arbeiten oder in Ausbildung zu investieren. In der nichtqualifizierten Beschäftigung erhalten sie einen Lohn von w_l, in der qualifizierten Beschäftigung einen Lohn in Höhe von w_h. In Humankapital zu investieren kostet h Geldeinheiten. Vereinfachend gehen Galor und Zeira davon aus, dass die Individuen nur in der zweiten Periode ihres Lebens konsumieren. Einen festen Anteil ihres Einkommens zum Zeitpunkt 2 hinterlassen die Individuen jeweils ihren Kindern. Ferner nehmen Galor und Zeira an, dass Einkommen aus der ersten Periode mit einer festen Verzinsung r in die zweite Periode transferiert werden kann. Getrieben wird das Modell schließlich von der Annahme, dass Kredit zur Finanzierung von Ausbildung mit einem höheren Zinssatz als dem Zinssatz r belegt ist. Der Grund hierfür ist, dass Kreditnehmer sich bei bestimmten Kosten den Kreditgebern entziehen können. Diese Kosten können erhöht werden, wenn der Kreditgeber in die Überwachung der Kreditnehmer investiert. In einem Kreditmarktgleichgewicht sind diese Kosten letztlich vom Kreditnehmer zu tragen, was den höheren Zins $i > r$, den er zu zahlen hat, erklärt.

Aus diesen Grundannahmen lässt sich zunächst die optimale Investitionsentscheidung eines Individuums einfach herleiten. Betrachten wir hierzu Abb. 8.2. Auf der x-Achse sehen wir das Vermögen b_t, das ein Individuum der Kohorte t anfänglich geerbt hat. Sein Lebenszeiteinkommen aufdiskontiert zum Zeitpunkt 2 stellt sich dann wie folgt dar. Für ein Individuum, das nicht in Humankapital investiert, beträgt es

$$y^n = (1 + r)(w_l + b_t) + w_l. \tag{8.5}$$

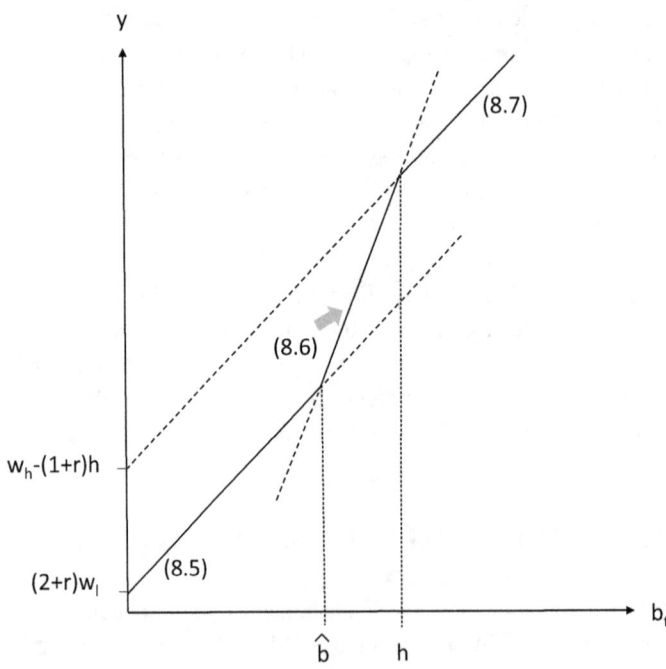

Abb. 8.2 Lebenszeiteinkommen als Funktion der Erbschaft bei unterschiedlichen Ausbildungsentscheidungen

Für ein Individuum, das in Humankapital investiert, und dafür einen Kredit in Höhe von $h - b_t$ aufnimmt, beträgt es:

$$y^s = -(1 + i)(h - b_t) + w_h. \tag{8.6}$$

Ein Individuum, das ein Vermögen $b_t > h$ erbt, kann in Humankapital investieren und zugleich den Betrag $b_t - h$ verleihen. Sein Lebenszeiteinkommen ist:

$$y^s = (1 + r)(b_t - h) + w_h. \tag{8.7}$$

Wir nehmen an, dass das aufdiskontierte Lebenszeiteinkommens eines qualifizierten Beschäftigten über dem eines unqualifizierten Beschäftigten liegt, so dass der Achsenabschnitt von 8.13 (über dem von 8.11) liegt, d.h.

$$(2 + r)w_l < w_h - (1 + r)h. \tag{8.8}$$

Ein Individuum, das einen Kredit aufnimmt, kann dies nur zu einem höherer Zins i tun. Das ist der Grund, warum sein Lebenszeiteinkommen in Abhängigkeit von dem erhaltenen Erbe eine andere Steigung aufweist als im Falle eines Individuums, das keinen Kredit aufnehmen muss. In Abb. 8.2 lohnt es sich erst ab dem erhaltenen Erbe $\hat{b}$, in Humankapital zu investieren. Gäbe es keine Imperfektion des Kreditmarktes, so würde es sich hingegen immer lohnen, in Humankapital zu investieren.

Da das hinterlassene Erbe annahmegemäßein fester Anteil des Lebenszeiteinkommens ist lässt sich nun auch leicht die Dynamik der Vermögensverteilung untersuchen. Betrachten wir hierzu Abb. 8.3. Sie stellt die Hinterlassenschaft eines Individuums in Abhängigkeit von dem Erbe, das es selber erhalten hat, dar. Je nachdem, ob eine Dynastie mit einem Erbe, das kleiner ist als das zu Punkt C gehörende startet oder nicht, entscheidet sich, ob das langfristige Erbe der Mitglieder der Dynastie gegen den Wert, der zu Punkt A gehört oder gegen den zu Punkt B gehörenden Wert konvergiert.

Die anfängliche Verteilung von Vermögen in dieser Ökonomie entscheidet also darüber, wie der Wachstumsprozess in der Ökonomie verläuft. Sollen langfristig möglichst viele Dynastien mit einem hohen Einkommen ausgestattet sein, so müssen möglichst viele Dynastien rechts von Punkt C starten. In einer relativ reichen Ökonomie wäre dies damit verbunden, dass anfänglich eine relativ gleiche Vermögensverteilung herrschen muss. In einer armen Ökonomie kann dagegen Ungleichheit dazu führen, dass wenigstens einige Dynastien auf einen Wachstumspfad gelangen. Die Rolle anfänglicher Ungleichheit im Wachstumsprozess eines Landes hängt also von der Kapitalausstattung der Volkswirtschaft ab.

Eine Verringerung der Kapitalmarktimperfektion führt dazu, dass Punkt C in Abb. 8.3 durch ein Drehen der Einkommensgerade der Kreditnehmer nach links verschoben wird. Bei hinreichend großen Verbesserungen der Kapitalmarktsituation ist Punkt A erreicht und es gibt keine Armutsfalle mehr.

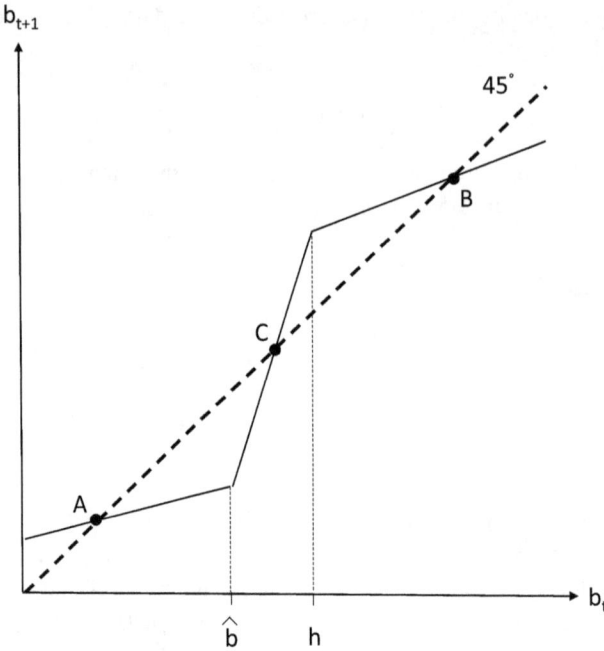

Abb. 8.3 Dynamik der Erbschaften

8.5   Zur Kritik der polit-ökonomischen Modelle des Wachstums

Wir haben in Abschn. 8.1 gesehen, dass je nach Modellierung des Wachstumsprozesses andere Steuern dem Wachstum schaden oder nützen. Die endogene Wachstumstheorie liefert viele alternative Erklärungsansätze für das Entstehen wirtschaftlichen Wachstums. Daher sind von Modell zu Modell die wachstumshemmenden Steuern verschieden. In einem Modell der Humankapitalakkumulation erhöht Kapitalbesteuerung die Wachstumsrate, da Eltern nun, anstatt ihren Kindern physisches Kapital zu hinterlassen, in ihre Ausbildung investieren. Arbeitseinkommenssteuern hingegen reduzieren Wachstum. Ist also Humankapital ungleich verteilt, so führt dies zu einer Erhöhung der Arbeitseinkommensteuer und damit zu einer Senkung der Wachstumsrate.

Der Zusammenhang zwischen Ungleichheit und Besteuerung, der in den hier angesprochenen Wachstumsmodellen hergeleitet wird, hängt selbstverständlich auch entscheidend davon ab, welches Modell des politischen Wettbewerbs gewählt wird. Ist die Partizipation armer Einkommensgruppen am politischen Prozess unwahrscheinlich, so kann Ungleichheit durchaus fortbestehen ohne sich auf Steuern oder Wachstum auszuwirken. Dasselbe gilt für Situationen, in denen Geld zur ideologischen Beeinflussung ausgegeben werden kann (vergl. Ursprung 1992).

8.6 Übungsaufgaben

1. Erklären Sie verbal den Zusammenhang von Steuerpolitik und Wachstumsraten in der Literatur zum endogenen Wachstum.
2. Wie wird in dieser Literatur ein Zusammenhang zwischen Ungleichheit und Wachstum hergestellt?
3. Kann man den Zusammenhang zwischen Ungleichheit und Wachstum als Menue of Choice begreifen?
4. Beschreiben Sie den Zusammenhang zwischen Ungleichheit und Wachstumsrate in einer Demokratie mit fehlendem Kapitalmarkt, wenn Investitionen in Humankapital positive externe Effekte generieren.
5. Welche Probleme ergeben sich bei der theoretischen polit-ökonomischen Beschreibung des Wachstumsprozesses?
6. Erklären Sie anhand einer oder mehrerer Grafiken, wie sich eine exogene Verringerung des Soll-Zinssatzes in dem Modell von Galor und Zeira zur Erklärung persistenter Ungleichheit auswirkt.
7. Diskutieren Sie die Behauptung, Griechenlands heutiges Staatsdefizit sei eine Folge der Besatzung während des zweiten Weltkrieges im Lichte des Galor Zeira Modells.

Literatur zu Kapitel 8

– Alesina, Alberto und Dani Rodrik (1991) „Distributive Politics and Economic Growth", NBER working paper No. 3668.
– Barro und Sala-i-Martin (1992) „Public Finance in Models of Endogenous Growth", *Review of Economic Studies,* 59, 645–661.
– Corneo, Giacomo und Olivier Jeanne (1997) „On relative wealth effects and the optimality of growth", *Economics Letters,* 54, 87–92.
– Galor, O. and J. Zeira (1993) „Income Distribution and Macroeconomics", *Review of Economic Studies,* 60, 35–52.
– Grüner, Hans Peter (1995a) „Redistributive Policy, Inequality and Growth", *Journal of Economics,* 62, 1–25.
– Grüner, Hans Peter und Burkhard Heer (1994) „Taxation of Income and Wealth in a Model of Endogenous Growth", *Public Finance*, 49, 358–372.
– Grüner, Hans Peter und Burkhard Heer (2000) „Optimal Flat-Rate Taxes on Capital: A Reexamination of Lucas' Supply-Side Model", *Oxford Economic Papers,* 52, 289–305.

- Lucas, Robert E. (1988) „On The Mechanics of Economic Development", *Journal of Monetary Economics,* 22, 3–42.
- Lucas, Robert E. (1990) „Supply-side Economics: an Analytical Review", *Oxford Economic Papers,* 42, 293–316.
- Perotti, Roberto (1993) „Political Equilibrium, Income Distribution and Growth", *Review of Economic Studies,* 60, 755–76.
- Persson, Torsten and Guido Tabellini (1994) „Is Inequality Harmful for Growth? Theory and Evidence", *American Economic Review*, 84, 600–621.
- Rebelo, Sergio (1991) „Long-run Policy Analysis and Long-run Growth", *Journal of Political Economy,* 99, 500–521.
- Romer, Paul M. (1986) „Increasing Returns and Long-run Growth", *Journal of Political Economy,* 94, 1002–1037.
- Romer, Paul M. (1990) „Endogenous Technological Change", *Journal of Political Economy,* 98, 71–102.
- Ursprung, Heinrich W. (1992) Comment on Aghion and Howitt, „The Schumpeterian Approach to Technical Change and Growth", in Siebert, Horst, ed. *Economic Growth in the World Economy.* 77–87, Tübingen: Mohr.
- Xu, Bin (1994) „Tax Policy Implications in Endogenous Growth Models", IMF Fiscal Affairs Department, IMF Working Paper 94/38.

Zur Empirie wirtschaftlichen Wachstums:

- Arnold, Jens, Bert Brys, Christopher Heady, Åsa Johansson, Cyrille Schwellnus, und Laura Vartia (2011) „Tax Policy For Economic Recovery and Growth", *Economic Journal,* 121, 59–80.
- Folster, Stefan und Magnus Henrekson (2001) „Growth effects of government expenditure and taxation in rich countries", *European Economic Review,* 45, 1501–1520.
- Marsden (1983) „Taxes and Growth", *Finance and Development,* 20, 40–43.
- Martin and Fardmanesh (1991) „Economic Growth and Alternative Deficit-Reducing Expenditure Cuts: A Cross-Sectional Analysis", *Public Choice,* 223–231.
- Mertens, Karel und Morten Ravn (2013) „The dynamic effects of personal and corporate income tax changes in the United States", *American Economic Review,* 103, 1212–1247.

KAPITEL 9

Geldpolitik und Finanzsystemstabilität

9.1   Inflation als monetäres Phänomen

Inflation ist das fortwährende Ansteigen des Preisniveaus in einer Volkswirtschaft. In diesem Kapitel sollen Erklärungen für das Entstehen von Inflation und Konzepte für eine Politik der Preisniveaustabilität vorgestellt werden. Sowohl die Einschätzung der Inflationsursachen als auch die Bewertung von Inflation haben im Laufe der Zeit einen Wandel erfahren. Gegen eine Reihe anderer Erklärungsversuche für das Phänomen Inflation hat sich heute weitgehend die von den Monetaristen geprägte Ansicht durchgesetzt, dass Inflation als ein monetäres Phänomen zu begreifen ist. Wird Inflation als ein monetäres Phänomen gesehen, so folgt, dass ihre Höhe durch das Verhalten der monetären Autorität (in der Regel einer Zentralbank oder Regierung) und ihrer strategischen Interaktion mit anderen Akteuren zu erklären ist. Im diesem Kapitel werden theoretische Arbeiten vorgestellt, die davon ausgehen, dass die Geldpolitik die Inflationsrate bestimmt und dass die monetäre Autorität die Inflationsrate praktisch alleine kontrollieren kann.

Auch die wohlfahrtstheoretische Beurteilung der Inflation hat einen Wandel erfahren. Inzwischen sind sich die meisten Ökonomen einig, dass kein langfristiger Zusammenhang zwischen Inflation und Beschäftigung besteht, der in der Wirtschaftspolitik ausgenutzt werden kann. Akzeptiert man diesen Standpunkt, so ist klar, dass Inflation kaum aufgrund langfristiger makroökonomischer Zielsetzungen zu rechtfertigen ist. Sie stellt dann vielmehr durch die mit ihr verbundenen Kosten eine – wenn auch im unterschiedlichen Maße – von allen Wirtschaftssubjekten zu tragende Belastung dar. Zu den Kosten der Inflation zählen zunächst die Transaktionskosten, die entstehen, wenn Individuen ihre Bargeldbestände verringern und daher öfters den Weg zur Bank antreten müssen. Daneben gibt es für die Anbieter von Waren und Dienstleistungen Kosten häufiger Preisanpassungen, die durch Inflation verursacht werden. Es entstehen auch Informationskosten, weil man sich über Preisanpassungen informieren muss. Schließlich belegen empirische Studien einen Zusammenhang von Inflationshöhe und Inflationsunsicherheit, also der Varianz der Inflation. Die

© Springer-Verlag GmbH Deutschland, ein Teil von Springer Nature 2022   147
H. P. Grüner, *Wirtschaftspolitik*, https://doi.org/10.1007/978-3-662-63691-6_9

Inflationsunsicherheit zwingt zu komplizierteren vertraglichen Regelungen bei langfristigen Kontrakten und ist damit ebenfalls mit Kosten verbunden.[1]

Da es Kosten der Inflation gibt und da das Entstehen der Inflation heute vor allem der Geldpolitik zugeschrieben wird, ist es interessant zu fragen, weshalb Inflation in einer Volkswirtschaft überhaupt entstehen kann, wenn die Geldpolitik dem Effizienzziel verpflichtet ist. Dieser Frage soll hier nachgegangen werden. In der politisch-ökonomischen Literatur haben sich vor allem zwei Erklärungen für das Auftreten von Inflation durchgesetzt. Erstens wird Inflation über den von der Öffentlichkeit korrekt antizipierten Versuch der Zentralbank oder der Regierung erklärt, die Beschäftigung bei rigiden Nominallöhnen durch Überraschungsinflation zu erhöhen. Wir werden dieses Phänomen in den Abschn. 9.2 und 9.3 diskutieren. Zweitens erzeugt Inflation Einnahmen für den Staat. Inflationserklärungen, die auf dem Interesse der Regierung an diesen Einnahmen basieren, behandeln wir in Abschn. 9.4. Politische Konjunkturzyklen besprechen wir in Abschn. 9.5. Abschn. 9.6. diskutiert Fragen der Finanzsystemstabilität. Dies geschieht hier, weil diese Fragen teilweise mit Fragen der Geldpolitik in engem Zusammenhang stehen (was aber nicht bedeuten muss, dass es gut ist, wenn eine Zentralbank zugleich für die Finanzaufsicht zuständig ist).

9.2   Zeitinkonsistenz optimaler Pläne

Die politisch-ökonomische Literatur zur Inflation beschäftigt sich mit den Motiven der geldpolitischen Entscheidungsträger. In diesen Motiven wird eine Erklärung für Inflation und Inflationsunterschiede gesucht. Robert Barro und David Gordon entwickelten in den frühen achtziger Jahren eine sehr einflussreiche Theorie, die Inflation auf die Interaktion der privaten Wirtschaftssubjekte und der monetären Autorität zurückführt (Barro und Gordon, 1983). Mit monetärer Autorität ist in der Folge entweder eine von der Regierung abhängige Zentralbank oder eine von der Regierung unabhängige Zentralbank gemeint.

Die Theorie von Barro und Gordon ist bis heute ein Grundbaustein der meisten wissenschaftlichen Analysen der Inflation. Barro und Gordon gehen davon aus, dass die privaten Wirtschaftssubjekte die nominalen Löhne der Volkswirtschaft in Verträgen festsetzen, bevor die Zentralbank über die Wahl der Geldmenge die Inflationsrate bestimmt. Der reale Lohn und damit das Beschäftigungsniveau sind also sowohl durch die Inflationserwartungen der Öffentlichkeit, die in die Lohnsetzung eingehen, als auch durch die Reaktion der Zentralbank bestimmt.

Barro und Gordon gehen davon aus, dass die Zentralbank zugleich an einer niedrigen Inflationsrate und an einer niedrigen Arbeitslosenrate interessiert ist. Da die Beschäftigung

---

1   Zwar sind Schuldner Gewinner von nicht antizipierter Inflation, während Gläubiger durch überraschende Inflation Einbußen erleiden. Allerdings ist das durchschnittliche Niveau der Inflation, wenn es korrekt antizipiert ist, keine Determinante der Einkommen beider Gruppen. Während es also kaum möglich ist, Interessengruppen unterschiedliche Inflationsniveaus zuzuordnen, kann man eine Reihe von Inflationskosten identifizieren, die allen Wirtschaftssubjekten zufallen.

durch den Reallohn determiniert ist, hat die Zentralbank die Möglichkeit, bei gegebenem nominalen Lohnanstieg die Arbeitslosigkeit zu reduzieren, indem sie mehr Inflation erzeugt als die Öffentlichkeit erwartet. Erkennt die Öffentlichkeit jedoch das Interesse der Zentralbank, durch Überraschungsinflation die realen Löhne zu senken und so die Arbeitslosigkeit zu reduzieren, so passt sie ihre Inflationserwartungen im Vorhinein korrekt an. Der Versuch, die Beschäftigung zu steigern, ist dann vergebens.

Die Zentralbank müsste deshalb daran interessiert sein, sich bindend auf eine niedrige Inflationsrate zu verpflichten, um das Ergebnis von hoher Inflation und unveränderter Arbeitslosigkeit zu vermeiden. Dies ist jedoch nicht ohne weiteres möglich, da die Zentralbank im beschriebenen Spiel die Inflation bestimmt, nachdem die nominalen Löhne gesetzt wurden und eine solche Ankündigung darum keine Glaubwürdigkeit hätte. Man bezeichnet diesen Effekt auch als „Zeitinkonsistenz optimaler Pläne in der Geldpolitik". Interessant am Zeitinkonsistenzmodell ist, dass ein nicht wünschenswertes Ergebnis (Inflation und Arbeitslosigkeit) hier nicht dadurch entsteht, dass die Zentralbank bestimmte Partikularinteressen verfolgt, sondern gerade dadurch, dass sie sich an einer sozialen Wohlfahrtsfunktion orientiert.

9.2.1 Eine formale Darstellung

Das Modell von Barro und Gordon soll nun als Spiel dargestellt werden. In diesem Spiel bildet der private Sektor der Ökonomie Erwartungen über die zukünftige Inflationsrate. Die Inflationsrate wird danach direkt von der Zentralbank durch Festlegen des Geldmengenwachstums gewählt. Die Inflationserwartungen gehen in die nominalen Kontrakte ein, also etwa in Lohnabschlüsse. Übersteigt die tatsächliche die erwartete Inflation, so ergibt sich über die daraus resultierende geringere Steigerung der realen Löhne ein Beschäftigungseffekt. Bezeichnen wir mit π und π^e die tatsächliche und die von der Öffentlichkeit erwartete Inflation, so lässt sich die Ziel- bzw. Nutzenfunktion der Zentralbank wie folgt darstellen:

$$U(\pi, \pi^e) = -\frac{1}{2}\pi^2 + b(\pi - \pi^e). \tag{9.1}$$

Der erste Term repräsentiert gesamtwirtschaftliche Kosten der Inflation. Dies können etwa Transaktionskosten aufgrund hoher Inflation sein, zum Beispiel die sogenannten „Schuhlederkosten", die entstehen, wenn die Wirtschaftssubjekte ihre Liquidität niedrig halten und daher öfter zum Geldautomaten gehen müssen. Die gesamtwirtschaftlichen Grenzkosten der Inflation sind steigend. Zugleich will die Zentralbank die Beschäftigung durch Überraschungsinflation erhöhen. Deshalb wird die Überraschungsinflation positiv (mit dem Gewicht $b > 0$) bewertet.

Wir nehmen an, dass der private Sektor die Inflation möglichst genau vorhersagen will. Um das abzubilden wollen wir eine quadratische Zielfunktion $-(\pi - \pi^e)^2$ annehmen. Kennt der private Sektor die Nutzenfunktion (9.1) der Zentralbank, so müssen seine Inflationserwartungen genauso hoch sein, dass es sich für die Zentralbank nicht lohnt, darüber hinaus Überraschungsinflation zu erzeugen. Dies ist dann der Fall, wenn die (zunehmenden) Grenzkosten der Inflation gleich ihrem Grenznutzen sind. Die Grenzkosten sind gleich der Ableitung von $-\frac{1}{2}\pi^2$, also π, der Grenznutzen ist b. Also wird die Zentralbank immer eine Inflation in Höhe von b wählen, und im Gleichgewicht gilt, dass erwartete und tatsächliche Inflation gleich $b > 0$ sind. Da es der Zentralbank nicht gelingt, Überraschungsinflation zu erzeugen, bleibt das Beschäftigungsniveau unverändert. Die Inflationsrate ist dabei um so höher, je größer das Gewicht des Beschäftigungsziels in der Zielfunktion der Zentralbank ist.

In der oben beschriebenen Situation nimmt U den Wert $-\frac{b^2}{2}$ an. Handelt es sich nun bei der Zielfunktion U zugleich um eine gesellschaftliche Wohlfahrtsfunktion, so ist klar, dass die gesellschaftliche Wohlfahrt größer wäre, wenn sich die Zentralbank glaubwürdig verpflichten könnte, die Inflation bei null zu halten. In diesem Falle gäbe es einmal keine Überraschungsinflation und der tatsächliche Wert der Inflation läge zum anderen bei null statt bei b. Die Zielfunktion nähme also den Wert null an, was der höchste mögliche Wert bei korrekten Erwartungen ist. Dieses Ergebnis ist allerdings nur zu erreichen, wenn die Ankündigung niedriger Inflation durch die Zentralbank glaubwürdig gemacht wird.

9.2.2   Überblick über Lösungskonzepte

Dieser Analyse folgte eine umfangreiche theoretische Literatur über Möglichkeiten, das beschriebene Zeitinkonsistenzproblem zu lösen. Dabei standen vor allem drei Lösungswege im Vordergrund:

1. Einige Autoren behaupten, dass sich das Zeitinkonsistenzproblem u. U. von selbst lösen kann, wenn die Zentralbank daran interessiert ist, eine Reputation für eine Anti-Inflationspolitik zu erlangen [Backus und Driffill 1985]. Treffen nämlich Zentralbank und Öffentlichkeit wiederholt in der von Barro und Gordon beschriebenen Weise aufeinander, so ist es möglich, dass eine Zentralbank durch eine konsequente Anti-Inflationspolitik ein Maß an Reputation erlangt, das eben diese Politik auch für die Zukunft glaubwürdig macht. Eine solche Politik kann unter bestimmten Umständen auch für eine Zentralbank interessant sein, die sich nicht primär für das Inflationsziel interessiert, da sie durch den Aufbau von Reputation das oben beschriebene Resultat bei Zeitinkonsistenz mit Inflation und Arbeitslosigkeit vermeiden kann.

2. Ein zweiter prominenter Vorschlag liegt darin, dass die Regierung die Geldpolitik an eine nicht-weisungsgebundene „konservative" Zentralbank delegiert. Von einem konservativen Zentralbanker spricht man, wenn dieser alleine das Ziel der Geldwertstabilität verfolgt (Rogoff, 1985). Ist bekannt, dass die Zentralbank in diesem Sinne konservativ ist, so wird eine niedrigere Inflation erwartet und realisiert.

3. Eine dritte Lösungsmöglichkeit liegt im Anbinden der heimischen Währung an die Währung eines anderen Landes, das bereits eine Zentralbank mit Anti-Inflations-Reputation besitzt.

4. Der vierte Lösungsweg ist, die Delegation der Geldpolitik mit einem Anreizmechanismus für die Zentralbank zu verbinden.

Wir wollen diese Vorschläge in den folgenden Abschnitten genauer untersuchen.

9.2.3 Reputation

Backus und Driffill dynamisierten das Spiel von Barro und Gordon (1983), um den Aufbau einer Zentralbankreputation zu untersuchen. Um Reputationseffekte zu modellieren, nehmen Backus und Driffill an, dass die Öffentlichkeit nicht perfekt über die Ziele der Zentralbank informiert ist und erst im Verlauf der Zeit aus deren Handlungen etwas über ihren wahren „Typ" lernen kann.

Ich will hier das Modell von Backus und Driffill vereinfacht darstellen. Wir betrachten hierzu das einmal wiederholte Spiel von Barro und Gordon, in dem die Zentralbank die Zielfunktion

$$U = \sum_{t=1}^{2} -\frac{1}{2}\pi_t^2 + b(\pi_t - \pi_t^e) \tag{9.2}$$

hat. Wir nehmen nun an, dass es zwei potentielle Zentralbanktypen gibt. Der erste, konservative Typ, würde nicht auf Arbeitslosigkeit reagieren. Sein Wert für b ist 0. Wir nehmen an, er sei mit Wahrscheinlichkeit p im Amt. Mit Wahrscheinlichkeit $1 - p$ ist ein nicht-konservativer Typ mit einem Gewicht von $b = \bar{b} > 0$ im Amt. Der Wert von p ist der Öffentlichkeit bekannt.

In dieser veränderten Spielsituation spielt die tatsächliche Inflationsrate die Rolle eines Signals, das u. U. Informationen über die Präferenzen der Zentralbank (konservativ oder nicht-konservativ) vermitteln kann. Dies würde etwa geschehen, wenn die Zentralbank eine positive Inflationsrate wählt. Es wäre dann klar, dass der konservative Zentralbanktyp nicht im Amt ist.

Backus und Driffill zeigen, dass in diesem Signaling-Spiel auch der nicht-konservative potentielle Zentralbank-Typ mit einer positiven Wahrscheinlichkeit eine Inflation von null wählt. Der Grund dafür ist, dass es sich auch für eine Zentralbank mit hohem Interesse am Beschäftigungsziel lohnt, so zu tun, als sei sie konservativ, um das aus dem Ein-Perioden-Spiel bekannte suboptimale Ergebnis zu vermeiden. Es kann sich auch lohnen, den konservativen Zentralbanker zu imitieren, um zu einem späteren Zeitpunkt Überraschungsinflation erzeugen zu können. Dieses Resultat der Imitation wird in der Spieltheorie auch als pooling-Gleichgewicht bezeichnet. Im Folgenden beweisen wir, dass es ein solches pooling-Gleichgewicht gibt.

Existenz eines pooling-Gleichgewichts im wiederholten Spiel der Geldpolitik[2]

Wir nehmen an, dass die Öffentlichkeit in beiden Perioden den Erwartungsfehler bei der Prognose der Inflationsrate minimieren möchte. Eine Strategie der Zentralbank besteht aus je einem Plan für die Festsetzung der Inflationsrate in beiden Perioden für beide Realisationen ihres Typs. Wir gehen von einer Situation aus, in der der konservative Zentralbanktyp immer eine Inflationsrate von null wählt. Ein pooling-Gleichgewicht ist dann dadurch gekennzeichnet, dass der schwache Zentralbanker in der ersten Periode das Verhalten des starken Zentralbankers imitiert, also eine Inflation von null wählt.

Nehmen wir an, es gebe ein solches pooling-Gleichgewicht. Anhand des ersten Inflationssignals kann die Öffentlichkeit dann auch zu Beginn der zweiten Periode nicht mit Sicherheit sagen, mit welchem Zentralbanktyp sie es zu tun hat. Ihre Vermutung ist also noch immer, dass der starke Zentalbanker mit Wahrscheinlichkeit p im Amt ist. Wir wollen annehmen, dass für jede andere Inflationsrate als null, die in Periode 1 beobachtet wird, die Öffentlichkeit erwartet, dass der Zentralbanker nicht konservativ ist. Diese Erwartung stützt das pooling-Gleichgewicht am besten, da es die Anreize, in der ersten Periode abzuweichen, minimiert. Nun können wir den Nutzen des schwachen Zentralbanktyps in dem pooling-Gleichgewicht berechnen. Der Nutzen in Periode 1 ist null. In Periode 2 wird eine Inflation von $(1 - p)\bar{b}$ erwartet. Der schwache Typ wird in dieser Periode eine Inflation in Höhe von $\bar{b}$ wählen. Die Überraschungsinflation ist also $p\bar{b}$. Der Nutzen im Gleichgewicht wäre:

$$\sum_{t=1}^{2} -\frac{1}{2}\pi_t^2 + b(\pi_t - \pi_t^e) = \tag{9.3}$$

$$0 + 0 - \frac{1}{2}\bar{b}^2 + \bar{b}p\bar{b} = \left(p - \frac{1}{2}\right)\bar{b}^2. \tag{9.4}$$

Wir müssen nun prüfen, ob es sich für den schwachen Zentralbanktyp lohnt, in der ersten Periode von seiner pooling-Strategie abzuweichen. Die Inflationserwartungen in der ersten Periode sind null. Wenn der schwache Zentralbanktyp abweicht, dann ist es für ihn am besten, eine Inflation von $\bar{b}$ zu wählen. Die Überraschungsinflation ist also $\bar{b}$. Dafür ist er in der zweiten Periode entdeckt. Tatsächliche und erwartete Inflation liegen also in der zweiten Periode bei $\bar{b}$. Der Nutzen des schwachen Zentralbanktyps liegt beim Abweichen also bei

---

2 Wir bestimmen hier wie in Kap. 5 ein perfektes Bayesianisches Gleichgewicht (PBE) dieses Signalisierungsspiels. Das PBE ist eine Verfeinerung des Konzepts des Nash-Gleichgewichts, die verlangt, dass die Handlungen des Senders nicht nur durch „unsinnige" Erwartungen gerechtfertigt werden können. Ein perfektes Bayesianisches Gleichgewicht eines Signalisierungsspiels besteht neben den Strategien der beiden Spieler auch aus Vermutungen des Empfängers über die Realisation des Typs des Senders, die nach der Regel von Bayes aus den empfangenen Signalen und der gleichgewichtigen Strategie des Senders gebildet werden wo immer das möglich ist. in einem PBE muss außerdem die Strategie des Empfängers unter Berücksichtigung der Vermutungen, die zu dem empfangenen Signal gehören, optimal sein.

Tab. 9.1 Ergebnisse im Gleichgewicht und beim Abweichen von der Gleichgewichtsstrategie

	π_1	π_1^e	π_2	π_t^e	$\pi_1 - \pi_1^e$	$\pi_2 - \pi_2^e$
Im Gleich-gewicht	0	0	$\bar{b}$	$(1-p)\bar{b}$	0	$p\bar{b}$
Beim Abweichen	$\bar{b}$	0	$\bar{b}$	$\bar{b}$	$\bar{b}$	0

$$\sum_{t=1}^{2} -\frac{1}{2}\pi_t^2 + b(\pi_t - \pi_t^e) = \tag{9.5}$$

$$-\frac{1}{2}\bar{b}^2 + \bar{b}\bar{b} - \frac{1}{2}\bar{b}^2 + 0 = 0. \tag{9.6}$$

Tab. 9.1 fasst noch einmal die Ergebnisse zusammen.

Die schwache Zentralbank hat die Möglichkeit, die Öffentlichkeit entweder in der zweiten Periode (pooling-Gleichgeweicht) oder in der ersten Periode (Abweichen) zu überraschen. Die Überraschungsinflation im ersten Fall ist dann besonders hoch, wenn die anfängliche Wahrscheinlichkeit, dass die Zentralbank konservativ ist, groß ist. Beim Abweichen hat die schwache Zentralbank zu bedenken, dass sie in beiden Perioden eine hohe Inflation erzeugt. Der pooling-Nutzen $\left(p - \frac{1}{2}\right)b^2$ ist größer als null, wenn p grösser als $1/2$ ist. Ein pooling-Gleichgewicht existiert also genau dann, wenn die anfängliche Wahrscheinlichkeit, dass die Zentralbank konservativ ist, nicht zu klein ist.

Diesem Resultat zufolge kann sich also wenigstens für eine bestimmte Zeit das Zeitkonsistenzproblem von selbst lösen, falls die anfängliche Reputation der Zentralbank groß genug ist. Die Existenz eines pooling-Gleichgewichtes ist allerdings nicht robust bezüglich alternativer – und durchaus sinnvoller – Modellannahmen. In einem Zwei-Perioden-Modell fallen zum Beispiel die pooling-Gleichgewichte weg, sobald Veränderungen der Arbeitslosenrate in der ersten Periode persistent sind (Grüner, 1996a). Die Annahme der Persistenz einmaliger – durch Überraschungsinflation ausgelöster – Veränderungen der Arbeitslosenrate ist insbesondere für die europäischen Länder gerechtfertigt. Es besteht daher für diese Länder wenig Hoffnung, dass der Wunsch, Reputation aufzubauen, alleine einen disziplinierenden Effekt auf das Verhalten der Zentralbank hat.

9.2.4 Die „konservative" und die unabhängige Zentralbank

Eine denkbar einfache Lösung des Zeitinkonsistenzproblems ist es, eine von der Regierung unabhängige Zentralbank einzurichten, deren gesetzlich normierte Aufgabe nur die Wahrung der Preisstabilität ist, und nur solche Personen die Zentralbank leiten zu lassen, die bekannt dafür sind, dass sie in dem oben genannten Sinne konservativ sind. Auch das ausdrückliche

Verbot der monetären Staatsfinanzierung, etwa durch den Ankauf von Staatsschuldtiteln am Primärmarkt ist eine Maßnahme, die die Ziele der Zentralbanker prägen soll.

Die Unabhängigkeit der Zentralbank kann durch den gesetzlichen Ausschluss einer Weisungsbindung, langfristige Arbeitsverträge, den Ausschluss einer Erneuerungsoption für Arbeitsverträge, und durch ein eigenes Budget für die Zentralbank befördert werden.

Im Wesentlichen gibt es zwei Kritikpunkte zu diesem Vorschlag. Es wurde zum einen kritisiert, dass es schwer möglich ist, Persönlichkeiten zu finden, die geeignet sind, eine Zentralbank zu leiten und die zugleich eine Reputation dafür haben, sich nicht für das Ziel der Vollbeschäftigung zu interessieren, oder die es ausschließen, dass eine Zentralbank sich für Vollbeschäftigung einsetzen sollte. Ist aber das „konservative" Verhalten des Zentralbankers nicht von vorneherein bekannt, so besteht erneut das Problem, dass sich die Zentralbank zunächst eine Reputation für konservatives Verhalten erarbeiten muss. Dies jedoch ist mit den üblichen Kosten einer Erwartungsanpassung verbunden. Ist nämlich die konservative Haltung der Zentralbank nicht von vornherein bekannt, so wird die Inflationsrate überschätzt und die Reallöhne steigen unerwartet an, was zu Beschäftigungsverlusten führt [etwa in Frankreich nach der Stabilisierung von 1983].

Zweitens gilt, dass, falls ökonomische Schocks ein Eingreifen der Zentralbank zur Stabilisierung der Beschäftigung wirtschaftspolitisch geboten erscheinen lassen, eine konservative Zentralbank, der das Beschäftigungsziel gleichgültig ist ($b = 0$), nicht reagiert und dass somit ein Zielkonflikt zwischen Glaubwürdigkeit der Zentralbank und wirtschaftspolitischer Flexibilität besteht. Diesen Sachverhalt modellierte Kenneth Rogoff (1986). In seinem Modell kann die Zentralbank auf einen Beschäftigungsschock reagieren, der nach der Erwartungsbildung eintritt. Rogoff zeigt, dass in diesem Falle die Wahl eines „intermediären Zentralbankers" ($0 < b^{bank} < b$) optimal ist. In dessen Zielfunktion hat das Beschäftigungsziel zwar geringere Bedeutung als in der gesellschaftlichen Zielfunktion, das Beschäftigungsziel wird aber nicht vollkommen vernachlässigt, so dass Schocks wenigstens teilweise geldpolitisch aufgefangen werden.

Zur Verdeutlichung des Arguments von Rogoff betrachten wir das folgende Spiel. Zu Beginn des Spiels werden die Inflationserwartungen π^e gebildet. Anschließend folgt ein Naturzug, in dem der Zustand der Volkswirtschaft ε gemäß der Verteilung $N(0, \sigma_\varepsilon^2)$ bestimmt wird. Die Zentralbank beobachtet beide Größen und bestimmt die Inflation π. Ihre Präferenzen sind durch die Nutzenfunktion

$$U^{CB} = -\frac{1}{2}\pi^2 - \frac{b}{2}\left(\bar{u} + \varepsilon - \left(\pi - \pi^e\right)\right)^2 \qquad (9.7)$$

beschrieben. Dabei ist $\bar{u} + \varepsilon$ die Arbeitslosigkeit ohne Überraschungsinflation und $u :=$ $\bar{u} + \varepsilon - (\pi - \pi^e)$ die Arbeitslosigkeit mit Überraschungsinflation. Die Zentralbank strebt also Preisstabilität und Vollbeschäftigung an.

Da wir erneut den privaten Sektor als Spieler modellieren, müssen wir hier ebenfalls eine Zielfunktion annehmen. Wir wollen annehmen, dass die Öffentlichkeit die Inflationserwartungen so wählt, dass der erwartete quadrierte Erwartungsfehler $(\pi - \pi^e)^2$ minimiert wird.

Die optimale Reaktion der Zentralbank auf π^e ist durch

$$-\pi + b\left(\bar{u} + \varepsilon - \left(\pi - \pi^e\right)\right) = 0$$
$$\Leftrightarrow \pi = \frac{b}{1+b}\left(\bar{u} + \varepsilon + \pi^e\right) \tag{9.8}$$

beschrieben. Mit dem Einsetzen der linearen Reaktionsfunktion der Zentralbank in den Nutzen der Öffentlichkeit ergibt sich, dass die erwartete Inflation, die hier als strategische Variable verstanden wird, dem Erwartungswert der tatsächlichen Inflation entspricht, d. h. es gilt im Gleichgewicht, dass

$$\pi^e = E\left[\frac{b}{1+b}\left(\bar{u} + \varepsilon + \pi^e\right)\right]$$
$$\Leftrightarrow \frac{1}{1+b}\pi^e = \frac{b}{1+b}\left(\bar{u} + E\left[\varepsilon\right]\right)$$
$$\Leftrightarrow \pi^e = b\bar{u}. \tag{9.9}$$

Daher steigt die erwartete gleichgewichtige Inflation in b. Die realisierte Arbeitslosigkeit ist

$$u = \bar{u} + \varepsilon - \left(\pi - \pi^e\right)$$
$$\Leftrightarrow u = \bar{u} + \varepsilon - \frac{b}{1+b}\left(\bar{u} + \varepsilon + \pi^e\right) + \pi^e$$
$$\Leftrightarrow u = \bar{u} + \varepsilon - \frac{b}{1+b}\left(\bar{u} + \varepsilon + b\bar{u}\right) + b\bar{u}$$
$$\Leftrightarrow u = \bar{u} + \frac{1}{1+b}\varepsilon. \tag{9.10}$$

Sie ist im Erwartungswert $\bar{u}$. Der Erwartungswert wird also nicht durch die Charakteristika der Zentralbank beeinflusst. Die Varianz der Arbeitslosigkeit nimmt aber in b ab. Damit entsteht ein Tradeoff zwischen Glaubwürdigkeit einer Niedriginflationspolitik und geldpolitischer Flexibilität.

9.2.5 Reputation aus dem Ausland: Feste Wechselkurse

In den achtziger Jahren entdeckten mehrere Autoren das europäische Währungssystem (EWS) als eine Institution, die den beteiligten Ländern sofort und ohne Kosten einer langsamen Erwartungsanpassung zur gewünschten Anti-Inflations-Glaubwürdigkeit verhilft. Verschiedene Gründe werden dafür angeführt: Jaques Mélitz nennt politische Kosten einer Abwertung durch den damit verbundenen Prestigeverlust der Regierung, „devaluations cost votes", während Francesco Giavazzi und Marco Pagano transitorische und permanente Veränderungen der Terms of Trade ins Feld führten, die Kosten exzessiver Inflation zwischen zwei Wechselkursanpassungen entstehen lassen. Die übermäßige Inflation erhöhe den Preis inländischer Waren im Ausland und erzeugt so Druck der Exportfirmen auf die Regierung. Dieses letzte Argument wurde von Charles Wyplosz (1989) angezweifelt, der darauf verwies, dass mit dem EWS keine langfristigen Veränderungen der Terms of Trade verbunden sein können. Eine langfristige Veränderung des realen Preisverhältnisses würde sich nämlich nur dann nicht auf den Wechselkurs auswirken, wenn die Zentralbank andauernd Währungsreserven verkaufen würde. Dies müsste aber zu unbegrenzten Reserveverlusten führen.

Wyplosz führt die Asymmetrie im Inneren des EWS, die in der Anpassung der Inflationsraten an das deutsche Niveau zum Ausdruck kommt, auf einen eher technischen Zusammenhang zurück: Er zeigt, dass ein Hochinflationsland zuerst genötigt ist, zu Kapitalverkehrskontrollen zu greifen, um seine Politik zu stützen. Da Kapitalverkehrskontrollen aber zu Ineffizienzen führen, schaden sie dem Land, das sie ergreift. Deshalb hat im EWS das Land mit der niedrigen Inflationsneigung einen Vorteil bei der Wahl der Inflationsrate.

Dieser theoretischen Literatur über die Wirkungsweise des EWS schloss sich eine umfangreiche empirische Literatur an, die das Ziel hatte zu prüfen, ob mit dem EWS ein disziplinierender Effekt verbunden ist, der von der Öffentlichkeit sofort antizipiert wurde. Die Evidenz ist nicht eindeutig.

Unabhängig von dieser empirischen Debatte hat sich allerdings durch den de facto Zusammenbruch des bis 1992 bei der Senkung der Inflationsraten erfolgreichen EWS gezeigt, dass der Versuch einer Stabilisierung über Wechselkursfixierung auf Dauer nur dann funktionieren kann, wenn gelegentliche Wechselkursanpassungen von den betroffenen Regierungen nicht von vornherein ausgeschlossen werden. Das EWS hat in den achtziger Jahren zwar zu einer Reduktion der Inflation in Hoch-Inflationsländern wie Frankreich, Italien, und Irland beigetragen, nicht jedoch in allen Fällen zu deren vollständigen Angleichung. Es genügen jedoch auch kleine dauerhafte Inflationsunterschiede, um das System durch spekulative Attacken zu sprengen, wenn die Wechselkurse nicht angepasst werden. Sind also die Regierungen nicht zu Wechselkursanpassungen bereit, so werden die Erfolge der partiellen Stabilisierung durch die Mitgliedschaft im EWS zunichte gemacht. Es ist also trotz einiger positiver Resultate für das EWS nach wie vor interessant zu fragen, ob nicht interne Mechanismen existieren, die in den jeweiligen Ländern zu einer restriktiven Geldpolitik führen könnten.

9.2.6   Mechanismen in der Geldpolitik

Das Zusammenspiel von Regierung und Zentralbank kann als eine Situation gesehen werden, in der ein Akteur versucht, das spätere Verhalten eines anderen, der in seinem Auftrag handelt, optimal zu steuern. Solche Situationen werden in der Literatur allgemein als „principal-agent" Probleme bezeichnet, wobei der Prinzipal dem Agenten eine bestimmte Aufgabe überträgt. Das Problem des Prinzipals liegt darin, den für ihn besten Anreizmechanismus zu finden, der das Verhalten des Agenten steuert. Rogoff zufolge kann die Delegation an eine konservative Zentralbank die flexible Reaktion der Zentralbank auf wirtschaftliche Schocks gefährden. Ein Anreizmechanismus für die Zentralbank ist immer in der Lage, den Trade-off zwischen Glaubwürdigkeit und Flexibilität wenigstens genauso gut zu lösen wie eine einfache Delegationsentscheidung. Unter Umständen erfordert ein solcher Mechanismus, dass die Zentralbank Ankündigungen macht, von denen dann schließlich ihre Bezahlung abhängt. Ein solcher Mechanismus wird etwa in Neuseeland eingesetzt, wo die Regierung die Möglichkeit hat, den Zentralbankgouverneur zu entlassen, falls dieser ein zuvor gemeinsam gesetztes Inflationsziel verfehlt.

Bei der Lösung über Mechanismen ist zu bedenken, dass ein Anreizmechanismus nur dann das Zeitinkonsistenzproblem lösen kann, wenn die Regierung sich besser auf die Einhaltung der Zahlungen aus dem Mechanismus verpflichten kann, als – im Falle einer regierungsabhängigen Zentralbank – auf eine niedrige Inflation. Ansonsten verlagert sich das Zeitinkonsistenzproblem nur auf eine höhere Ebene.

9.3   Lohnsetzung und Geldpolitik

Eine Reihe neuerer Arbeiten untersucht die strategische Interaktion zwischen lohnsetzenden Gewerkschaften und der Zentralbank. Anders als in dem Modell von Barro und Gordon wird die Erwartungsbildung nun in den Prozess der Lohnfestsetzung direkt eingebunden. Auf der ersten Stufe dieser Spiele bestimmen zunächst Gewerkschaften den Anstieg der Nominallöhne. Auf der zweiten Stufe reagiert die Zentralbank mit dem Festsetzen der Inflationsrate.

Derartige Spiele wurden etwa in Grüner und Hefeker (1999), Velasco und Guzzo (1999) und Cukierman und Lippi (1999) untersucht. Eine solche Modellierung ist dann sinnvoll, wenn die Lohnfestsetzung nicht mehr völlig dezentral organisiert ist, sondern sektoral oder ökonomieweit geschieht. In diesem Fall wird der Lohn zu einer strategischen Variable und die Tarifparteien berücksichtigen bei ihren Handlungen die zu erwartende Reaktion der Zentralbank. Den oben genannten Modellen ist es gemein, dass sie eine Inflationsaversion auf Seiten der Gewerkschaften zugrunde legen. Die Begründung hierfür ist, dass Gewerkschaftsmitglieder ähnlich wie andere Individuen unter der Inflation zu leiden haben. Die Ziele der Gewerkschaften sind zum einen, einen möglichst hohen realen Lohn zu erreichen, zum zweiten eine niedrige Arbeitslosigkeit und drittens eine niedrige Inflation.

Ein erstes interessantes Resultat geht auf die Arbeiten von Cukierman und Lippi sowie Velasco und Guzzo zurück. Sie betrachten eine zentralisierte Lohnsetzung und untersuchen das Gleichgewicht im Spiel zwischen Gewerkschaft und Zentralbank unter der Voraussetzung, dass sich die Zentralbank alleine für das Beschäftigungsziel interessiert. Interessiert sich die Zentralbank nur für das Beschäftigungsziel, so wird sie Lohnforderungen, die nicht mit Vollbeschäftigung vereinbart sind, sofort mit Inflation beantworten. Die Inflation wird also so hoch sein, dass immer Vollbeschäftigung gewährleistet ist. Reallohnanstieg lässt sich daher durch die Gewerkschaft nicht durchsetzen. Die Gewerkschaft weiß, dass eine Erhöhung des nominalen Lohnes immer im gleichen Maße mit Inflation beantwortet wird. Alles, was sie erreichen kann, ist also eine Veränderung der Inflationsrate, nicht aber eine Veränderung realer Größen. In diesem Wissen wird die Gewerkschaft den Nominallohn nur soweit erhöhen, dass bei einer Inflation von Null keine Arbeitslosigkeit entsteht. Es ergibt sich also, dass durch die Delegation der Geldpolitik an eine Zentralbank, welche sich nur für das Beschäftigungsziel interessiert, zugleich Vollbeschäftigung und Preisniveaustabilität erreichen lässt. Dieses Resultat widerspricht also dem Resultat von Barro und Gordon.

Der Grund für diesen Widerspruch liegt in der veränderten Annahme über die Lohnbildung. Im Modell von Barro und Gordon ist es das alleinige Ziel der Lohnsetzungsseite, korrekte Erwartungen zu bilden. Dies ist dann angemessen, wenn die Lohnsetzung völlig dezentral stattfindet. Einzelne Individuen oder Verhandlungspartner in Firmen werden sich dann nicht um die Reaktion der Zentralbank auf ihr eigenes Verhalten kümmern müssen. Bei einer vollzentralisierten Verhandlung ist dies anders.

In Regimen mit sektoraler Verhandlung ist die Kombination aus Vollbeschäftigung und Preisniveaustabilität allerdings nicht mehr erreichbar. Es ergibt sich auf dem institutionellen Level jedoch ein Tradeoff zwischen Inflation und Arbeitslosigkeit, der prinzipiell ausgenutzt werden kann. Eine konservative Zentralbank erzeugt Preisniveaustabilität um den Preis hoher Arbeitslosigkeit. Eine Zentralbank, die sich alleine um das Beschäftigungsziel kümmert, droht hingegen glaubwürdig den Lohnsetzern mit einer Inflationsreaktion auf sektorale Löhne. Dies wird zu einer gewissen, aber nur teilweisen Disziplin bei der Lohnsetzung führen. Zugleich erzeugt diese Reaktion aber eben auch Inflation.

Der Zusammenhang zwischen Zentralisierung und Arbeitslosigkeit und Inflation ist insbesondere im Hinblick auf den Übergang zu einer Währungsunion interessant. Mit einem größeren Währungsraum wächst zunächst die Zahl der Gewerkschaften, die innerhalb des Währungsraume Löhne aushandeln. Damit verschlechtert sich der Tradeoff zwischen Inflation und Arbeitslosigkeit auf der institutionellen Ebene. Einzelne Gewerkschaften werden weniger die Reaktion der Zentralbank auf ihr Verhalten berücksichtigen und deshalb weniger diszipliniert sein. Es ergibt sich daher im Gleichgewicht eine höhere Arbeitslosenrate und auch mehr Inflation (Grüner und Hefeker, 1999).

Völlig verloren geht der Tradeoff zwischen Inflation und Arbeitslosigkeit, wenn in einem Zentralbankrat nationale Repräsentanten sich alleine um die makroökonomischen Aggregate in ihrem jeweiligen Land kümmern. In diesem Falle antizipieren die Tarifparteien in den jeweiligen Ländern, dass die Position des Medianwählers im Zentralbankrat durch ihr eigenes Verhalten nicht beeinflusst werden kann. Es entsteht also kein disziplinierender Effekt aus der Geldpolitik auf die Lohnsetzung. Der Tradeoff zwischen Inflation und Arbeitslosigkeit geht dann verloren und die Delegation an eine konservative Zentralbank erscheint wiederum optimal.

9.4   Inflation, Staatsschulden und Seignorage

Inflation kann auf drei Wegen die Einnahmen des Staates erhöhen. Erstens wird dem privaten Sektor durch neu ausgegebenes Geld Kaufkraft entzogen, die dann in Form von Zentralbankgewinnen in der Hand der Regierung landet. Diese Inflationssteuer auf Geldhaltung wird als *Seignorage* bezeichnet. Zweitens reduziert nicht-antizipierte Inflation die reale Zinslast, die der Staat für seine ausstehenden Schulden zu tragen hat. Drittens erhöht Inflation bei einem progressiven Einkommensteuersystem die Steuerlast, sofern die Steuertabelle nicht preisindiziert ist. Eine Regierung wird also das Interesse haben, die Staatseinnahmen durch Inflation zu erhöhen, wenn ihr andere Wege verschlossen sind[3]. Eine Zentralbank, die nicht dem Ziel der Preisstabilität verpflichtet ist kann schwer glaubhaft machen, dass sie dem Drängen einer solchen Regierung nicht nachkommen wird. Daher sollten sich auch hier die Inflationserwartungen an das institutionelle Umfeld anpassen.

9.5   Der politische Konjunkturzyklus

Eine weitere mögliche Inflationsursache ist die Absicht der Regierung (oder einer regierungsnahen Zentralbank), vor Wahlen durch Überraschungsinflation die Beschäftigung zu erhöhen und so die Wiederwahlwahrscheinlichkeit zu erhöhen. Man spricht von den so erzeugten Schwankungen von Output und Preisen als politischem Konjunkturzyklus.

Wenn die politischen Interessen der monetären Autorität nicht von der Öffentlichkeit durchschaut werden, so wird neben der Inflation auch der Output durch diesen politischen Effekt zusätzlich schwanken. Anders ist das bei rationalen Erwartungen. In diesem Fall schwankt nur die Inflationsrate mehr, weil die Inflationserwartungen die tatsächliche Inflation korrekt erfassen.

9.6   Finanzsystemstabilität

9.6.1   Finanzsystem und Finanzintermediation

Die schwere globale Wirtschaftskrise, die 2007 mit der Neubewertung verbriefter U.S.-Immobilienkredite begann (Subprimkrise)[4], macht deutlich, welche enorme Wirkung von adversen Entwicklungen auf Finanzmärkten ausgehen kann, und welche zentrale Rolle die

---

3 Wir haben in dem Kapitel zur Finanzpolitik die Figur des Zermürbungskrieges beschrieben. Zermürbungskriege zwischen verschiedenen gesellschaftlichen Gruppen über das Tragen der Ausgabenlast des Staates führen dazu, dass der Staat entweder die Ausgaben unterlässt, oder sie tätigt und über Schulden oder Inflation finanziert.

4 Das globale Wirtschaftswachstum betrug 2007 ca. 4,3 %, 2008 ca. 1,8 % und 2009 ca. -1,7 % (Quelle: https://data.worldbank.org/indicator/NY.GDP.MKTP.KD.ZG).

Regulierung dieser Märkte und der wirtschaftspolitische Umgang mit solchen Krisen spielen. In diesem Abschnitt soll es um diese beiden Themen gehen.

Bevor wir über eine Politik zur Gewährleistung von Finanzsystemstabilität sprechen, müssen die wesentlichen Funktionen des Finanzsystems identifiziert werden. Da Finanzintermediäre in modernen Finanzsystemen eine besondere Rolle spielen (die allerdings aktuell auch durch Innovationen wie Crowdfunding in Frage gestellt wird) muss man insbesondere auch verstehen, welche Rolle den Finanzintermediären in einer Volkswirtschaft zukommt. Dabei hilft ein Blick auf theoretische Grundlagen.

In einem statischen allgemeinen Gleichgewichtsmodell, wie es in seiner einfachsten Form in der Edgeworth Box graphisch dargestellt wird, gibt es keine Rolle für Finanzmärkte. Individuelle Einkommen werden in einer Tauschwirtschaft aus den Anfangsausstattungen mit Gütern generiert, indem die Mengen mit Preisen multipliziert werden. Die Ausgaben eines Wirtschaftssubjekts ergeben sich ebenfalls aus den Preisen und aus den konsumierten Mengen. Eine Rolle für Finanzprodukte entsteht, sofern man die statische Modellwelt verlässt und zu dem realistischen Fall übergeht, in dem Konsum und Produktion zu verschiedenen Zeitpunkten stattfinden können, und in dem Produktion Zeit braucht. In einem solchen dynamischen Kontext kann es zu Unsicherheit über zukünftige Ereignisse kommen. Als Finanzprodukte wollen wir solche Verträge verstehen, die zukünftige Zahlungen oder den zukünftigen Transfer von Gütern oder Dienstleistungen betreffen und dabei diese Transaktionen möglicherweise auch auf zukünftige Ereignisse konditionieren.

Erweitert man in der Arrow-Debreu-Welt den Güterraum um die Bereitstellung von Gütern zu bestimmten Zeitpunkten und unter bestimmten Umständen, so bleiben unter den gängigen Annahmen die beiden Hauptsätze der Wohlfahrtstheorie gültig. Ein entsprechender Vertrag würde dann etwa die Lieferung einer Pizza an einen bestimmten Konsumenten zu einem bestimmten späteren Zeitpunkt und unter bestimmten Umständen (z. B. Wetterlage oder realisierte Präferenzen) umfassen. Im Gegenzug bezahlt der Kunde schon zu Beginn, d. h. alle Transaktionen werden zum Beginn der Tauschökonomie durchgeführt. Damit wird die Menge der gehandelten Güter grösser – ein Gut ist nun durch die physikalischen Eigenschaften, Umstände und Zeitpunkt der Verfügbarkeit charakterisiert. Offensichtlich erfordert das, dass die relevanten Ereignisse in der Zukunft beobachtbar und verifizierbar sind und auch, dass entsprechende Verträge immer durchsetzbar sind. Beides ist in der Praxis nicht immer der Fall. Stattdessen haben sich am Markt andere und teilweise einfachere Finanzprodukte etabliert, wie etwa Kredit- oder Versicherungsverträge. Wie wir schon gesehen haben, kommt beiden Klassen von Verträgen eine besondere Bedeutung zu. Kreditverträgen sind z. B. besonders deshalb wichtig, weil sie unternehmerische Ideen mit dem nötigen Geld in Verbindung bringen.

Es gibt eine Reihe von wichtigen Gründen, Finanztransaktionen über Intermediäre abzuwickeln. Finanzintermediation kann die Zahl der notwendigen Verträge und damit die Transaktionskosten senken, wenn Anleger ein diversifiziertes Portfolio halten wollen. Statt individuell mit allen Firmen muß jeder Investor dann nur noch mit einem Finanzinstitut kontrahieren. Die Rolle von Finanzintermediären besteht darüber hinaus insbesondere in der effizienten Überwachung von Kreditnehmern (Diamond, 1984) und in der sogenannten Fristentransformation (Diamond und Dybvig, 1983). Finanzintermediäre sichern durch die Fristentransformation Konsumenten gegen unerwartete und nicht verifizierbare Liquiditätsbedürfnisse ab. In der Folge wird diese Rolle wegen ihrer weitreichenden wirtschaftspolitischen Implikationen näher betrachtet.

9.6.2 Fristentransformation

In diesem Abschnitt skizzieren wir das Modell der Fristentransformation von Diamond und Dybvig (1983). Diamond und Dybvig betrachten eine Ökonomie, die mit einer Menge von Individuen der Masse 1 bevölkert ist. Es gibt drei Perioden ($t = 0, 1, 2$) und ein einziges homogenes und lagerbares Gut. Individuen können zum Zeitpunkt 1 oder zum Zeitpunkt 2 ein Gut konsumieren. Zum Zeitpunkt 0 haben alle Individuen jeweils eine Einheit dieses Gutes. Es gibt eine Lagerhaltungstechnologie, die jedem Wirtschaftssubjekt in $t = 0$ und $t = 1$ zur Verfügung steht. Eine zusätzliche langfristige Produktionstechnologie macht aus einer investierten Einheit $R > 1$ investierte Einheiten zum Zeitpunkt 2. Liquidiert man die Technologie hingegen zum Zeitpunkt 1, so bleibt nur die eine investierte Einheit übrig.

Verfügbare Technologien

Zeitpunkt	0	1	2
Lagerhaltung		-1	1
Lagerhaltung			-1	1
Langfristige Investition		-1		R
Langfristige Investition liquidiert		-1	1	

In Periode $t = 1$ erfährt jedes Individuum, ob es lieber früh ($t = 1$) oder spät ($t = 2$) konsumiert. Wir bezeichnen die in Periode t erhaltenen Güter mit c_t. Dabei muss man nicht alle Güter, die man zu einem Zeitpunkt erhält auch zu diesem Zeitpunkt konsumieren. Vielmehr ist der Nutzen eines Individuums beschreiben durch

$$U(c_1, c_2; \theta) = \begin{cases} u(c_1) & \text{falls } j \text{ den Typ } \theta = 1 \text{ hat} \\ \rho u(c_1 + c_2) & \text{falls } j \text{ den Typ } \theta = 2 \text{ hat} \end{cases}, \tag{9.11}$$

wobei $1 \geq \rho > R^{-1}$ und u eine zweimal stetig differenzierbare, zunehmende und strikt konkave Funktion mit $u'(0) = \infty$ und $u'(\infty) = 0$ ist. Die Wahrscheinlichkeit, vom Typ $\theta = 1$ zu sein sei τ.

Den tatsächlichen frühen ($t = 1$) Konsum eines ungeduldigen ($\theta = 1$) Konsumenten bezeichnen Diamond und Dybvig mit c_1^1, den späten ($t = 2$) Konsum eines geduldigen Konsumenten mit c_2^2. Das aggregierte Maximierungsproblem der Volkswirtschaft ist, sofern ein Anteil τ der Konsumenten früh konsumieren möchte und ein Anteil $1 - \tau$ der Konsumenten spät konsumieren möchte, gegeben durch:

$$\max \tau u(c_1^1) + (1 - \tau)\, \rho u(c_2^2) \tag{9.12}$$

unter

$$\tau c_1^1 + \frac{1 - \tau}{R} c_2^2 = 1$$

$$\Leftrightarrow c_2^2 = \frac{R}{1 - \tau}[1 - \tau c_1^1],$$

und

$$c_2^2 \geq c_1^1.$$

Die Anreizverträglichkeitsbedingung $c_2^2 \geq c_1^1$ stellt sicher, dass ein geduldiger Konsument seine Einlage nicht früh liquidiert.

Das Ergebnis ist unter bestimmten Bedingungen damit verbunden, dass die Konsumenten weniger als R in Periode 2 konsumieren, dafür aber mehr als nur eine Einheit in Periode 1.

Für ein einzelnes Individuum lässt sich eine solche Versicherung gegen einen frühen Konsumwunsch allerdings nicht erreichen. Vielmehr würde ein individueller Investor entweder 1 oder R konsumieren. Durch die Zusammenfassung der Investitionen vieler Individuen ist eine Fristentransformation jedoch möglich. Diese Fristentransformation kann grundsätzlich von einem kompetitiven Sektor der Finanzintermediation bereitgestellt werden. Dabei schließen Individuen und Finanzintermediär Einlageverträge, die optimale Auszahlungen c_1^{1*} in $t = 1$ oder c_2^{2*} in $t = 2$ zulassen.

Diesem Effizienzresultat steht ein zweites, deutlich negativeres Resultat gegenüber. Diamond und Dybvig haben gezeigt, dass Einlageverträge vieler Individuen zwischen diesen Einlegern ein Spiel stiften, das multiple Gleichgewichte hat. Dabei wird angenommen, dass Abhebungen in $t = 1$ zufällig und sequenziell bedient werden. In diesem Fall gibt es ein effizientes Gleichgewicht, in dem Investoren dann und nur dann früh ihre Einlagen liquidieren, wenn sie einen frühen Liquiditätsbedarf haben. Zum anderen gibt es ein Bank Run Gleichgewicht, in dem alle Investoren früh liquidieren. Es ist einfach zu zeigen, dass ein solches Verhalten tatsächlich ein Nash Gleichgewicht konstituiert. Sofern es nämlich zum Run aller anderen späten Konsumenten kommt, bleiben keine Ressourcen für die zweite Auszahlungsperiode übrig. Es ist aus Sicht eines einzelnen späten Konsumenten besser, beim Run mitzumachen, um wenigstens mit einer positiven Wahrscheinlichkeit die vertraglich vereinbart frühe Auszahlung zu erhalten und zu lagern.

Damit stellt sich die wirtschaftspolitische Frage, wie das schlechte der beiden Gleichgewichte verhindert werden kann. Bevor wir dieser Frage nachgehen, wollen wir kurz diskutieren, welche Folgen der Zusammenbruch einer oder mehrerer Banken haben kann.

9.6.3   Die Wirkung von Bankzusammenbrüchen

Der Zusammenbruch eines oder mehrerer Finanzinstitute kann in einer Volkswirtschaft erheblichen Schaden anrichten. Das liegt zum einen daran, dass man bei einer

Geschäftsbeziehung nicht mehr sicher sein kann, ob die andere Vertragspartei durch den Zusammenbruch eines Finanzinstituts betroffen und deswegen illiquide ist. Das gilt insbesondere auch für den Interbankenmarkt, auf dem Liquiditätsschwankungen ausgeglichen werden, und der von einem Lemons Problem betroffen sein kann, wenn unklar ist, welche Bank welche Verluste gemacht hat. Zum anderen entsteht Unsicherheit hinsichtlich zukünftiger Absatzmöglichkeiten von Firmen. So kann es dazu kommen, dass bereits eine an der Größe der Volkswirtschaft gemessen relativ kleine aggregierte Abschreibung im Bankenbereich zu größeren Verwerfungen führt.[5]

Gerade weil Bankzusammenbrüche so schädlich sein können, kann es dazu kommen, dass Staaten für Verluste von Banken einstehen, oder diese im Krisenfall übernehmen und dabei Eigenkapital zuführen. In diesem Fall kann es zu einem erheblichen Anstieg der Staatsverschuldung kommen.[6] Insgesamt gibt es einen wechselseitigen Zusammenhang zwischen Bankenkrisen, Konjunktureinbrüchen und dem Schuldenstand des Staates. Es ist leicht zu sehen, dass es zwischen allen drei Phänomenen verstärkende Effekte gibt.

9.6.4 Einlagensicherung und Lender of Last Resort

Es ist also einerseits wünschenswert, dass sich Finanzinstitute in der Fristentransformation und im delegiertem Monitoring engagieren, wobei das Risiko einer ineffizienten politisch motivierter Steuerung von Investitionsentscheidungen für eine privatwirtschaftliche Organisation der Finanzintermediation spricht. Andererseits ist es wichtig, die Stabilität des Finanzsystems zu sichern. In diesem Zusammenhang argumentieren Diamond und Dybvig, dass eine staatliche Einlagensicherung nutzt, da sie ineffiziente Run-Gleichgewichte verhindert. Eine solche Einlagensicherung könnte etwa durch eine Steuer finanziert werden, die nur von frühen Konsumenten gezahlt wird, um die Versprechen der Bank an geduldige Konsumenten zu decken und so den Run unattraktiv zu machen. Es gäbe dann nur noch das gute Gleichgewicht. Alternativ kann die Zentralbank als Lender of Last Resort einer

---

5 Die anfänglichen Schätzungen der aggregierten Verluste aus verbrieften Hypothekenkredite lagen im Jahr 2007 in der Größenordnung von etwa 200 Mrd. US$. Dies ist im Vergleich zur Größe des amerikanischen Bruttoinlandsprodukts von etwa 14.500 Mrd. U.S.-$ in 2007 relativ wenig. Dennoch hat der Abschreibungsbedarf aus dem Hypothekenmarkt teils erhebliche Spuren in der gesamten Weltwirtschaft hinterlassen.

6 So schreibt etwa die Bundesbank in einem Pressebericht vom 1.4.2015: „Seit dem Jahr 2010 hat sich der deutsche Schuldenstand durch Maßnahmen im Zusammenhang mit der EWU-Staatsschuldenkrise kontinuierlich um insgesamt 91 Mrd. € erhöht, das entspricht 3,1 % des aktuellen BIP. Die Auswirkungen der Stützungsmaßnahmen zugunsten inländischer Finanzinstitute schlugen seit 2008 mit 236 Mrd. € (8,1 % des aktuellen BIP) zu Buche. Sie waren in den vergangenen beiden Jahren aber rückläufig, vor allem weil die staatlichen „Bad Banks" Schulden abgebaut haben. Dieser Prozess hat sich zuletzt verlangsamt. Soweit künftig eine weitere Verwertung der Risikoaktiva gelingt oder eine Rückzahlung der europäischen Hilfskredite erfolgt, wird dies den Schuldenstand senken."

Bank, die einem Run ausgesetzt ist, Liquidität zur Verfügung stellen und so das bessere Gleichgewicht selektieren.

Verlässt man jedoch den einfachen Rahmen des Diamond Dybvig Modells, so wird deutlich, dass eine Einlagensicherung für Banken Anreize stiften kann, ineffizient hohe Risiken einzugehen. Denn mit der Absicherung von Einlagen reagiert der Zins der Einlagen weniger stark auf die Risikoposition der Bank. Somit eröffnen sich Möglichkeiten, Gewinne auf Kosten der Gemeinschaft zu erzielen. Eine staatliche Absicherung von Bankeinlagen ist auch mit ernsten Problemen der Diagnose von Illiquidität und Insolvenz verbunden. Da im Fall einer echten Insolvenz ein hoher Schaden entstehen kann, kann es im Übrigen selbst dann zum staatlichen Freikauf von Einlegern kommen, wenn eine Insolvenz korrekt diagnostiziert wurde. Daher stellt sich die Frage, wie ein System der Einlagensicherung sinnvoll ergänzt werden kann.

9.6.5   Eigenkapitalregulierung

Die Probleme moralischen Risikos in der Finanzintermediation können Staaten versuchen, auf verschiedene Art in den Griff bekommen. Zum einen kann man direkt die Risiken, die die Finanzintermediäre eingehen dürfen, regulieren. Hierzu gehört auch die Möglichkeit, Mindestanforderungen an die Liquidität der Bank zu stellen. Zum anderen kann man den Anteil des Eigenkapitals auf der Passivseite der Bank regulieren. Zum einen dient das haftende Eigenkapital als Puffer zum Schutz der Einleger, zum anderen schafft es Anreize für die Eigentümer der Bank, exzessive Risiken zu vermeiden.

Im Zusammenhang mit der Eigenkapitalregulierung ist insbesondere zu klären, wie groß das Eigenkapital relativ zum Wert der Aktiva einer Bank sein sollte. Dabei ist zu berücksichtigen, dass risikofreudigere Individuen als Bankaktionäre die risikoaversen Individuen als Einleger durch feste Auszahlungszusagen versichern können. Daher besteht ein Zielkonflikt zwischen der Effizienz der Risikoteilung einerseits und der Finanzsystemstabilität andererseits.

Mit Blick auf die teils verheerenden wirtschaftlichen Folgen von Finanzkrisen fordern Wirtschaftswissenschaftler teils deutlich höhere als die tatsächlichen Eigenkapitalquoten.[7] Admati und Hellwig (2013) fordern z. B. Eigenkapitalquoten in der Größenordnung von 20–25 %, was in Europa etwa einer Verdoppelung gleichkäme (Acharya et al. 2016, Panel A). Dagher et al. (2016) untersuchen, welche Eigenkapitalquoten in historischen Finanzkrisen ausreichend gewesen wären, um Verluste der Eigentümer oder der unterstützenden Staaten zu verhindern. Sie finden: „(I)n advanced economies, the marginal benefits of increases in

---

7   Acharya et al. (2016, Panel B) legen für die Bewertung des Eigenkapitals Preise der Bankaktien zu Grunde legen und kommen so für Europa auf sehr ungünstige tatsächliche Eigenkapitalquoten. Während die aggregierte Eigenkapitalquote von 50 durch die EBA getesteten Banken bei 13,3 % liegt, liegt der aggregierte Marktwert dieser Banken relativ zur Bilanzlänge 2016 lediglich bei 5,8 %.

capital are high initially, but decline rapidly once banks' risk-weighted capital ratios reach the 15–23 % level". Allerdings ist hierbei nicht berücksichtigt, dass eine höhere Eigenkapitalquote die Risikoneigung der Banken senken kann.

9.6.6 Europäische Schuldenkrise

Im Zuge der Euro-Staatsschuldenkrise haben die Banken häufig vermehrt Schuldtitel der eigenen Regierung auf der Bilanz akkumuliert. Damit ist es wahrscheinlicher, dass eine Zahlungsunfähigkeit eines Staates eine nationale Bankenkrise auslöst. Ein wichtiger Baustein bei der Verhinderung sich gegenseitig verstärkender Krisen des Finanzsektors und der Staatsfinanzen ist, die Risiken von Banken und Staaten zu entflechten. Eine regulatorische Möglichkeit, das zu erreichen ist, für ein diversifizierteres Portfolio an Staatsanleihen in den Banken zu sorgen, indem man eine Mindestdiversifizierung regulatorisch festlegt. Ganz grundsätzlich ist in Europa eine stärkere internationale Diversifizierung der Banken auch bei anderen Aktiva eine Möglichkeit, Risiken zu reduzieren (Duijm und Schoenmaker, 2017).

Die mit der Bankenunion entstandenen Abwicklungs- und Restrukturierungsinstrumente sind ein erster Versuch, innerhalb der Eurozone Bankbilanzen und Staatsfinanzen zu entkoppeln. Dabei wird auch die Möglichkeit eröffnet, aus dem europäischen Stabilitätsmechanismus Mittel für die Rekapitalisierung von Banken einzusetzen. Da die Mittel nicht nur aus dem betroffenen Land kommen, ist der Effekt von einem nationalen Bankzusammenbruch auf die Staatsfinanzen des jeweiligen Landes geringer.

9.7 Übungsaufgaben

1. Nennen Sie die Ihnen bekannten Gründe für Inflation.
2. Was ist das Zeitinkonsistenzproblem in der Geldpolitik? Welche Lösungsmöglichkeiten des Zeitinkonsistenzproblems in der Geldpolitik kennen Sie?
3. Vergleichen Sie das Problem der Zeitinkonsistenz in der Geld- und in der Fiskalpolitik.
4. Zeigen Sie formal, dass Reputation in einem wiederholten Geldpolitikspiel eine disziplinierende Wirkung auf die Zentralbank haben kann. Wann geht dieses Resultat verloren?
5. Zeigen Sie in einem Modell der Zeitinkonsistenz in der Geldpolitik, dass der optimale Mechanismus eine durchschnittliche Inflationsrate von null vorsieht.
6. Was ist ein politischer Konjunkturzyklus. Wie unterscheidet sich der Verlauf des politischen Konjunkturzyklus bei adaptiven und rationalen Erwartungen?

Literatur zu Kapitel 9

Ausgangspunkt der Literatur über das Zeitinkonsistenzproblem sind die Aufsätze:

- Kydland, Finn and Edward Prescott (1977) „Rules rather than Discretion: the Inconsistency of Optimal Plans", *Journal of Political Economy,* 85, 473–491.
- Barro, Robert J. und David B. Gordon (1983) „Rules, Discretion and Reputation in a Model of Monetary Policy", *Journal of Monetary Economics,* 12, 101–121.

Die Reputation von Zentralbanken als Lösung des Zeitinkonsistenzproblems wird untersucht in:

- Backus, David and John Driffill (1985) „Inflation and Reputation", *American Economic Review,* 75, 530–538.
- Grüner, Hans Peter (1996a) „Monetary Policy, Reputation and Hysteresis", *Zeitschrift für Wirtschafts- und Sozialwissenschaften,* 116, 15–29.

Als Ausgangspunkt der vertragstheoretischen Literatur über Zentralbanken gilt der Aufsatz:

- Walsh, Carl (1995a) „Optimal Contracts for Central Bankers", *American Economic Review,* 85, 150–167.

Die ansonsten in diesem Kapitel erwähnte Literatur und weiterführende Literatur ist:

- Acharya, Viral V., Diane Pierret und Sascha Steffen (2016) Capital Shortfalls of European Banks since the Start of the Banking Union, mimeo.
- Admati, Anat, und Martin Hellwig (2013) *The Bankers' New Clothes: What's Wrong with Banking and What to Do about It.* Princeton: Princeton University Press.
- Allen, F. und Gale, D. (2000) "Financial Contagion", *The Journal of Political Economy,* 108, 1–33.
- Canzoneri, Matthew B. (1985) "Monetary Policy Games and the Role of Private Information", *American Economic Review,* 75, 1056–1070.
- Cukierman, Alex und Francesco Lippi (1999) „Central Bank Independence, Centralization of Wage Bargaining, Inflation and Unemployment: Theory and Some Evidence", *European Economic Review,* 43, 1395–1434.
- Dagher, Jihad, Giovanni Dell'Ariccia, Luc Laeven, Lev Ratnovski, und Hui Tong (2016) "Benefits and Costs of Bank Capital" IMF Staff Discussion Notes 16/04.
- Diamond, Douglas W. "Financial intermediation as delegated monitoring", *Federal Reserve Bank of Richmond Economic Quarterly,* 82, 51–66.

– Diamond Douglas W. und Philip H. Dybvig (1983) "Bank Runs, Deposit Insurance, and Liquidity" *The Journal of Political Economy,* 91, 401–419.

– Duijm, Patty und Schoenmaker, Dirk (2017) "European Banks Straddling Borders: Risky or Rewarding¿', CEPR Discussion Paper No. 12159.

– Fratianni, Michele, Jürgen von Hagen und Christopher Waller (1993) „Central Banking as a Political Principal Agent Problem", CEPR Discussion Paper No. 752.

– Fischer, Andreas (1993) „Inflation Targeting: The New Zealand and Canadian Cases", *Cato Journal,* 13, 1–27.

– Fudenberg, Drew und Jean Tirole (1991) *Game Theory.* Cambridge, London: MIT Press.

– Grüner, Hans Peter (1995b) „Zentralbankglaubwürdigkeit und Insider-Macht: Empirische Evidenz", *Jahrbücher für Nationalökonomie und Statistik,* 214, 385–400.

– Grüner, Hans Peter (1996b) „A Comparison of Three Institutions for Monetary Policy", *Public Choice,* 62, 172–193.

– Grüner, Hans Peter (1998) „On the Role of Conflicting National Interests in the ECB-Council", CEPR Discussion paper No. 2192.

– Grüner, Hans Peter und Carsten Hefeker (1999) „How Will EMU Affect Inflation and Unemployment in Europe?", *Scandinavian Journal of Economics,* 33–47.

– Giavazzi, Francesco und Alberto Giovannini (1989) *Limiting Exchange Rate Flexibility: the European Monetary System.* Cambridge, MA: MIT Press.

– Giavazzi, Francesco und Marco Pagano (1988) „The Advantage of Tying ones Hands, EMS Discipline and Central-Bank Credibility", *European Economic Review,* 32, 1055–1082.

– Grilli, Vittorio (1989) „Exchange-rates and Seignorage", *European Economic Review,* 33, 580–587.

– Lohmann, Susanne (1992) „Optimal Commitment in Monetary Policy: Credibility versus Flexibility", *American Economic Review,* 82, 273–268.

– Mélitz, Jaques (1988) „Monetary Discipline, Germany and the European Monetary System", *Kredit und Kapital 4,* 881–912.

– Persson, Torsten and Guido Tabellini (1993) „Designing Institutions for Monetary Stability", *Carnegie-Rochester Conference Series on Public Policy,* 39, 53–84.

– Robertson, D. und J. Symons (1992) „Output, Inflation and the ERM", *Oxford Economic Papers,* 44, S. 373–368.

– Rogoff, Kenneth (1985) „The Optimal Degree of Commitment to an Intermediate Monetary Target", *Quarterly Journal of Economics,* 100, 1169–1190.

– Vaubel, Roland (1993) „Die Deutsche Bundesbank als Modell für eine europäische Zentralbank?", in D. Duwendag and J. Siebke (Hrsg.) *Europa vor dem Eintritt in die Wirtschafts- und Währungsunion.* 23–79, Berlin: Duncker & Humblot.

– Velasco, Andres und Vincenzo Guzzo (1999) „The Case for a Populistic Central Banker", *European Economic Review,* 43, 1317–44.

– Walsh, Carl (1995b) „Is New Zealand's Reserve Bank Act of 1989 an Optimal Central Bank Contract?", *Journal of Money, Credit and Banking,* 27, 1179–1191.

– Weber, Axel A. (1988) „The Credibility of Monetary Policies, Policymaker's Reputation and the EMS-Hypothesis: Empirical Evidence from 13 Countries", CentER-Discussion Paper No.8803, Tilburg University.
– Weber, Axel A. (1991) „EMS Credibility", *Economic Policy*, 12 April, 57–102.
– Wyplosz, Charles (1989) „Asymmetry in the EMS: Intentional or Systemic?", *European Economic Review,* 33, 310–320.

KAPITEL 10

Arbeitsmarktpolitik

10.1 Theorien der Arbeitslosigkeit

10.1.1 Klassische und Keynesianische Arbeitslosigkeit

In einer Marktwirtschaft kann es dazu kommen, dass Menschen gerne zum herrschenden Lohn arbeiten würden, aber keine Arbeit finden. Man spricht in diesem Fall von unfreiwilliger Arbeitslosigkeit. Unfreiwillige Arbeitslosigkeit widerspricht offensichtlich dem Ziel der Gerechtigkeit, sofern man unter Gerechtigkeit die gleiche Behandlung gleicher Individuen versteht. Daneben ist unfreiwillige Arbeitslosigkeit auf den ersten Blick auch nicht mit dem Kriterium der Pareto-Optimalität vereinbar. So kann man zum Beispiel argumentieren, dass bei Verringerung der Arbeitslosigkeit der produzierte Output wächst und damit die insgesamt verteilbare Gütermenge anwächst. Wenn es kein Arbeitsleid gibt, ist Arbeitslosigkeit deshalb offensichtlich nicht effizient.

Unfreiwillige Arbeitslosigkeit wird gemeinhin als ein wichtiges Problem angesehen. In diesem Kapitel sollen zunächst gängige theoretische Erklärungen für unfreiwillige Arbeitslosigkeit genannt werden. Im Anschluss daran wollen wir politökonomische Erklärungen für das Scheitern von Arbeitsmarktreformen, die Arbeitslosigkeit senken könnten, vorstellen.

Eine wenigstens auf den ersten Blick einfache Erklärung von Arbeitslosigkeit ist, dass der Preis des Faktors Arbeit vom markträumenden Preis abweicht. Neben dieser klassischen Erklärung hat John Maynard Keynes eine sophistiziertere Erklärung gesetzt, die Koordinationsfehler für das Entstehen von Arbeitslosigkeit verantwortlich macht. Aus der Sicht von Keynes können sogenannte Mengen-Spillovers für das Entstehen von Arbeitslosigkeit verantwortlich gemacht werden. Solche Mengen-Spillovers treten insbesondere dann auf, wenn zugleich ein Überschussangebot auf dem Arbeits- und auf dem Gütermarkt herrscht. Produzenten, die auf dem Gütermarkt nicht die gewünschte Menge an Ware absetzen können, werden auf dem Arbeitsmarkt ihre Arbeitsnachfrage ebenfalls reduzieren. Es liegt also ein Mengen-Spillover von dem Gütermarkt auf den Arbeitsmarkt vor. Umgekehrt werden

Arbeitskräfte, die ihre Ware Arbeit auf dem Arbeitsmarkt nicht verkaufen können, ihre Güternachfrage reduzieren. Die Ökonomie befindet sich demnach in einem Gleichgewicht, das nicht nur durch die Preise auf den verschiedenen Märkten und durch die umgesetzten Mengen, sondern auch durch die von den Individuen wahrgenommenen Mengenbeschränkungen, denen sie unterliegen, charakterisiert ist. Diese Idee von Keynes hat ihre rigorose formale Darstellung in der Theorie temporärer Marktgleichgewichte mit Mengenrationierung gefunden.[1]

Keynesianische Ökonomen argumentieren, dass im Fall eines solchen Unterbeschäftigungsgleichgewichts staatliche Interventionen hilfreich und geboten sind, etwa in Form expansiven Fiskal- oder Geldpolitik. So würde etwa ein schuldenfinanzierter staatlicher Transfer an Arbeitslose die Güternachfrage erhöhen und damit auch wieder die Arbeitsnachfrage. Zugleich verbessere sich durch das resultierende Wachstum die Schuldentragfähigkeit. Allerdings bleibt bei dieser Argumentation die Frage offen, weshalb nicht einfach eine Anpassung der Preise sowohl auf dem Güter- als auch auf dem Arbeitsmarkt zu einem walrasianischen Gleichgewicht, das heißt zu einem Gleichgewicht, bei dem alle Märkte geräumt sind, führen kann. Eine Reihe von Theorien nimmt sich dieses Problems an. Insbesondere wird nach den Ursachen für Lohnrigiditäten gesucht. Zu den bekanntesten Theorien auf diesem Gebiet gehören die Effizienzlohntheorie und die Insider-Outsider-Theorie.

10.1.2 Die Effizienzlohntheorie

Im Effizienzlohnmodell (Shapiro und Stiglitz, 1984) sieht sich ein Arbeitgeber Arbeitnehmern gegenüber, deren Arbeitseinsatz er nur durch die Drohung einer Entlassung steigern kann. Sind die Löhne niedrig, so hat die Drohung einer Entlassung keine besondere Wirkung. Je höher jedoch der gezahlte Lohn ist, desto größer sind die Kosten, die für einen Arbeiter entstehen, falls er aufgrund einer zu niedrigen Arbeitsleistung entlassen wird. Ein Lohn, der über dem markträumenden Lohn liegt, kann sowohl im Interesse eines Arbeitgebers als auch im Interesse der beschäftigten Arbeitnehmer sein, wenn der markträumende Lohn keine Anstrengung induziert. Liegen in einem Gleichgewicht in allen Firmen die Löhne über dem markträumenden Niveau, so sinkt durch die gesamtwirtschaftlich resultierende Arbeitslosigkeit die Wahrscheinlichkeit, nach einer Entlassung wieder einen neuen Arbeitsplatz zu finden, was ebenfalls das Verhalten der beschäftigten Arbeiter beeinflusst.

Mit Blick auf die Effizienzlohntheorie ist ein Absenken der Arbeitslosenunterstützung mit einer Beschäftigungssteigerung verbunden. Durch das Absenken der Arbeitslosenunterstützung sinkt auch der Lohn, der noch notwendig ist, um Anstrengungen am Arbeitsplatz zu induzieren. Ähnlich wirkt eine Lockerung des Kündigungsschutzes, wenn sie damit verbunden ist, dass jemand, der dabei erwischt wird, wenn er sich nicht anstrengt mit einer höheren Wahrscheinlichkeit den Arbeitsplatz verliert. Eine Subventionierung der Arbeitsvermitt-

---

1   Vergl. etwa Benassy (1986).

lung wäre hier nicht mit positiven Beschäftigungseffekten verbunden, weil eine höhere Wahrscheinlichkeit, wieder einen neuen Arbeitsplatz zu finden, den Verlust des gegenwärtigen Arbeitsplatzes weniger unattraktiv macht.

10.1.3 Die Insider-Outsider-Theorie

Die Insider-Outsider-Theorie macht Kosten, die beim Ersetzen eines Arbeiters durch einen anderen Arbeiter in einer Firma entstehen, für die Rigidität von Löhnen nach unten verantwortlich (Lindbeck und Snower, 1984, 1988). Diese Kosten werden in der englischsprachigen Literatur als turnover costs bezeichnet. Sofern es für einen Arbeitgeber Kosten verursacht, einen Arbeiter, der bereits in seiner Firma beschäftigt ist, durch einen Outsider, also etwa einen Arbeitslosen, zu ersetzen, ergibt sich für den Insider ein monopolistischer Spielraum bei der Lohnsetzung. Der Insider kann darauf vertrauen, dass er nur dann durch den Outsider ersetzt wird, wenn der von ihm geforderte Lohn abzüglich der Turn-over Costs über dem Lohn liegt, zu dem der Outsider zu arbeiten bereit ist. Die Turnover Costs setzen sich aus verschiedenen Komponenten zusammen. Erstens handelt es sich hier um Kosten, die bei der Suche und Einstellung eines neuen Mitarbeiters für die Firma entstehen. Man spricht hier von sogenannten Hiring Costs. Hierzu addieren sich die Kosten, die für eine Firma entstehen, wenn sie einen Mitarbeiter entlässt. Diese Kosten sind wesentlich durch gesetzliche Regelungen beeinflusst, also etwa durch das Kündigungsschutzgesetz. Im Anschluss ist an Kosten zu denken, die entstehen, wenn ein neuer Mitarbeiter eingearbeitet werden muss, man spricht von Training Costs. Auch kann es dazu kommen, dass Mitarbeiter, die schon länger in einer Firma arbeiten, die Kooperation mit einem neueingestellten unterbietenden Mitarbeiter sabotieren. Die Turnover Costs geben den Insidern die Möglichkeit, Löhne durchzusetzen, die über dem markträumenden Niveau liegen, ohne die Entlassung zu riskieren.

Die Insider-Outsider-Theorie ist nicht nur in Fällen relevant, in denen individuelle Lohnverhandlungen zwischen Mitarbeitern und Unternehmen geführt werden. Sie ist auch dort von Bedeutung, wo Lohnverhandlungen gebündelt über Gewerkschaften geführt werden. Sofern in einer Gewerkschaft die Insiderinteressen stärker vertreten sind als die der Outsider, kann man damit rechnen, dass die gewerkschaftliche Lohnverhandlungspolitik nicht alleine dem Ziel der Vollbeschäftigung Rechnung trägt.

Die verschiedenen Bestandteile der Turnover Costs öffnen sich in unterschiedlicher Weise wirtschaftspolitischen Eingriffen. Hiring costs können grundsätzlich durch eine Verbesserung der staatlichen Arbeitsvermittlung oder aber durch eine Privatisierung der Arbeitsvermittlung gesenkt werden. Sie können auch durch die Reduktion gesetzlich garantierten Kündigungsschutzes abgesenkt werden. Training costs könnten durch eine entsprechende Subvention seitens des Staates reduziert werden. Kosten der Nichtkooperation hingegen können schwer von staatlicher Seite beeinflusst werden.

Durch ein Absenken der Arbeitslosenunterstützung verringert sich auch der höchste Lohn, zu dem unter Zugrundelegung gegebener Turnover Costs ein Verdrängen von Insidern durch Outsider ausgeschlossen werden kann. Vor dem Hintergrund der Insider-Outsider-Theorie wäre auch eine solche Politik bei der Reduktion von Arbeitslosigkeit erfolgreich.

10.1.4 Der Zentralisierungsgrad der Lohnverhandlungen

Eng verbunden mit der Insider-Outsider-Theorie sind Theorien, die den Zentralisierungsgrad von Lohnverhandlungen mit der Höhe der Arbeitslosigkeit in Verbindung bringen[2]. Lohnverhandlungen können auf individueller Ebene, auf Firmenebene, auf sektoraler Ebene oder auf nationaler Ebene geführt werden. Die Zentralisierung der Lohnverhandlungen hat den Vorteil, dass Gewerkschaften, die bereit sind, Beschäftigungseinbußen für Reallohnsteigerungen in Kauf zu nehmen, die Effekte, die exzessive Lohnforderungen volkswirtschaftlich haben, besser internalisieren. Diese Effekte beinhalten zum einen die Kosten der Finanzierung der Arbeitslosigkeit, also etwa durch Beiträge zur Sozialversicherung, zum anderen Inflation, die durch exzessive Lohnforderungen induziert wird, etwa durch eine entsprechende Reaktion der Zentralbank. Der positive Beschäftigungseffekt zusätzlicher Zentralisierung sollte besonders deutlich ausgeprägt sein, wenn man von vielen sektoralen zu nationalen Lohnverhandlungen übergeht.

Die Dezentralisierung von Lohnverhandlungen auf Firmenebene hat den Vorteil, dass die Arbeitnehmerseite in Verhandlungen besonders stark auf die Wettbewerbssituation der eigenen Firma achtet. Dies ist bei Verhandlungen auf sektoraler Ebene nicht der Fall, weil dort die Konkurrenz zwischen Arbeitern verschiedener Firmen innerhalb eines Sektors ausgeschlossen wird. Dieser Konkurrenzeffekt ist weniger bedeutsam, wenn man den Integrationsschritt von sektoralen zu nationalen Verhandlungen betrachtet, weil Produkte verschiedener Sektoren weniger enge Substitute sind.

Als Ergebnis beider Überlegungen ergibt sich, dass sowohl völlig zentralisierte als auch völlig dezentralisierte Lohnverhandlungen mit niedrigeren Arbeitslosenraten assoziiert sein sollten. Lohnverhandlungen, die einen mittleren Zentralisierungsgrad aufweisen, also etwa sektorale Lohnverhandlungen, sollten hingegen zu höheren Arbeitslosenraten führen.

10.1.5 Sucharbeitslosigkeit*

Modelle der Sucharbeitslosigkeit analysieren den Fall, in dem Arbeitssuchende und Anbieter offener Stellen nicht immer miteinander in Kontakt kommen. Die daraus resultierende Arbeitslosigkeit wird auch als friktionale Arbeitslosigkeit bezeichnet. Die folgende Darstellung gibt verkürzt das Benchmark Sucharbeitslosigkeitsmodell wieder, das das Nobelpreiskomitee zur Begründung der Preisvergabe an Diamond, Mortensen und Pissarides im Jahr

---

2   Calmfors und Driffill (1988).

2010 vorgestellt hat (Economic Sciences Prize Committee of the Royal Swedish Academy of Sciences, 2010).

Der erste Hauptbestandteil dieses Modells ist die sogenannte Beveridge Curve. Wir betrachten eine gegebene Zahl von Arbeitern L, die entweder arbeiten oder arbeitslos sind. Zu jedem Zeitpunkt wird ein bestimmter Anteil ϕ der bestehenden Arbeitsbeziehungen aufgelöst. Arbeitssuchende und offene Stellen werden miteinander gemäß der Matching Funktion

$$H = h\,(uL, vL) \tag{10.1}$$

in Kontakt gebracht, wobei H die Zahl der Kontakte ist, u die Arbeitslosenrate und vL die Zahl der offenen Stellen. Arbeitssuchende findet deshalb einen neuen Arbeitsplatz mit Wahrscheinlichkeit

$$\alpha = h\,(uL, vL)\,/uL = h\,(1, v/u) = \alpha\,(\theta)\,, \tag{10.2}$$

wobei $\theta = v/u$ als Quote offener Stellen relativ zur Zahl der Arbeitssuchenden definiert ist. Zugleich ist

$$q = h\,(uL, vL)\,/vL = h\,(u/v, 1) = q\,(\theta) \tag{10.3}$$

ein Maß für die Wahrscheinlichkeit, eine offene Stelle zu besetzen.

In einem Steady State verändert sich die Arbeitslosigkeit nicht über die Zeit. Diese gleichgewichtige Arbeitslosenrate ist daher durch

$$0 = \phi\,(1 - u)\,L - uL\alpha(\theta) \tag{10.4}$$

$$\Leftrightarrow (\phi + \alpha(\theta))\,uL = \phi L \tag{10.5}$$

$$\Leftrightarrow u = \frac{\phi}{\phi + \alpha(\theta)}. \tag{10.6}$$

beschrieben. Dies ist die Beveridge Curve. Sie beschreibt eine Beziehung zwischen Arbeitslosenrate und Angespanntheit des Arbeitsmarktes (θ).

Der Nutzen W eines Arbeiters, der gegenwärtig arbeitet, ist durch

$$rW = w + \phi(U - W) \tag{10.7}$$

beschrieben, der Nutzen U eines Arbeiters, der keinen Job hat durch

$$rU = b + \alpha(\theta)(W - U). \tag{10.8}$$

Dabei ist w der Lohn, b die Arbeitslosenunterstützung und r der Zinssatz.

Es wird angenommen, dass es k kostet, eine offene Stelle offen zu halten. Damit ist der Wert einer besetzten Stelle J durch

$$rJ = y - w + \phi(V - J) \tag{10.9}$$

beschrieben, der Wert einer unbesetzten Stelle V durch

$$rV = -k + q(\theta)(J - V),\tag{10.10}$$

wobei y den Wert der pro Arbeiter produzierten Menge darstellt.

Es wird angenommen, dass freie Stellen jederzeit geschaffen werden können. In einem Gleichgewicht muss der Wert einer neu geschaffenen freien Stelle Null sein, woraus sich die folgende Beziehung ergibt:

$$q(\theta)(y - w) = (r + \phi)k$$
$$\Leftrightarrow y - w = \frac{(r + \phi)k}{q(\theta)}.\tag{10.11}$$

Wenn ein Arbeiter und ein Arbeitgeber zusammentreffen, wird über den Lohn für die Dauer der Zusammenarbeit verhandelt. Es wird angenommen, dass die Nash Verhandlungslösung erreicht wird. Diese Lösung maximiert

$$\max_w \Omega = [W(w) - U]^\beta [J(w) - V]^{1-\beta}.\tag{10.12}$$

Die Werte $W(w)$ und $J(w)$ sind die Gegenwartswerte aus einer solchen Beziehung, die durch

$$rW(w) = w + \phi[U - W(w)]\tag{10.13}$$

und

$$rJ(w) = y + \phi[V - J(w)]\tag{10.14}$$

beschrieben sind. Die Nash Verhandlungslösung impliziert, dass der Überschuss aus einer solchen Vertragsbeziehung gemäß

$$W(w) - U = \beta[W(w) - U + J(w) - V]\tag{10.15}$$

aufgeteilt wird. Aus diesem Ausdruck lässt sich eine Lohngleichung herleiten (Economic Sciences Prize Committee of the Royal Swedish Academy of Sciences, 2010, Seite 17, Fußnoten 6 und 7):

$$w = (1 - \beta)b + \beta(y + k\theta)).\tag{10.16}$$

In einem Gleichgewicht müssen die Größen Arbeitslosigkeit u, Lohn w und die Quote offener Stellen θ also zugleich die folgenden drei Bedingungen (Beveridge Curve, Nichtzutrittsbedingung und Lohngleichung) erfüllen:

$$u = \frac{\phi}{\phi + \alpha(\theta)},\tag{10.17}$$

$$w = y - \frac{(r + \phi)k}{q(\theta)},\tag{10.18}$$

$$w = (1 - k)b + \beta(y + k\theta)).\tag{10.19}$$

Die Größen ϕ, y, r, k, k, b und β sind gegeben. Es handelt sich um ein Gleichungssystem mit drei Unbekannten, w, u und θ. Eine Lösung für θ ergibt sich durch Gleichsetzen der beiden letzten Gleichungen. Die Arbeitslosigkeit folgt über die Beverige Curve.

Im Rahmen eines solchen Modells, lassen sich verschiedene politische Eingriffe in den Arbeitsmarkt analysieren. Die Wirkung einer Erhöhung der Arbeitslosenunterstützung ergibt sich über das Theorem impliziter Funktionen durch

$$F(b, \theta) := y - \frac{(r + \phi)k}{q(\theta)} - (1 - k)b + \beta(y + k\theta)) = 0 \qquad (10.20)$$

und

$$F_b = -(1 - k) < 0, \qquad (10.21)$$

$$F_\theta = q'(\theta) \frac{(r + \phi)k}{(q(\theta))^2} + \beta k. \qquad (10.22)$$

Außerdem gilt

$$q'(\theta) \frac{(r + \phi)k}{(q(\theta))^2} + \beta k < 0 \qquad (10.23)$$

$$\Leftrightarrow \beta(q(\theta))^2 < -q'(\theta)(r + \phi).$$

Es gilt $q'(\theta) < 0$. Demnach senkt die Arbeitslosenunterstützung b die Quote offener Stellen $\theta = v/u$ und sie erhöht die Arbeitslosigkeit wenn die Verhandlungsmacht der Arbeiter nicht zu groß ist.

Zahlungen, die ein Arbeitgeber einem Arbeitnehmer leisten muss, dessen Beschäftigungsverhältnis sich auflöst, ändern nichts an dem zu verteilenden Surplus. Bereits beim Zeitpunkt der Einstellung wird der Arbeitgeber antizipieren, dass er diesen Betrag irgendwann wird bezahlen müssen. Deshalb wird sich der Lohn entsprechend vermindern. Es ändert sich nichts an der Arbeitslosigkeit. Anders ist das, wenn die Kosten in Form von Anwaltskosten nicht dem Arbeitnehmer zugutekommen. Der Wert eines Beschäftigungsverhältnisses sinkt dann. Damit gibt es im Gleichgewicht weniger Beschäftigungsmöglichkeiten, weil die Bedingung freien Marktzutritts nur noch bei einer niedrigeren Beschäftigung hält.

In Matching Modellen haben die Beschäftigten nicht zu jedem Zeitpunkt Insidermacht. Sind die Löhne einmal verhandelt, so gibt es keine Nachverhandlungen mehr. Eine Art von Insidermacht entsteht allerdings dann, wenn ein Arbeitnehmer und ein Arbeitgeber aufeinandertreffen. Zu diesem Zeitpunkt weiß der Arbeitnehmer, dass der Arbeitgeber weiter suchen müsste, wenn er den Arbeitnehmer nicht einstellt. Das verschafft ihm einen Verhandlungsspielraum. Dieser Spielraum wird genutzt, um den Surplus zwischen beiden Beteiligten aufzuteilen. Arbeitslosigkeit entsteht in diesem Modell also letztlich, weil offene Stellen und Arbeitssuchende nicht friktionslos miteinander in Kontakt gebracht werden können. Wäre das der Fall, so gäbe es keine Verhandlungsmacht mehr für Arbeiter und es müsste zu einem Walrasianischen Gleichgewichtslohn kommen.

Gerade mit Blick auf die durch neue Informations- und Kommunikationstechnologien entstehenden Möglichkeiten erscheint eine Theorie der Arbeitslosigkeit, die Friktionen bei der Kontaktaufnahme zwischen Arbeitgebern und Arbeitnehmern in den Vordergrund stellen, wenig überzeugend. Empirische Analysen des Erklärungsgehalts dieser Theorien finden sich u. a. in Barnichon (2009) und Shigeru, Fujita and Garey Ramey (2012).

10.1.6 Die Rolle gesetzlicher Mindestlöhne

Mindestlöhne werden von ihren Befürwortern oft als ein Instrument gegen Verteilungsungerechtigkeit verstanden. Die Auswirkungen gesetzlicher Mindestlöhnen auf die Höhe der Arbeitslosigkeit werden in diesem Zusammenhang kontrovers diskutiert. Ein klassisches Arbeitsmarktmodell lässt den Schluss zu, dass Mindestlöhne entweder den Stand der Beschäftigung senken können, oder dass sie wirkungslos sind. Liegt nämlich bei gegebenen Arbeitsangebots- und Nachfragefunktionen der Mindestlohn unter dem markträumenden Lohn, hat er keinen Effekt. Liegt er darüber so senkt er die Nachfrage, und es kommt zu unfreiwilliger Arbeitslosigkeit.

Das ist anders, wenn auf dem Arbeitsmarkt Nachfrager wenigstens an manchen Orten oder in manchen Sektoren ein Monopson haben. Diese Nachfrager haben Marktmacht und können dann durch Wahl des Lohnes ihren Gewinn maximieren. Der optimale Lohn liegt aus Sicht eines Monopsonisten unter dem markträumenden Lohn, und es kommt zu einem Beschäftigungniveau, das unter dem Niveau im kompetitiven Gleichgewicht liegt. In diesem Fall bieten Arbeiter – verglichen mit dem Wettbewerbsgleichgewicht – weniger Arbeit an, weil der Lohn niedriger ist. Einige bieten vielleicht gar keine Arbeit mehr an, sie sind dann freiwillig arbeitslos. Dabei können diese freiwillig Arbeitslosen durchaus in der Arbeitslosenstatistik auftauchen und auch Leistungen beziehen, weil der Staat nicht leicht zwischen freiwilliger und unfreiwilliger Arbeitslosigkeit unterscheiden kann.

Führt man nun in einer solchen Situation einen Mindestlohn ein, der über dem Monopsonlohn liegt, der aber zugleich nicht so hoch ist, dass unfreiwillige Arbeitslosigkeit entsteht, so steigert das die Summe aus Arbeiterrente und Firmengewinn. Die soziale Wohlfahrt als Summe aus Arbeiterrente und Firmengewinn wäre bei einem Mindestlohn in Höhe des Gleichgewichtslohnes am höchsten.

Es gibt zahlreiche empirische Untersuchungen über die Beschäftigungswirkung von Mindestlöhnen. Die bekannteste Analyse ist wohl die von Card und Krueger (1994). Card und Krueger hatten die Beschäftigungsentwicklung in der Fast-Food Industrie von New Jersey und Pennsylvania in 1992 verglichen. Im ersten Staat wurde am 1. April 1992 der Mindestlohn erhöht, im zweiten nicht. In New Jersey blieb die Beschäftigung trotz des höheren Mindestlohns stabil, obwohl die Löhne von etwa 30 % der Mitarbeiter angehoben wurden. In Pennsylvania fiel die Beschäftigung.[3]

---

3   Es handelt sich hier um Beobachtungen aus zwei (benachbarten) Bundesstaaten, die durch allerlei Zusatzeffekte auf Angebots- oder Nachfrageseite zustandegekommen sein könnten.

In einem weiteren Schritt untersuchen Card und Krueger, wie die Beschäftigung in einzelnen Fast Food Restaurants auf verschiedene Einflussfaktoren reagiert hat. In einer Spezifikation wird dabei ein Dummy für die Zugehörigkeit zum Staat New Jersey eingeführt, in einer anderen Spezifikation wird der Dummy durch eine Variable ersetzt, die den Wert Null für Restaurants in Pennsylvania annimmt, und die ebenso für Restaurants in New Jersey den Wert Null annimmt, sofern dort der Lohn bereits vor Einführung des Mindestlohns über dem Mindestlohn liegt und ansonsten den durch den Mindestlohn induzierten Lohnanstieg. In beiden Spezifikationen hat die entsprechende Variable einen signifikant positiven Einfluss auf die Beschäftigung. Diese Beobachtung passt gut zur Monopsontheorie des Mindestlohns. Problematisch ist allerdings, dass der Preisanstieg der Restaurants in New Jersey nicht von den ursprünglichen Lohnkosten abhängt. Das deutet darauf hin, dass der Markt für Fast Food in New Jersey kompetitiv ist. Es erscheint allerdings nicht besonders überzeugend, dass der Markt für den Output dieser Firmen kompetitiv ist, während der entsprechende Arbeitsmarkt monopsonistisch organisiert ist, weil der kompetitive Outputmarkt eine geografische Nähe nahelegt.[4]

Ein generelles Problem der Rechtfertigung der Einführung eines Mindestlohnes über ein Monopson ist, dass bei einem Monopson Vollbeschäftigung herrschen sollte. Die Rolle eines Mindestlohns sollte also grundsätzlich dort kritisch gesehen werden, wo Arbeitslosigkeit besteht. Dort könnte ein Mindestlohn bestenfalls in ganz spezifischen Sektoren einen wohlfahrtssteigernden Effekt haben.

Es gibt neben dem Monopsonargument für Mindestlöhne noch ein verteilungspolitisches Argument. Ein Mindestlohn verteilt von Kapital zu Arbeit um. Selbst wenn ein Mindestlohn Arbeitslosigkeit steigert, so kann er die Lohnsumme bei einer unelastischen Arbeitsnachfrage erhöhen. Selbst wenn die Lohnersatzleistungen für die dann Arbeitslosen vollständig von den Arbeitnehmern bezahlt werden, würde also ein Mindestlohn also die gesamten Einkommen der Arbeitsbevölkerung zu Lasten der Eigentümer von Kapital erhöhen. Dieses Argument könnte auch ganz grundsätzlich als Rechtfertigung für Arbeitsmarktrigiditäten

---

Die erste Befragung der Unternehmen fand unmittelbar vor Einführung des Mindestlohnes, nämlich im Februar und März statt, die zweite Befragung 8 Monate später. In beiden Runden wurde in beiden Staaten nach dem Beschäftigungsstand gefragt.

Tatsächlich ändert sich der reale Mindestlohn laufend durch Inflation und gelegentlich durch die nominale Anpassung des Mindestlohnes. Im Zeitablauf ergibt sich für alle Bundesstaaten eine Art Sägezahnmuster.

Die Frage wäre also, ob das Ereignis am 1. April 1992 zu einer grundsätzlich anderen Einschätzung über die zukünftige Lohnentwicklung in New Jersey als in Pennsylvania geführt hat. Tatsächlich kam es im Beobachtungszeitraum hier wie dort praktisch nicht zu Filialschließungen. Die langfristige Entwicklung der Mindestlöhne passt zu dieser Beobachtung. Denn heute sind die Mindestlöhne beider Staaten wieder gleichauf.

Ein anderes Problem der Studie könnte sein, dass Anpassungen der Beschäftigung grundsätzlich auch vor der Einführung der neuen Regulierung stattfinden könnten.

4 Einen Überblick über weitere empirische Untersuchungen zum Thema Mindestlohn findet sich in Sachverständigenrat (citeyearch10bib12).

wie die Turnover Costs gesehen werden. Es stellt sich dann die grundsätzliche Frage, ob Rigiditäten oder gesetzliche Mindestlöhne ein optimales Umverteilungsinstrument sind.

10.2   Arbeitslosigkeit als Ergebnis des politischen Prozesses

Sofern Arbeitslosigkeit auf Insider-Lohnsetzung zurückzuführen ist, würde eine Senkung der Turnover Costs, also etwa die Lockerung des Kündigungsschutzes die Arbeitslosigkeit senken. Eine Senkung der Arbeitslosenunterstützung würde im Insider-Outsider Modell den Lohn senken und die Beschäftigung steigern. Diese Maßnahme würde auch Effizienzlöhne senken. Im oben skizzierten Sucharbeitslosigkeitsmodell kann eine geringere Arbeitslosen-unterstützung nur unter bestimmten Umständen die gleichgewichtige Beschäftigung steigern.

Da also nach diesen Theorien grundsätzlich die Möglichkeit besteht, Arbeitslosigkeit zu reduzieren stellt sich die Frage, weshalb, obwohl ein großer Teil der Bevölkerung die Arbeitslosigkeit als etwas Schlechtes ansieht, solche Arbeitsmarktreformen in vielen Demokratien nicht implementiert werden. Gilles Saint-Paul (1995) und Mancur Olson (1995) argumentieren, dass genau die Rigiditäten, die zur Arbeitslosigkeit führen, auch im Interesse der beschäftigten Insider sind. Sofern nun die Insider zahlreicher als die Outsider sind, ist damit zu rechnen, dass Arbeitsmarktreformen tatsächlich an einer mangelnden politischen Unterstützung scheitern.

Zur Erklärung des Scheiterns von Arbeitsmarktreformen trägt auch der zuvor beschriebene Erklärungsansatz von Fernandez und Rodrik bei. Sofern Unsicherheit über individuelle Reformkonsequenzen herrscht, kann es dazu kommen, dass eine Arbeitsmarktreform, die den gesamtwirtschaftlichen Output vergrößert, politisch blockiert wird.

Eine weiterführende Frage ist, ob Arbeitsmarktreformen, die mit Entschädigungszahlungen an Insider verbunden sind, mehr Erfolg haben können als Reformen, bei denen dies nicht vorgesehen ist. Sofern Arbeitslosigkeit nicht Pareto-optimal ist, müsste es an sich möglich sein, durch eine Entschädigung der Insider zu einer Pareto-Verbesserung zu kommen. Eine solche Entschädigung für eine Arbeitsmarktreform könnte sowohl von den Outsidern als auch von der Seite des Kapitals getragen werden. Zwei Arten von Hindernissen können sich einer solchen Entschädigungslösung im politischen Prozess entgegenstellen. Erstens ist es wahrscheinlich, dass erwartete Gewinne und Verluste aus einer Reform wenigstens teilweise privaten Information der Individuen sind. Bei einer Entschädigungsleistung werden also Verlierer hohe Verluste geltend machen, während Reformgewinner angeben werden, dass sie nur schwach von der Reform profitieren. Unter der Berücksichtigung der zu zahlenden Informationsrenten kann es dazu kommen, dass die Arbeitsmarktreform nicht mehr selbsttragend finanzierbar ist. Genau dies wäre aber notwendig, damit man tatsächlich von einer Pareto-Verbesserung sprechen kann. Zweitens könnte das Offenlegen einer bestehenden Ungerechtigkeit im Sinne einer Ungleichbehandlung ansonsten gleicher Individuen zu einer geringeren politischen Akzeptanz der Privilegien der Insider führen. Angesichts dieser Schwierigkeiten überrascht es nicht, dass Arbeitsmarktreformen oft erst dann zustandekommen, wenn die wirtschaftliche Situation eines Landes bereits recht aussichtslos erscheint.

10.3 Übungsaufgaben

1. Erklären Sie, woraus Insider-Macht auf dem Arbeitsmarkt entsteht und diskutieren Sie, wie man sie durch Arbeitsmarktpolitik beseitigen kann.

2. Was ist die Effizienzlohntheorie?

3. Welcher Zusammenhang besteht nach Calmfors und Driffill zwischen dem Zentralisierungsgrad der Lohnverhandlungen und der Arbeitslosenrate? Begründen Sie wie es dazu kommen kann.

4. Leiten Sie im Modell der Sucharbeitslosigkeit die Beveridge Curve her. Benutzen Sie dabei das implizite Funktionentheorem.

5. Vergleichen Sie grafisch und analytisch die Wirkung eines gesetzlichen Mindestlohns im Wettbewerbsfall und im Fall eines Monopsons.

6. Warum kann eine Arbeitsmarktreform politisch scheitern?

7. Hartz III. Diskutieren Sie den Arbeitsmarkteffekt der folgenden wirtschaftspolitischen Maßnahme:

   „Die Nürnberger Anstalt für Arbeit soll wesentlich effizienter werden und Arbeitsvermittlung nicht mehr als Verwaltungsakt, sondern als Service verstehen. Daher auch der neue Name „Bundesagentur für Arbeit". Das Arbeitsamt vor Ort heißt in Zukunft Job Center, dessen Kunden schnell und effizient beraten und betreut werden sollen. Verwaltung und Vermittlung sollen komplett getrennt werden. Bei einem zentralen Anlaufpunkt erledigt der Kunde die Formalitäten, um dann zum Fachvermittler zu gehen. Diese Fachvermittler sind vollständig von Verwaltungsaufgaben entbunden" (http://www.n-tv.de/ 5188448.html).

8. Diskutieren Sie den folgenden Auszug aus dem Grundsatzprogramm des Deutschen Gewerkschaftsbundes von 1996. „Bildung, Forschung und Technologie sind Schlüsselfaktoren im weltweiten Wettbewerb und damit im Kampf um Vollbeschäftigung. Die Gewerkschaften setzen sich für eine langfristig orientierte, staatlich geförderte Innovationsoffensive ein. Sie soll auf zusätzliche Arbeitsplätze ausgerichtet sein, neue Märkte und Wachstumsfelder erschließen und die nachhaltige Entwicklung fördern. Wir fordern die Sicherung der vorhandenen Infrastruktur, etwa im Wasser- und Abwasserbereich, und ihren weiteren Ausbau, insbesondere im Energie-, Verkehrs-, Telekommunikations- und sozialen Bereich. Im Verkehrsbereich müssen umwelt- und ressourcenschonende Verkehrssysteme weiter ausgebaut werden. Die Forschungs- und Technologiepolitik hat die Ziele einer sozial-ökologischen Reformstrategie vorrangig zu unterstützen. Die Fördermittel hierfür müssen kräftig aufgestockt werden. Dies ist sowohl notwendig, um eine sozial-ökologische Reformstrategie zu initiieren, als auch zur Sicherung des Wirtschafts-

standortes Deutschland. Kleine und mittlere Unternehmen brauchen gezielte Unterstützung.

Auch in Zukunft bleibt es notwendig, öffentliche Kredite gezielt für Zukunftsinvestitionen zu verwenden. Sie zahlen sich längerfristig durch neue Arbeitsplätze und zusätzliche Steuer- und Beitragseinnahmen aus" (http://www.dgb.de/dgb/Grundsatzprog/gestaltung. htm).

9. Gewerkschaften in Deutschland fordern gelegentlich eine expansivere Geldpolitik von der Europäischen Zentralbank. Setzen Sie dieses Verhalten in Bezug zu den Modellen von Barro und Gordon und Rogoff.

10. Diskutieren Sie die Rolle der folgenden Regelungen (Stand 2007) des Kündigungsschutzgesetzes im Lichte der Insider-Outsider Theorie.

Paragraph 1

(1) Die Kündigung des Arbeitsverhältnisses gegenüber einem Arbeitnehmer, dessen Arbeitsverhältnis in demselben Betrieb oder Unternehmen ohne Unterbrechung länger als sechs Monate bestanden hat, ist rechtsunwirksam, wenn sie sozial ungerechtfertigt ist.

(2) Sozial ungerechtfertigt ist die Kündigung, wenn sie nicht durch Gründe, die in der Person oder in dem Verhalten des Arbeitnehmers liegen, oder durch dringende betriebliche Erfordernisse, die einer Weiterbeschäftigung des Arbeitnehmers in diesem Betrieb entgegenstehen, bedingt ist. (...)

Paragraph 1a

(1) Kündigt der Arbeitgeber wegen dringender betrieblicher Erfordernisse nach § 1 Abs. 2 Satz 1 und erhebt der Arbeitnehmer bis zum Ablauf der Frist des § 4 Satz 1 keine Klage auf Feststellung, dass das Arbeitsverhältnis durch die Kündigung nicht aufgelöst ist, hat der Arbeitnehmer mit dem Ablauf der Kündigungsfrist Anspruch auf eine Abfindung. Der Anspruch setzt den Hinweis des Arbeitgebers in der Kündigungserklärung voraus, dass die Kündigung auf dringende betriebliche Erfordernisse gestützt ist und der Arbeitnehmer bei Verstreichenlassen der Klagefrist die Abfindung beanspruchen kann.

(2) Die Höhe der Abfindung beträgt 0,5 Monatsverdienste für jedes Jahr des Bestehens des Arbeitsverhältnisses. § 10 Abs. 3 gilt entsprechend. Bei der Ermittlung der Dauer des Arbeitsverhältnisses ist ein Zeitraum von mehr als sechs Monaten auf ein volles Jahr.

Literatur zu Kapitel 10

- Barnichon, Regis (2009) „Demand-driven Job Separation: Reconciling Search Models with the Ins and Outs of Unemployment", Federal Reserve Board, Washington, D.C., Finance and Economics Discussion Series, 2009–24.
- Benassy, Jean Pascal (1986) *Macroeconomics: An Introduction to the Non-Walrasian Approach,* Orlando: Academic Press.

- Calmfors und Driffill (1988) „Bargaining Structure, Corporatism, and Macroeconomic Performance", *Economic Policy,* 6, 13–62.
- Card, David and Alan Krueger (1994) „Minimum Wages and Employment: A Case Study of the Fast Food Industry in New Jersey and Pennsylvania", *American Economic Review,* 84, 772–793.
- Economic Sciences Prize Committee of the Royal Swedish Academy of Sciences (2010) „Markets with Search Frictions".
- Fujita, Shigeru and Garey Ramey (2012) „Exogenous versus Endogenous Separation." *American Economic Journal: Macroeconomics,* 4, 68–93.
- Grüner, Hans Peter und Carsten Hefeker (1999) „How Will EMU Affect Inflation and Unemployment in Europe?", *Scandinavian Journal of Economics,* 101, 33–47.
- Grüner, Hans Peter (2002) „Unemployment and Labor Market Reform: A Contract Theoretic Approach", *Scandinavian Journal of Economics,* 104, 641–656.
- Lindbeck, Assar, und Dennis J. Snower (1984) „Involuntary Unemployment as an Insider-Outsider Dilemma", Seminar Paper No. 309, Institute for International Economic Studies, University of Stockholm, Sweden.
- Lindbeck, Assar, und Dennis J. Snower (1988) *The Insider-Outsider Theory of Employment and Unemployment,* Cambridge, MA: MIT Press.
- Pries, Michael J. and Richard Rogerson (2005) „Hiring Policies, Labor Market Institutions, and Labor Market Flows", *Journal of Political Economy,* 113, 811–839.
- Sachverständigenrat zur Begutachtung der gesamtwirtschaftlichen Entwicklung in der Bundesrepublik Deutschland (2006) *Jahresgutachten,* Wiesbaden.
- Neumark, David und William Wascher (2006) „Minimum Wages and Employment: A Review of Evidence from the new Minimum Wage Research" NBER Working Paper 12663.
  Saint-Paul, Gilles (2002) „The Political Economy of Employment Protection", *Journal of Political Economy,* 110(3), 672–704.
- Shapiro, C. und J. E. Stiglitz (1984) „Equilibrium Unemployment as a Worker Disciplin Device", *American Economic Review,* 74, 433–444.
- Shigeru, Fujita and Garey Ramey (2012) „Exogenous versus Endogenous Separation" *American Economic Journal: Macroeconomics,* 4, 68–93.
- Saint-Paul, Gilles (1995) „Some Political Aspects of Unemployment", *European Economic Review* 39(3/4), 575–582.
- Olson (1995) „The Secular Increase in European Unemployment Rates", *European Economic Review,* 39, 593–600.

KAPITEL 11

Wettbewerbspolitik

11.1 Wettbewerbspolitik und (De-)Regulierung

Im allokationstheoretischen Teil dieses Buches haben wir gesehen, dass wettbewerblich organisierte Märkte in vielen Fällen trotz asymmetrischer Information zu beschränkt Pareto optimalen Ergebnissen führen können. Dies ist ein gutes Argument dafür, im allgemeinen auf den Markt als Allokationsmechanismus zurückzugreifen. Eine marktwirtschaftliche Ordnung entsteht jedoch keineswegs immer auf eine „natürliche" Art von selbst, sondern sie muss gegen verschiedene Tendenzen zur Vermachtung verteidigt werden. Die politische Ökonomie einer solchen Verzerrung von Marktergebnissen haben wir bereits am Beispiel des Arbeitsmarktes untersucht. Ähnliche Tendenzen, die Marktallokation nicht hinzunehmen und stattdessen andere Ergebnisse zu generieren, finden sich auch auf anderen Märkten, insbesondere auf Produkt- und Finanzmärkten. Es ist die Aufgabe der Wettbewerbspolitik in solchen Situationen für einen funktionierenden wirtschaftlichen Wettbewerb zu sorgen.

Sofern eine Vermachtung auf Märkten aus sich heraus entsteht, ist eine Wettbewerbspolitik, die in das Wirtschaftsgeschehen eingreift, für das Erreichen des Effizienzziels oft hilfreich. Es wäre daher insbesondere problematisch den Begriff der Wettbewerbspolitik (oder den der Liberalisierung) mit dem Begriff der Deregulierung gleichzusetzen. Dies wäre verkehrt, da eine Regulierung oft notwendig ist, um auf einem Markt Wettbewerb herbeizuführen. Ebenso sind vereinzelte Eingriffe durch Kartellbehörden erforderlich, um Wettbewerbsbehinderungen entgegenzuwirken. In Fällen natürlicher Monopole ist eine Regulierung oft unabdingbar, um eine ex-post effiziente Allokation zu erreichen. Dabei ist die private Information vor allem in den Händen des monopolistischen Anbieters – insbesondere in Form von Informationen über Produktionskosten. Kompliziertere Regulierungsaufgaben ergeben sich insbesondere bei Regulierung von Netzbetreibern, etwa im Strom- oder Telekommunikationsbereich.

Um beurteilen zu können, ob und wann ein Staat wettbewerbspolitisch in einen Markt eingreifen sollte, muss man zunächst das Wettbewerbsgeschehen auf einem Markt genau

© Springer-Verlag GmbH Deutschland, ein Teil von Springer Nature 2022
H. P. Grüner, *Wirtschaftspolitik*, https://doi.org/10.1007/978-3-662-63691-6_11

verstehen. Die Untersuchung des strategischen Verhaltens von Firmen im Wettbewerb ist Gegenstand der Theorie der Industrieökonomik (Industrial Organization). In diesem Kapitel sollen beispielhaft einige wenige theoretische Überlegungen zur Wettbewerbspolitik angestellt werden. Die Kenntnis der Grundmodelle des Preis- und Mengenwettbewerbs wird hier vorausgesetzt. Vorschläge für weiterführende Literatur werden am Ende des Kapitels gemacht.

11.2   Monopolrenten

Es gehört zu den grundlegenden Einsichten der Wirtschaftstheorie, dass Märkte, auf denen eine Seite (Angebot oder Nachfrage) von nur einer Person oder einer kolludierenden Gruppe von Personen kontrolliert wird, in der Regel keine effizienten Ergebnisse erzeugen. Um dies zu überprüfen, genügt es, in einem einfachen Marktmodell die Summe aus Konsumenten- und Produzentenrente in einer Situation auszurechnen, in der entweder vollkommener Wettbewerb herrscht oder ein einzelner monopolistischer Anbieter den Preis und damit die nachgefragte Menge festsetzt.[1] Beim monopolistischen Angebot ergibt sich eine zu geringe Menge, die zu einem zu hohen Preis verkauft wird. Dies schafft eine Monopolrente für den Anbieter, senkt aber die Summe aus Konsumenten- und Produzentenrente.

Diese grundlegende Einsicht legt nahe, dass Märkte unter Effizienzgesichtspunkten wettbewerblich organisiert sein sollten, und, dass es eine wichtige Rolle staatlicher Wirtschaftspolitik ist, Monopolstellungen zu verhindern und die Kollusion mehrerer Anbieter zu unterbinden. Tatsächlich ist Wettbewerbspolitik jedoch sowohl in der Theorie als auch in der praktischen Anwendung ein durchaus schwieriges Feld. Dies hat eine Reihe von Gründen: Erstens ist es nicht immer leicht zu definieren, wann tatsächlich Anbieter eine marktbeherrschende Stellung einnehmen. Zweitens gelten Monopolrenten gelegentlich auch als etwas Sinnvolles. Dies kann dann der Fall sein, wenn sie einen Anreiz für einen Innovator darstellen, ein neues Produkt auf den Markt zu bringen. Ist die Monopolrente groß, so ist der Anreiz zur Innovation hoch. Kann der Innovator damit rechnen, dass gleich nach der Innovation ein staatlicher Eingriff dazu führt, dass sein Markt reguliert wird, oder aber dass seine Firma in mehrere Teile zerschlagen wird, damit Wettbewerb entstehen kann, so sinken seine Anreize, eine Innovation zu schaffen. Es stellt sich dann die Frage, wie lange der Innovator eine Monopolrente bekommen sollte und wie hoch sie sein sollte. Drittens kann man bestreiten, dass Monopole überhaupt etwas Schlechtes sind, wenn der Monopolist durch potenzielle Eindringlinge auf den eigenen Markt dazu gebracht wird, seine Preise niedrig zu halten (Theorie der Contestable Markets). Das Argument der Verfechter der Theorie der, Contestable Markets ist, dass Eindringlinge eintreten werden, sobald der vom Monopolisten geforderte Preis zu hoch ist.

Problematisch an der Theorie des Contestable Markets ist jedoch die Annahme, dass der Monopolist nicht in der Lage ist, nach dem Eintritt eines Wettbewerbers seine Preise

---

1   Siehe das Beispiel aus dem Abschnitt über rent-seeking.

sofort anzupassen. Denn nur dann, wenn diese Preisanpassung nicht möglich ist, gelingt es dem Eindringling den Markt zu erobern und eine Rente abzuschöpfen. Andernfalls würde es zu einem Wettbewerbsgleichgewicht mit Nullgewinn kommen können, so dass bei Eintrittskosten der Eindringling davon absehen würde, in den Markt einzutreten. Die Höhe von Markteintrittskosten und die Flexibilität der Preissetzung des Monopolisten entscheiden also darüber, ob ein Markt tatsächlich bestreitbar ist.

Die Möglichkeiten, Marktmacht zu erreichen, sind vielfältig. Einige Aktivitäten von Firmen sind dabei besonders schwierig zu beurteilen. Hierzu gehört beispielsweise die Einführung von Kosten beim Wechsel von Produkten, wie sie etwa bei Rabattprogrammen entstehen. Solche Programme können dafür sorgen, dass der Wechsel zu anderen Anbietern erschwert wird. Andere Maßnahmen können einen Wechsel erleichtern und damit zu mehr Wettbewerb führen. Hierzu gehört insbesondere die Standardisierung von Produkten, die Kunden einen Systemwechsel erleichtert.

Bei der Analyse von Marktmacht ist es wichtig, nicht alleine auf die Anzahl der Anbieter, die auf einem Markt agieren, zu schauen. Eine sinnvolle Wettbewerbspolitik kann zum Beispiel nicht darin bestehen, dass alleine die Zahl der Anbieter auf einem Markt maximiert wird. Denn oft treten ja Firmen zu Recht aus einem Markt aus, wenn sie auf diesem Markt nicht kostengünstig anbieten können. Es wäre unter Effizienz-Gesichtspunkten also nicht sinnvoll, solche Wettbewerber zu schützen.

11.3 Monopole und Innovation

Es wird gelegentlich behauptet, dass monopolistische Strukturen – als Ausgangslage – sinnvoll sein können, um Innovation in einem Sektor zu fördern. Dieses Argument wird insbesondere im Zusammenhang mit der Installation sogenannter „nationaler Champions" vorgebracht. Die spieltheoretische Analyse der Innovationstätigkeit von Wettbewerbern kann helfen zu untersuchen, ob derartige Behauptungen tatsächlich gut begründet sind. In diesem Abschnitt soll knapp beschrieben werden, wie eine solche Untersuchung aussehen kann. Für Details wird auf den entsprechenden Abschnitt im Lehrbuch von Helmut Bester (2004) verwiesen.

Betrachten wir eine Prozessinnovation, die durch eine vorgegebene Absenkung der als konstant angenommenen Grenzkosten charakterisiert ist. Eine solche Prozessinnovation soll einen festen Geldbetrag kosten. Eine Firma wird diesen Geldbetrag aufwenden, wenn sie damit rechnen kann, dass der entsprechende zusätzliche Gewinn die Kosten übersteigt. Wir betrachten nun zwei Szenarien.

1. Szenario 1. Es gibt auf dem entsprechenden Markt einen einzigen Anbieter, der darüber entscheidet, ob er die Prozessinnovation durchführen möchte oder nicht, bevor er den Preis – und damit auch indirekt die nachgefragte Menge – festsetzt.

2. Szenario 2. Es gibt zwei Wettbewerber, die miteinander im Bertrand-Wettbewerb (Preis-wettbewerb) stehen. In einer ersten Spielstufe kann einer der beiden Wettbewerber eine Innovation realisieren, wenn er die entsprechenden Kosten aufwendet, während der andere keine solchen Innovationsmöglichkeiten sieht. Nachdem der erste Wettbewerber seine Innovationsentscheidung getroffen hat, wird der Bertrand-Wettbewerb gespielt.

Die Situation im Monopolfall ist einfach zu analysieren: Die Absenkung der Grenzkosten führt zu einer Vergrößerung des Monopolgewinns für jede realisierte Menge. Die Innovation wird genau dann durchgeführt, wenn die maximal mögliche Steigerung des Monopolge-winns größer als die Kosten der Innovation ist. Im Falle des Bertrand-Wettbewerbs sieht die Situation anders aus. Sofern der potenzielle Innovator sich entscheidet, die Innovation nicht durchzuführen, werden beide Spieler bei gleich hohen Grenzkosten in der Ausgangs-situation Nullgewinne realisieren. Wird die Innovation durchgeführt und handelt es sich um eine hinreichend starke Innovation, d.h. ist die Senkung der Grenzkosten hinreichend groß, so wird der Monopolpreis unterhalb der Grenzkosten liegen, zu denen der Anbieter produziert, der die Innovation nicht durchgeführt hat. In diesem Falle ist es optimal für den Innovator, diesen Monopolpreis im Preiswettbewerb zu verlangen und zugleich die gesamte Marktnachfrage für sich zu gewinnen (Abb. 11.1). Der gesamte aus der Innovation generierte zusätzliche Gewinn des Innovators entspricht also der vollen Monopolrente bei niedrige-ren Grenzkosten. Er ist in diesem Falle größer als im Monopolfall. Die Innovationsanreize sind also in diesem Beispiel größer, wenn Betrand-Wettbewerb gespielt wird. Diese Ana-lyse zeigt, dass die Vorstellung, monopolistische Industriestrukturen wären immer für den Innovationserfolg in einer Volkswirtschaft gut, nicht richtig sein muss.

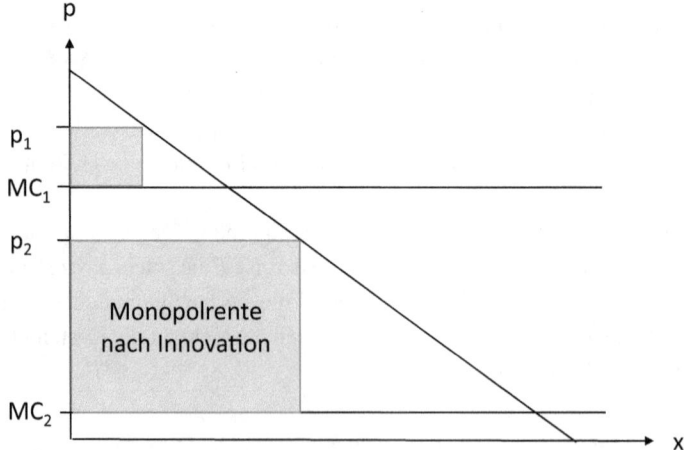

Abb. 11.1 Monopolrenten bei unterschiedlichen marginalen Kosten

Nach Schmidt (1997) kann eine geringe Zahl von Wettbewerbern jedoch dann vorteilhaft sein, wenn nur durch die geeignete Verteilung einer Monopolrente Anreize für das Management einer Firma geschaffen werden, sich beim Innovationsprozess zu engagieren. Das Modell von Schmidt unterscheidet sich an mehreren Punkten von dem einfachen Modell oben. Insbesondere wird bei Schmidt zwischen Firmeneigentümer und Manager unterschieden. Die Bewertung der Rolle von Marktanteilen im Innovationsprozess ist also von der jeweiligen Situation abhängig und kann nur im Einzelfall anhand geeigneter Modelle und empirischer Erhebungen durchgeführt werden.

11.4 Kollusion und Konzentration

Unternehmen, die miteinander im Wettbewerb stehen, könnten in der Regel durch ein kollusives Zusammenspiel profitieren. Bei dem Cournot-Mengenwettbewerb sähe eine Kollusion etwa so aus, dass beide Firmen ihre produzierten Mengen reduzieren. Im Bertrand-Preiswettbewerb ginge es darum, die beiden jeweils angebotenen Preise nicht auf die Höhe der Durchschnittskosten abzusenken. Bei einer einmaligen Interaktion zweier Unternehmen ist in der Regel nicht damit zu rechnen, dass ein solches kollusives Arrangement aufrechterhalten werden kann. Es ist jedoch ein fundamentales Resultat der Spieltheorie, dass die Akteure bei wiederholter Interaktion durchaus in der Lage sind, Verbesserungen gegenüber der Situation eines einmaligen Spiels zu erreichen.

Von zentraler Bedeutung ist in diesem Zusammenhang das so genannte Folk-Theorem. Nach dem Folk-Theorem kann jedes Pareto optimale Resultat eines einmal gespielten Spiels durch geeignete Bestrafungsstrategien in einem unendlich oft wiederholten Spiel gestützt werden. Kollusion funktioniert also, indem Spieler andere Spieler dafür bestrafen, dass sie in der Vergangenheit von dem kollusiven Arrangement abgewichen sind. Eine solche Bestrafung von Spielern, die sich nicht an explizit oder implizit getroffene Vereinbarungen halten, ist natürlich auch in Wettbewerbssituationen denkbar. So könnte etwa die Bestrafung in einem Cournot Wettbewerb darin bestehen, dass in der Zukunft eine besonders hohe Menge angeboten wird. Im Bertrand-Wettbewerb könnte die Bestrafung durch ein ständiges Unterbieten des Wettbewerbers in der Zukunft erreicht werden. Solche Bestrafungsstrategien können unter Umständen tatsächlich ein kollusives Arrangement dauerhaft stützen.

Ob Kollusion durchführbar ist oder nicht, hängt von verschiedenen Faktoren ab, die teilweise auch wirtschaftspolitisch beeinflusst werden können. Zunächst einmal ist jedoch festzuhalten, dass der Diskontfaktor der beteiligten Akteure – also eine Größe, die wenig mit Politik zu tun hat – von besonderer Bedeutung ist. Diskontieren die beteiligten Firmen die Zukunft besonders stark ab, so ist weniger mit Kollision zu rechnen. Der Grund hierfür ist, dass Bestrafungen dann nicht mehr so ernst genommen werden. Die Höhe des Diskontfaktors, ab dem Kollusion entsteht, ist also ein gutes Maß für die Wettbewerbsfreundlichkeit von wirtschaftspolitischen Maßnahmen.

Kollusion lässt sich leichter aufrechterhalten, wenn auf einem Markt wenige Teilnehmer vorhanden sind. Der Grund hierfür ist leicht zu durchschauen. Im Sinne des Folk-Theorems kann Kollusion aufrecht erhalten werden, wenn die abdiskontierten Verluste, die durch eine Bestrafung nach nicht kollusiven Verhalten entstehen, größer als die gegenwärtigen Gewinne sind, die durch ein Abweichen vom kollusiven Verhalten erzielt werden können. Befinden sich wenige Teilnehmer am Markt, so sind die gegenwärtig erzielbaren Gewinne niedrig, da der Hinzugewinn an Marktanteil für jeden einzelnen klein ist. Befinden sich hingegen sehr viele Marktteilnehmer am Markt, so hat jeder Einzelne einen geringen Gewinn und kann sich durch unilaterales Abweichen möglicherweise den gesamten Markt und damit einen hohen Zugewinn in der Gegenwart sichern. Tendenziell wird also Kollusion eher bei wenigen Marktteilnehmern zu stützen sein. Der Prüfung der Zahl der Marktteilnehmer und ihrer Marktanteile kommt alleine schon aus diesem Grunde in der Wettbewerbspolitik eine besondere Bedeutung zu.

Bemerkenswert ist, dass Kollusionen im Sinne des Folk-Theorems nicht notwendig mit einer expliziten Preisabsprache verbunden sein muss. Vielmehr kann sie auch ohne eine solche Absprache entstehen. Es wird jedoch in der Regel einfacher sein, Kollusionen unter Kommunikation aufrecht zu erhalten. Dies gilt insbesondere in einer Umgebung, in der kollusives Verhalten nicht perfekt beobachtet werden kann. So zeigen etwa Jullien und Rey (2007), dass eine vertikale Preisbindung Kollusion erleichtern kann, wenn sie es den beteiligten Parteien ermöglicht, abweichendes Verhalten des Wettbewerbers besser zu beobachten. In ihrem Modell gehen sie davon aus, dass ein Zulieferer verschiedene Geschäfte, die auf verschiedenen Märkten agieren, beliefert. Sind die Preise dieser Geschäfte nicht vom Zulieferer bestimmt, so können Abweichungen nach unten auch eine Entscheidung des Geschäfts selbst sein. Nicht-kollusives Verhalten des Zulieferers ist also für einen anderen Zulieferer nicht mehr so leicht erkennbar.

Kollusion kann unter Umständen auch erleichtert werden, wenn Firmen auf mehreren Märkten miteinander in Kontakt stehen. Bernheim und Whinston (1990) haben gezeigt, dass bei asymmetrischen Marktanteilen Kollusion unter Umständen gestützt werden kann, wenn von zwei Firmen jeweils eine auf einem Markt einen großen und auf dem anderen Markt einen kleinen Anteil hat. In einer solchen Situation würde bei nur einem Markt für das kleinere Unternehmen ein besonderer Anreiz entstehen, von kollusiven Arrangements abzuweichen. Der Marktanteil, der dann zu erobern wäre, wäre besonders groß. Hat dieses Unternehmen aber auf einem anderen Markt eine entsprechend große Reaktion des Wettbewerbers zu erwarten, kann das kollusive Arrangement besser gestützt werden.

11.5 Mergers

Die Fusion zweier Firmen ist aus wettbewerbspolitischer Sicht in der Regel dann als problematisch anzusehen, wenn diese Firmen auf demselben Markt agieren.[2] Es ist eine einfache Übung anhand eines Cournot-Modells zu zeigen, dass die Preise auf einem Markt sinken, wenn die Zahl der Anbieter zunimmt.[3] Fusionen reduzieren die Zahl der Anbieter und werden daher mit einer sinkenden Konsumentenrente und auch mit einer sinkenden Wohlfahrt einhergehen. Es gibt jedoch nicht nur solche horizontalen Fusionen. Mergers können auch entlang einer Produktionskette stattfinden, man spricht dann von einem vertikalen Merger. Die Rolle von vertikalen Mergers ist wesentlich schwieriger einzuschätzen und auch hier bedarf es eines genauen Studiums der jeweiligen Situation.

In einfachen Fällen kann ein vertikaler Merger durchaus wohlfahrtssteigernd sein. Dies gilt jedenfalls dann, wenn sowohl der Markt für das Zwischenprodukt als auch der für das Endprodukt monopolistisch organisiert ist. Kauft der Produzent des Endproduktes, Firma B, das Zwischenprodukt von Firma A und ist Firma A hierfür der einzige Anbieter und agiert Firma B wiederum auf dem Markt für das Endprodukt als Monopolist, so kann auf beiden Märkten ein zu hoher Preis entstehen. Dies wird an einem einfachen Beispiel deutlich.

Für einen gegebenen Inputpreis maximiert der Hersteller des Endproduktes in der üblichen Weise seinen Gewinn durch die Wahl eines geeigneten Endproduktpreises. Hieraus ergibt sich eine Nachfrage nach dem Input, die wiederum in das Maximierungsproblem des Lieferanten A eingeht. Betrachten wir die Nachfrage nach dem Endprodukt x:

$$p = a - bx. \tag{11.1}$$

Firma B produziere mit der Technologie $x = y$, wobei y die Inputmenge aus Firma A sei. Die Produktionskosten beider Firmen A und B seien ansonsten Null. Der Gewinn von Firma B lautet

$$\pi_B = (a - bx - p_A) x. \tag{11.2}$$

Hieraus ergibt sich die Nachfragekurve der Firma A:

$$x = \frac{a - p_A}{2b}. \tag{11.3}$$

Die optimale Menge ist demnach durch die Maximierung von

---

2 Aus der letzten Bemerkung über Kontakt auf mehreren Märkten folgt, dass sie auch in anderen Fällen problematisch sein kann.

3 Das Cournot-Modell ist allerdings zur Erklärung von Fusionen nicht wirklich geeignet, da in der Regel Fusionen den beteiligten Firmen keinen Gewinn verschaffen – jedenfalls dann nicht, wenn die Fusion vom Ausmaßher begrenzt ist. Andere Modelle mit differenzierten Produkten ergeben jedoch einen Zuwachs des Gewinns der fusionierten Parteien. In solchen Modellen ist in der Regel auch mit Wohlfahrtsverlusten aus Fusionen zu rechnen, jedenfalls dann, wenn nach den Fusionen zu wenige Wettbewerber auf dem Markt übrig bleiben.

$$\pi_A = (a - 2bx)\,x \qquad\qquad (11.4)$$

zu ermitteln. Demnach ist die gleichgewichtige Menge

$$x^* = \frac{a}{4b}. \qquad\qquad (11.5)$$

In einem vertikal integrierten Monopol ist sie hingegen mit $a/2b$ doppelt so hoch.

11.6   Wechselseitige Beteiligungen

Beteiligungen zwischen Unternehmen spielen auf vielen Märkten eine wichtige Rolle. Solche Beteiligungen können den Wohlfahrtsverlust, der auf einem oligopolistischen Markt entsteht, vergrößern, da Kollusion automatisch zustande kommt. Jede der beiden Firmen wird bei der Festsetzung der eigenen strategischen Variablen auf die Gewinnsituation der anderen Firma Rücksicht nehmen, sofern das Management jeweils für den Börsenwert des eigenen Unternehmens bezahlt wird. Dies wird an einem einfachen Beispiel deutlich. Betrachten wir die Firmen 1 und 2, die auf demselben Markt mit Nachfrage

$$p = a - b\,(x_1 + x_2) \qquad\qquad (11.6)$$

agieren. Die Produktionskosten beider Firmen seien Null, die optimale (wohlfahrtsmaximierende) Menge ist also a/b. Firma i besitze einen Anteil α_{ij} an Firma j. Der ausgewiesene Gewinn der Firmen lautet:

$$\pi_1 = px_1 + \alpha_{12}\pi_2, \qquad\qquad (11.7)$$

$$\pi_2 = px_2 + \alpha_{21}\pi_1. \qquad\qquad (11.8)$$

Hieraus ergibt sich

$$\pi_1 = px_1 + \alpha_{12}\,(px_2 + \alpha_{21}\pi_1) \qquad\qquad (11.9)$$

$$= p\frac{x_1 + \alpha_{12}x_2}{1 - \alpha_{12}\alpha_{21}} \qquad\qquad (11.10)$$

und

$$\pi_2 = p\frac{x_2 + \alpha_{21}x_1}{1 - \alpha_{12}\alpha_{21}}. \qquad\qquad (11.11)$$

Gehen wir nun davon aus, dass die Manager beider Firmen jeweils die ausgewiesenen Gewinne maximieren. Die Reaktionsfunktionen sind dann:

$$2x_1 + x_2 \left(1 + \alpha_{12}\right) = \frac{a}{b}, \tag{11.12}$$

$$2x_2 + x_1 \left(1 + \alpha_{21}\right) = \frac{a}{b} \tag{11.13}$$

$$\Leftrightarrow x_2 = \frac{1}{2} \left(\frac{a}{b} - x_1 \left(1 + \alpha_{21}\right)\right). \tag{11.14}$$

Hieraus folgt:

$$x_1 = \frac{\frac{a}{b} - \frac{1}{2}\frac{a}{b}\left(\alpha_{12} + 1\right)}{2 - \frac{1}{2}\left(\alpha_{12} + 1\right)\left(1 + \alpha_{21}\right)}. \tag{11.15}$$

Es ist eine leichte Übung zu zeigen, dass die gleichgewichtigen Mengen mit in einer wachsenden symmetrischen Kreuzbeteiligung fallen. Bei einer vollständigen Kreuzbeteiligung wird die Monopollösung erreicht. Beträgt der Anteil beider Firmen aneinander 1 so ergibt sich für beide Firmen die Monopolmenge von $1/2 \frac{a}{b}$.

11.7 Predatory Pricing

Zu den gängigen Vorwürfen, die man Firmen im Zusammenhang mit ihrem Wettbewerbsverhalten macht, gehört sie würden andere durch Niedrigpreise aus dem Markt drängen wollen. Ein solches Verhalten wäre aus wettbewerbspolitischer Sicht dann problematisch, wenn die niedrigen Preise genutzt würden, um Wettbewerber erstens aus dem Markt zu verdrängen und zweitens anschließend als Monopolist hohe Preise festsetzen zu können, die zu einer Monopolrente führen. Die These des Predatory Pricing wurde von verschiedener Seite kritisiert, beziehungsweise zurückgewiesen. Zu den wichtigen Gegenargumenten gehört, das Eindringlinge nachdem sie den Markt verlassen haben jederzeit wieder eintreten könnten, sofern die produktiven Ressourcen noch vorhanden sind. Es würde also kein Anreiz für eine große Firma bestehen, diese Eindringlinge durch Preise unter den Durchschnittskosten zu verdrängen, da sie in Zukunft nicht mit einer monopolistischen Stellung rechnen kann.

Auch Kreditmärkte werden als Instrument zur Verteidigung gegen Predatory Pricing ins Feld geführt. Diesem Argument zufolge kann eine bedrohte Firma jederzeit am Kapitalmarkt Kredit erhalten, um einen Preiskampf auszustehen. Dies ist jedenfalls dann der Fall, wenn die zukünftigen Gewinne nach dem Preiskampf hinreichend großsind, um eine Rückzahlung der Kredite glaubwürdig zu machen. Aus dem Kapitel über Kapitalmarktimperfektionen wissen wir jedoch, dass unter asymmetrischer Information eine solche Möglichkeit unter Umständen nicht gegeben ist. Besteht etwa ein gängiges Problem moralischen Risikos in der Beziehung zwischen Kreditnehmer (bedrohter Firma) und Kreditgeber (Bank), dann kann es sein, dass trotz eines an sich lohnenden Projektes, der Kreditnehmer keine Finanzierung erhält. Die Theorie des Predatory Pricing kann deshalb gerade mit Blick auf die moderne Kapitalmarkttheorie nicht einfach von der Hand gewiesen werden.

Die tatsächliche Überprüfung räuberischen Verhaltens ist eine schwierige Angelegenheit. Letztlich muss es darum gehen, zu überprüfen, ob – erstens – nach Ausscheiden der Wettbewerber tatsächlich eine marktbeherrschende Stellung entstehen wird, die von dem Angreifer langfristig ausgenutzt werden kann und – zweitens – ob tatsächlich eine Situation vorliegt, in der der Angreifer unter seinen Durchschnittskosten anbietet. Gerade bei einer Firma, die auf mehreren Märkten agiert, ist eine solche Überprüfung nicht leicht durchzuführen, etwa aufgrund der Problematik der Zurechenbarkeit der Fixkosten.

11.8   Synergien als Argument für Fusionen

Als Argument für den Zusammenschluss von Unternehmen trotz wettbewerbspolitischer Bedenken wird oft die Existenz von Synergien zwischen den Unternehmen herangezogen. Synergien treten etwa auf, wenn eine Erfindung, die in einem Unternehmen gemacht wird auch in einem zweiten Unternehmen genutzt werden kann. Stehen die beiden Unternehmen in Wettbewerb kann es zur ineffizienten Duplizierung der Innovationsanstrengung kommen. Grundsätzlich würde dieses Synergienargument implizieren, dass es wünschenswert ist, alle gleichartigen Innovationen in ein und derselben Firma durchzuführen.

Ein interessantes Gegenargument führen Rotemberg und Saloner (1987) an. Sie betrachten ein Modell zweier Firmen, in denen jeweils eine Innovation herbeigeführt werden soll. Zwischen dem Firmeneigener und dem Agenten, der mit der Erfindung betraut ist, sind im Modell von Rotemberg und Saloner nur so genannte unvollständige Verträge möglich. Es wird davon ausgegangen, dass der Innovationserfolg als solcher nicht kontrahierbar ist, sondern, dass nur die Umsetzung der Innovation nachgewiesen werden und daher Gegenstand eines Vertrages sein kann. In einem Anreizvertrag erhält der Agent daher nur dann eine Prämie, wenn seine Innovation in seiner Firma umgesetzt wurde. Die effiziente Forschungsleistung wird dann implementiert, wenn die erwartete Prämie höher als die Kosten der Anstrengung ist. Betrachten wir nun eine Fusion der beiden Firmen. Es gibt nun in jeder Firma einen Agenten, der für denselben Prinzipal, den Eigentümer beider Firmen, arbeitet. Rotemberg und Saloner gehen davon aus, dass im Falle einer Innovation in Firma B diese Innovation mit einer gewissen Wahrscheinlichkeit auch in Firma A nutzbar ist, wobei der Wert der Innovation der Firma B nicht so hoch ist wie eine originäre Erfindung in Firma A.

Ist es nun möglich durch das geschickte Ausgestalten eines Anreizvertrages mit dem Agenten in Firma A nach wie vor seine Anstrengung zu induzieren? Rotemberg und Saloner zeigen, dass dies unter Umständen nicht möglich ist. Bei einer hohen Zahlung an den Agenten in Firma A wird dieser geneigt sein, sich anzustrengen, wenn er zugleich damit rechnen kann, dass seine Innovation im Erfolgsfall implementiert wird. Ist die vereinbarte Zahlung jedoch sehr hoch, so würde im Falle einer Innovation in Firma B der Prinzipal die Innovation aus Firma B in A einsetzen, um so die hohe Zahlung an den Agenten in Firma A zu vermeiden. Damit kann der Agent in Firma A aber nicht mehr damit rechnen, dass eine von ihm generierte Innovation mit hinreichend hoher Wahrscheinlichkeit implementiert wird. Die Anreize zur Anstrengung können verloren gehen. Senkt man nun um diesen Effekt zu vermeiden die Zahlung an den Agenten ab, so kommt es zwar möglicherweise dazu, dass die

Innovation unabhängig von dem Ergebnis in Firma *B* implementiert wird. Zugleich kann es aber dazu kommen, dass die Arbeitsanreize durch die zu geringe Prämie zerstört werden. Rotemberg und Saloner zeigen, dass aufgrund dieses Effektes eine Fusion unter Umständen einen niedrigeren Firmenwert impliziert als das Aufrechterhalten zweier separater Firmen.

Das Argument von Rotemberg und Saloner gegen Fusionen ist durchaus intuitiv. Dem Modell liegt die Vorstellung zugrunde, dass Mitarbeiter in einer fusionierten Firma geringere Anreize haben, sich anzustrengen, weil sie immer damit rechnen müssen, dass der Erfolg letztlich durch eine Innovation in einer anderen fusionierten Firma zunichte gemacht wird. Es könnte eine Erklärung dafür sein, dass Fusionen oft nicht die gewünschten Erfolge bringen. Das rein technologische Argument von Synergien muss also nicht ausreichen, um wettbewerbspolitische Bedenken gegen Fusionen aufzuwiegen.

11.9 Die besondere Rolle des Wettbewerbs auf Finanzmärkten

Von besonderer Bedeutung bei der Behinderung von Wettbewerb kann der Zugang zu Kapitalmärkten sein. Gerade aus Sicht der Theorie der Contestable Markets ist es wichtig, dass immer wieder neue Wettbewerber auf Märkte drängen können, auf denen die vorhandenen Firmen nicht so günstig anbieten, wie sie es eigentlich sollten. Oft ist jedoch das Eindringen auf einen Markt nur dann möglich, wenn eine hinreichend große Summe investiert wird. Wenn nun die technologische Kompetenz einer Firma nicht zugleich mit den nötigen finanziellen Ressourcen verbunden ist, so erfordert das Einsteigen in einen Markt auch die Aufnahme eines entsprechenden Kredites. An dieser Stelle können ungünstige Konstellationen der Unternehmensfinanzierung und des Unternehmensbesitzes Wettbewerb behindern. Offensichtlich helfen wettbewerblich organisierte Kapitalmärkte auch Probleme des Predatory Pricing wenigstens abzumildern.

Ein Beispiel für eine ungünstige Konstellation am Kapitalmarkt wäre etwa der Fall einer monopolistischen Bank, die zugleich Hauptkreditgeber einer Firma ist, die ebenfalls auf ihrem Markt als Monopolist agiert. Wendet sich ein Eindringling am Markt mit der Bitte um einen Kredit an die Bank, so wäre die Bank in der Regel schlecht beraten, wenn sie diesen Kredit gewährt. Ähnliche Anreizprobleme für Banken ergeben sich, wenn Banken Eigentümer oder Teileigentümer anderer Firmen sind. Auch in diesem Fall dürften die Banken kein Interesse daran haben, Eindringlinge zu finanzieren. Ein oligopolistischer, oder gar monopolistischer Bankenmarkt wird also auch Risiken für den Wettbewerb auf anderen Märkten mit sich bringen. Gerade unter diesem Gesichtspunkt ist die Überlegung im Bankenmarkt sogenannte nationale Champions zu installieren als problematisch anzusehen. Dies ist jedenfalls dann der Fall, wenn der nationale Champion auch innerhalb des Landes einen Großteil des Marktes abdeckt.

11.10 Politische Ökonomie und Wettbewerb

Bislang haben wir uns nur mit der Frage beschäftigt, welche Wettbewerbspolitik sinnvoll ist, um ein Effizienzziel zu erreichen. Tatsächlich ist staatliche Wettbewerbspolitik – wie andere wirtschaftspolitische Felder auch – vielen Einflüssen ausgesetzt und es ist daher nicht immer damit zu rechnen, dass Wettbewerbspolitik tatsächlich am Effizienzziel orientiert ist.

Ein Interesse an einer inaktiven Wettbewerbspolitik sollte zunächst bei den Eigentümern der betroffenen Firmen bestehen. Wollen zwei Firmen über einen Merger eine Vormacht-stellung auf einem Markt erreichen, oder kolludieren zwei Firmen auf einem Markt, so sollte dem Eigentümer dieser Firma/Firmen daran gelegen sein, dass die Politik ihnen diese Möglichkeiten nicht nimmt. Dass „rent-seeking" -Aktivitäten in diesem Zusammenhang aus allokativer Sicht ebenfalls Verschwendung herbeiführen können, haben wir bereits in dem Abschnitt „rent-seeking" diskutiert. Neben den Eigentümern von Firmen können aber auch die Arbeiter bestimmter Firmen als Interessengruppe aktiv werden. Ein Mitarbeiter einer Firma mit einem Monopol sollte sich in der Regel einer größeren Arbeitsplatzsicherheit erfreuen, als ein Mitarbeiter in einer Firma, die im Wettbewerb steht. Der Anreiz, Kosten zu reduzieren, ist für das Management einer Firma mit Marktmacht vermutlich wesentlich geringer, daher dürfte auch bei Lohnverhandlungen für die Arbeitnehmer mehr zu erreichen sein.

Tatsächlich beobachtet man in der öffentlichen Debatte selten, dass Arbeitnehmerver-treter sich für eine strenge Wettbewerbspolitik einsetzen. Dies sollte auf den ersten Blick überraschen, denn eine strenge Wettbewerbspolitik müsste zu niedrigen Preisen und damit zu hohen realen Löhnen führen. In diesem Sinne könnte man Wettbewerbspolitik als eine Form der Sozialpolitik begreifen. Dass ein so geringes Interesse an Wettbewerbspolitik auf Seiten von Gewerkschaften besteht, könnte daran liegen, dass sich Gewerkschaften unter-einander nicht ihren Anteil an Monopolrenten in verschiedenen Sektoren der Ökonomie streitig machen wollen. Ein kollusives Arrangement zwischen Mitarbeitern in verschiede-nen zentralen Sektoren ist also durchaus auch in dieser Hinsicht denkbar.

Schließlich kann Wettbewerbspolitik auch von unterlegenen Firmen genutzt werden, um zu versuchen, das Marktergebnis in ihrem Sinne zu korrigieren. Eine Firma, die im Wettbewerb unterliegt, könnte also versuchen, Lobbying für eine Protektion gegen den stärkeren Wettbewerber zu erreichen.

Rajan und Zingales haben kürzlich in einem Buch untersucht, welche Voraussetzungen vorhanden sein müssen, damit wirtschaftlicher Wettbewerb nicht durch eine wettbewerbs-feindliche Politik behindert wird. Nach ihrer Auffassung gibt es eine Reihe von Größen, die zu einem politischen Gleichgewicht mit einer schwachen Wettbewerbspolitik führen können. Hierzu gehört zunächst eine ungleiche Vermögensverteilung. Ist produktives Kapi-tal in den Händen weniger konzentriert, so fällt in der Regel Marktmacht mit politischem Einfluss zusammen. Nach Ansicht von Rajan und Zingales ist in einer solchen Situation damit zu rechnen, dass Monopolisten, die reich sind, besonders gut politischen Einfluss ausüben können. Ökonomien mit mehr wirtschaftlicher Gleichheit werden demnach eher wettbewerblich orientiert sein. Nach Ansicht von Rajan und Zingales kann auch eine aktive Sozialpolitik die politische Unterstützung für mehr Wettbewerb fördern. Denn aus ihrer Sicht ist zu erwarten, dass Mitarbeiter in Firmen, die im Wettbewerbsprozess unterliegen, ebenfalls für eine Einschränkung des Wettbewerbs sind. Es ergibt sich in ungünstigen Situationen also eine Koalition zwischen mächtigen, reichen Oligopolisten und einen Teil der Arbeitnehmerschaft, die gemeinsam Wettbewerb behindern. Sofern die Folgen eines Negativ-Ausgangs im Wettbewerbsprozess durch Sozialpolitik abgemildert werden, könnte die politische Unterstützung einer wettbewerbsfeindlichen Politik unter den Arbeitnehmern also reduziert werden. Daneben nennen Rajan und Zingales die Öffnung einer Volkswirtschaft als ein wesentliches Element, das zu mehr politischer Unterstützung für Wettbewerb beiträgt. Treten Wettbewerber von außen ins Spiel, so macht es wenig Sinn, im Inland für weniger Wettbewerb Lobbying zu betreiben.

11.11 Übungsaufgaben

1. Ist es effizient, Monopole temporär und ex-post zuzulassen, um Anreize für Innovationen zu setzen? Welche Alternativen sehen Sie, und wie bewerten Sie diese Alternativen?

2. Untersuchen Sie anhand eines Modells die Rolle einer Monopolstellung eines Unternehmens für dessen Innovationstätigkeit. Diskutieren Sie in diesem Zusammenhang die Stichhaltigkeit der Behauptung, ein Land brauche in bestimmten Industrien „nationale Champions".

3. Zeigen Sie anhand eines einfachen Cournotmodells mit linearer Nachfrage, dass Kollusion leichter zu erreichen ist, wenn wenige Wettbewerber auf einem Markt agieren. Betrachten Sie dabei den Diskontfaktor, ab dem Kollusion stabil ist, als die entscheidende Größe. Gehen Sie davon aus, dass im Fall einer Abweichung zum Nash Gleichgewicht aus dem einmal gespielten Spiel zurückgekehrt wird.

4. Diskutieren Sie anhand eines einfachen Cournotmodells die Rolle von Kreuzverflechtungen im Wettbewerb.

5. Erklären Sie verbal, weshalb Synergien nicht immer eine Fusion5 zweier Unternehmen nahe legen.

6. Ermitteln Sie im Beispiel zu vertikalen Mergers die gleichgewichtigen Gewinne und die Konsumentenrente in beiden Regimen (Merger vs. kein Merger).

7. Welches sind die wichtigsten politischen Einflussfaktoren auf die Wettbewerbspolitik? Welche institutionellen Faktoren stärken wirtschaftlichen Wettbewerb?

Literatur zu Kapitel 11

Details zur Industrieökonomik und eine Einführung in die Wettbewerbspolitik werden auf ausgezeichnete Weise in den Büchern „Theorie der Industrieökonomik" von Helmut Bester und „Competition Policy" von Massimo Motta vorgestellt.

– Bester, Helmut (2004) *Theorie der Industrieökonomik*, Heidelberg: Springer Verlag.
– Motta, Massimo (2004) *Competition Policy: Theory and Practice*Cambridge, MA: Cambridge University Press.

Beteiligungen werden unter anderem analysiert in

– Barca, Fabrizio und Marco Becht (2002) *The Control of Corporate Europe*, Oxford: Oxford University Press.
– Wenger, Ekkehard (1998) „The German System of Corporate Governance – A Model Which Should not be Imitated" (gemeinsam mit Ch. Kaserer) in Black, S.W./Moersch, M. (Hrsg.), *Competition and Convergence in Financial Markets*, 41–78, Amsterdam u. a.: Elsevier Science.

Weitere Literatur aus diesem Kapitel und weitere empfohlene Literatur:

– Bernheim, B.D. and M.D. Whinston (1990) „Multimarket Contact and Collusive Behavior." *Rand Journal of Economics*, 21, 1–26.
– Jullien, B.and P. Rey (2007) „Resale Price Maintenance and Collusion", *The RAND Journal of Economics*, 38, 983–1001.
– Rajan, Raghuram G. und Luigi Zingales(2003) *Saving Capitalism from The Capitalists: Unleashing the Power of Financial Markets to Create Wealth and Spread Opportunity*, New York: Crown Business Press.
– Rotemberg, J. und G. Saloner (1987) „The Relative Rigidity of Monopoly Pricing", *American Economic Review*, 77(5), 917–926.
– Schmidt, Klaus M. (1997) „Managerial Incentives and Product Market Competition.", *Review of Economic Studies*, 64, 191–213.
– Wenger, Ekkehard (1990) „Die Rolle der Banken in der Industriefinanzierung und der Unternehmenskontrolle am Beispiel der Bundesrepublik Deutschland", *Wirtschaftspolitische Blätter*, 37, 155–168.
– Wenger, Ekkehard (1995) „Übernahme- und Abfindungsregeln am deutschen Aktienmarkt - Eine kritische Bestandsaufnahme im internationalen Vergleich" (gemeinsam mit R. Hecker), ifo Studien - *Zeitschrift für empirische Wirtschaftsforschung*, 41, 51–87.
– Wenger, Ekkehard (1998) „The German System of Corporate Governance – A Model Which Should not be Imitated" (gemeinsam mit Ch. Kaserer) in Black, S.W./Moersch,

M. (Hrsg.), *Competition and Convergence in Financial Markets*, 41–78, Amsterdam u. a.: Elsevier Science.

– Wenger, Ekkehard (2000) „Fusionitits und Globalisierung", *Zeitschrift für Wirtschaftspolitik*, 49, 177–181.

Literatur

1. Acharya, Viral V., Diane Pierret, und Sascha Steffen. 2016. Capital Shortfalls of European Banks since the Start of the Banking Union, mimeo.
2. Admati, Anat, und Martin Hellwig. 2013. *The Bankers' New Clothes: What's Wrong with Banking and What to Do about It.* Princeton: Princeton University Press.
3. Akerlof, George. 1970. 'The Market for Lemons: Quality, Uncertainty and the Market Mechanism'. *Quarterly Journal of Economics* 89: 488–500.
4. Alesina, Alberto, and Allan Drazen. 1989. 'Why are Stabilizations Delayed?'. *American Economic Review* 79: 1170–1189.
5. Alesina, Alberto und Dani Rodrik. 1991. „Distributive Politics and Economic Growth", NBER working paper No. 3668.
6. Allen, F., und D. Gale. 2000. „Financial Contagion". *The Journal of Political Economy* 108: 1–33.
7. Artale, Angelo, und Hans Peter Grüner. 2000. 'A Model of Stability and Persistence in a Democracy". *Games and Economic Behavior* 33: 20–40.
8. Auerbach, Alan J., Laurence Kottlikoff, uund Jonathan Skinner. 1983. 'The Efficiency Gains from Dynamic Tax Reform'. *International Economic Review* 24: 81–101.
9. Austen-Smith, David, und Jeffrey S. Banks. 1996. 'Information Aggregation, Rationality, and the Condorcet Jury Theorem'. *American Political Science Review* 90 (1): 34–45.
10. Backus, David, und John Driffill. 1985. 'Inflation and Reputation'. *American Economic Review* 75: 530–538.
11. Barca, Fabrizio, und Marco Becht. 2002. *The Control of Corporate Europe.* Oxford: Oxford University Press.
12. Barnichon, Regis. 2009. 'Demand-driven Job Separation: Reconciling Search Models with the Ins and Outs of Unemployment', 2009–24. Washington, D.C., Finance and Economics Discussion Series: Federal Reserve Board.
13. Barro und Sala-i-Martin. 1992. 'Public Finance in Models of Endogenous Growth'. *Review of Economic Studies* 59: 645–661.
14. Barro, Robert J. 1989. 'The Ricardian Approach to Budget Deficits'. *Journal of Economic Perspectives* 3: 37–54.

© Springer-Verlag GmbH Deutschlund, ein Teil von Springer Nature 2022
H. P. Grüner, *Wirtschaftspolitik,* https://doi.org/10.1007/978-3-662-63691-6

15. Barro, Robert J., und David B. Gordon. 1983. 'Rules, Discretion and Reputation in a Model of Monetary Policy'. *Journal of Monetary Economics* 12: 101–121.
16. Benabou, Roland. 2000. 'Unequal Societies: Income Distribution and the Social Contract'. *American Economic Review* 90: 96–129.
17. Benassy, Jean Pascal. 1986. *Macroeconomics: An Introduction to the Non-Walrasian Approach.* Orlando: Academic Press.
18. Bernheim, B.D., und M.D. Whinston. 1990. „Multimarket Contact and Collusive Behavior." *Rand Journal of Economics* 21:1–26.
19. Bernheim, Douglas B. 1989. 'A Neoclassical Perspective on Budget Deficits'. *Journal of Economic Perspectives* 3: 55–72.
20. Bernholz, Peter, und Friedrich Breyer. 1984. *Grundlagen der politischen Ökonomie.* Tübingen: J.C.B. Mohr.
21. Bester, Helmut. 2004. *Theorie der Industrieökonomik.* Heidelberg: Springer.
22. Bierbrauer, Felix, und Pierre Boyer. 2016. 'Efficiency, Welfare and Political Competition'. *Quarterly Journal of Economics* 131: 461–518.
23. Bierbrauer, Felix, und Marco Sahm. 2010. 'Optimal Democratic Mechanisms for Taxation and Public-Good Provision'. *Journal of Public Economics* 94: 453–466.
24. Blinder, Allan S., und John Morgan. 2000 „Are two heads better than one?: An experimental analyses of group versus individual decision making", NBER Working Paper No. 7909.
25. Bolton und Ockenfels. 2000. 'ERC – A Theory of Equity, Reciprocity and Competition'. *American Economic Review* 90: 166–193.
26. Cai, Hongbin. 2004. 'Optimal Committee Design with Heterogeneous Preferences'. *Review of Economic Studies* 71: 165–191.
27. Calmfors und Driffill. 1988. 'Bargaining Structure, Corporatism, and Macroeconomic Performance'. *Economic Policy* 6: 13–62.
28. Canzoneri, Matthew B. 1985. 'Monetary Policy Games and the Role of Private Information'. *American Economic Review* 75: 1056–1070.
29. Caplin, Andrew, und Barry Nalebuff. 1991. 'Aggregation and Social Choice: A Mean-Voter Theorem'. *Econometrica* 59: 1–23.
30. Card, David, und Alan Krueger. 1994. 'Minimum Wages and Employment: A Case Study of the Fast Food Industry in New Jersey and Pennsylvania'. *American Economic Review* 84: 772–793.
31. Chamley, Christophe P. 1986. 'Optimal Taxation of Capital Income in General Equilibrium with Infinite Lives'. *Econometrica* 54: 607–622.
32. Choi, James, David Laibson, und Brigitte C. Madrian. 2004. 'Plan Design and 401(k) Savings Outcomes.' *National Tax Journal,* 57:275–298.
33. Condorcet, Marquis de. 1785. *Essai sur l'application de l'analyse à la probabilité des decisions rendues a la pluralité des voix,* Paris: L'imprimerie royale.
34. Corneo, Giacomo, und Hans Peter Grüner. 2000. 'Social Limits to Redistribution'. *American Economic Review* 90: 1491–1507.
35. Corneo, Giacomo, und Hans Peter Grüner. 2002. 'Individual Preferences for Political Redistribution'. *Journal of Public Economics* 83: 83–107.
36. Corneo, Giacomo, und Olivier Jeanne. 1997. 'On relative wealth effects and the optimality of growth'. *Economics Letters* 54: 87–92.
37. Coughlan, Pete. 2000. 'In Defence of Unanimous Jury Verdicts: Communication, Mistrials, and Sincerity'. *American Political Science Review* 94: 375–393.
38. Coughlin, Peter (1986) 'Elections and Income Redistribution' *Public Choice,* 50:27–91.
39. Coughlin, Peter, und Smuhel Nitzan. 1981. 'Electoral Outcomes with Probabilistic Voting and Nash Social Welfare Maxima'. *Journal of Public Economics* 15 (1): 113–121.

40. Coupé, Tom, und Abdul G. Noury. 2002. „On Choosing Not To Choose: Testing The Swing Voter's Curse", ECARES, Université Libre de Bruxelles, Working Paper.

41. Cukierman, Alex, und Francesco Lippi. 1999. 'Central Bank Independence, Centralization of Wage Bargaining, Inflation and Unemployment: Theory and Some Evidence'. *European Economic Review* 43: 1395–1434.

42. Cukierman, Alex, und Mariano Tommasi. 1998. 'Why Does it Take a Nixon to go to China'. *American Economic Review* 88: 180–198.

43. Dagher, Jihad, Giovanni Dell'Ariccia, Luc Laeven, Lev Ratnovski, und Hui Tong (2016) „Benefits and Costs of Bank Capital„ IMF Staff Discussion Notes 16/04.

44. Diamond, Douglas W. „Financial intermediation as delegated monitoring„, *Federal Reserve Bank of Richmond Economic Quarterly* 82:51–66.

45. Diamond, Douglas W., und Philip H. Dybvig. 1983. „Bank Runs, Deposit Insurance, and Liquidity". *The Journal of Political Economy* 91:401–419.

46. Dixit, Avinash. 1996. *The Making of Economic Policy*. Cambridge, London: MIT Press.

47. Dixit, Avinash, M. Gene, und Grossman und Elhanan Helpman, . 1997. 'Common Agency and Coordination: General Theory and Application to Government Policy Making'. *Journal of Political Economy* 105:752–769.

48. Domar, Evsey. 1944. 'The Burden of Debt and the National Income'. *American Economic Review* 34:798–827.

49. Donges, Juergen B., und Andreas Freitag. 2004. *Allgemeine Wirtschaftspolitik*, 2nd ed. Stuttgart: Lucius und Lucius.

50. Doraszelski, Ulrich, Dino Gerardi, und Francesco Squintani. 2003. „Communication and Voting with Double-Sided Information", *Contributions to Theoretical Economics*, 3, Article 6.

51. Duijm, Patty, und Schoenmaker, Dirk. 2017. „European Banks Straddling Borders: Risky or Rewarding?„ CEPR Discussion Paper No. 12159.

52. Economic Sciences Prize Committee of the Royal Swedish Academy of Sciences. 2010. „Markets with Search Frictions".

53. Ellickson, Bryan, Birgit Grodal, Suzanne Scotchmer, und William R. Zame. 1999. 'Clubs and the Market'. *Econometrica* 67:1185–1217.

54. Epple, Dennis, und Michael H. Riordan. 1987. 'Cooperation and Punishment under Repeated Majority Voting'. *Public Choice* 55:41–73.

55. Falk, Armin, und Michael Kosfeld. 2006. 'The Hidden Costs of Control'. *American Economic Review* 96:1611–1630.

56. Feddersen, Timothy J., und Wolfgang Pesendorfer. 1999. 'Election, Information Aggregation and Strategic Voting'. *Proceedings of the National Academy of Sciences* 96: 10572–10574.

57. Feddersen, Timothy J., und Wolfgang Pesendorfer. 1999. 'Abstention in Elections with Asymmetric Information and Diverse Preferences'. *American Political Science Review* 93 (2):381–398.

58. Feddersen, Timothy J., und Wolfgang Pesendorfer. 1998. 'Convicting the Innocent: The Inferiority of Unanimous Jury Verdicts under Strategic Voting'. *American Political Science Review* 92 (1):23–35.

59. Feddersen, Timothy J., und Wolfgang Pesendorfer. 1997. 'Voting Behavior and Information Aggregation in Elections with Private Information'. *Econometrica* 65 (5): 1029–1058.

60. Feddersen, Timothy J., und Wolfgang Pesendorfer. 1996. 'The Swing Voter's Curse'. *American Economic Review* 86 (3):408–424.

61. Fehr, Ernst, and Klaus Schmidt. 1999. 'A Theory Of Fairness, Competition, And Cooperation'. *Quarterly Journal of Economics* 114:817–868.

62. Fernadez, Raquel, und Dani Rodrik. 1991. 'Resistance to Reform: Status Quo Bias in the Presence of Individual Specific Uncertainty'. *American Economic Review* 81:1146–1155.

63. Fischer, Andreas. 1993. 'Inflation Targeting: The New Zealand and Canadian Cases'. *Cato Journal* 13: 1–27.
64. Fourastié, Jean, und Jean Paul Courthéoux. 1963. *La planification économique en France*. Paris: Presses universitaires de France.
65. Fratianni, Michele, Jürgen. von Hagen, and Christopher Waller. 1993. *'Central Banking as a Political Principal Agent Problem'*, 752. No: CEPR Discussion Paper.
66. Frey, Bruno, Felix Oberholzer-Gee, and Reiner Eichenberger. 1996. 'The Old Lady Visits Your Backyard: A Tale of Morals and Markets.' *Journal of Political Economy* 104:1297–1313.
67. Fudenberg, Drew, und Jean Tirole. 1991. *Game Theory*. Cambridge, London: MIT Press.
68. Fujita, Shigeru, und Garey Ramey. 2012. „Exogenous versus Endogenous Separation." *American Economic Journal: Macroeconomics*, 4:68–93.
69. Gale, Douglas. 1996. 'Equilibria and Pareto Optima of Markets with Adverse Selection'. *Economic Theory* 7: 207–235.
70. Galor, O., und J. Zeira. 1993. 'Income Distribution and Macroeconomics'. *Review of Economic Studies* 60: 35–52.
71. Gerling, Kerstin, Hans Peter Grüner, Alexandra Kiel, und Elisabeth Schulte. 2005. 'Decision Making in Committees: a Survey'. *European Journal of Political Economy* 21:563–579.
72. Giavazzi, Francesco, und Alberto Giovannini. 1989. *Limiting Exchange Rate Flexibility: the European Monetary System*. Cambridge, MA: MIT Press.
73. Giavazzi, Francesco, und Marco Pagano. 1988. 'The Advantage of Tying ones Hands, EMS Discipline and Central-Bank Credibility'. *European Economic Review* 32: 1055–1082.
74. Giersch, Herbert. 1961. *Allgemeine Wirtschaftspolitik*, 2nd ed. Wiesbaden: Gabler.
75. Grilli, Vittorio. 1989. 'Exchange-rates and Seignorage'. *European Economic Review* 33: 580–587.
76. Grossman, Gene, und Elhanan Helpman. 1996. 'Electoral Competition and Special Interest Politics'. *Review of Economic Studies* 63: 265–282.
77. Grüner, Hans Peter. 1995. 'Redistributive Policy, Inequality and Growth'. *Journal of Economics* 62: 1–25.
78. Grüner, Hans Peter. 1995. 'Zentralbankglaubwürdigkeit und Insider-Macht: Empirische Evidenz'. *Jahrbücher für Nationalökonomie und Statistik* 214: 385–400.
79. Grüner, Hans Peter. 1996. 'Monetary Policy, Reputation and Hysteresis'. *Zeitschrift für Wirtschafts- und Sozialwissenschaften* 116: 15–29.
80. Grüner, Hans Peter. 1996. 'A Comparison of Three Institutions for Monetary Policy'. *Public Choice* 62: 172–193.
81. Grüner, Hans Peter. 1998. „On the Role of Conflicting National Interests in the ECB-Council", CEPR Discussion paper No. 2192.
82. Grüner, Hans Peter. 2002. 'Unemployment and Labor Market Reform: A Contract Theoretic Approach'. *Scandinavian Journal of Economics* 104: 641–656.
83. Grüner, Hans Peter. 2003. 'Redistribution as a Selection Device'. *Journal of Economic Theory* 108: 194–216.
84. Grüner, Hans Peter, und Rüdiger. Schils. 2007. 'The Political Economy of Wealth and Interest'. *Economic Journal* 117: 1403–1422.
85. Grüner, Hans Peter. 2007. 'Demokratie, Reform und Wissenschaft'. *Wirtschaftsdienst* 87: 567–570.
86. Grüner, Hans Peter, und Burkhard Heer. 1994. 'Taxation of Income and Wealth in a Model of Endogenous Growth'. *Public Finance* 49: 358–372.
87. Grüner, Hans Peter, und Burkhard Heer. 2000. 'Optimal Flat-Rate Taxes on Capital: A Reexamination of Lucas' Supply-Side Model'. *Oxford Economic Papers* 52: 289–305.

88. Grüner, Hans Peter, und Carsten Hefeker. 1999. 'How Will EMU Affect Inflation and Unemployment in Europe?'. *Scandinavian Journal of Economics* 101 (1999): 33–47.

89. Guidotti, Pablo E., und Carlos E. Vegh. 1993. 'Losing Credibility: the Stabilization Blues'. *International Economic Review* 40: 23–51.

90. Güth, Werner, und Martin F. Hellwig. 1986. 'The Private Supply of a Public Good'. *Journal of Economics* 5: 121–159.

91. Hayek, Friedrich A. 1945. 'The Use of Knowledge in Society'. *American Economic Review* 35: 519–530.

92. Hettich, Walter, und Stanley L. Winer. 1988. 'Economic and Political Foundations of Tax Structure'. *American Economic Review* 78: 701–712.

93. Hinich, Ledyard, und Ordeshook, . 1972. 'Nonvoting and the existence of equilibrium under majority rule'. *Journal of Economic Theory* 4: 144–153.

94. Hirshleifer, Jack. 1989. 'Conflict and Rent-Seeking Success Functions: Ratio vs. Difference Models of Relative Success'. *Public Choice* 63: 101–112.

95. Jones, Manuelli, and Rossi, . 1993. 'Optimal Taxation in Models of Endogenous Growth'. *Journal of Political Economy* 101: 485–517.

96. Jullien, B., und P. Rey. 2007. 'Resale Price Maintenance and Collusion'. *The RAND Journal of Economics* 38: 983–1001.

97. Jung, Chulho, et al. 1995. 'The Coase Theorem in a Rent-Seeking Society'. *International Review of Law and Economics* 15: 259–268.

98. Kolm, Serge-Christophe. 1984. *La bonne économie: la réciprocité générale.* Paris: Presses Universitaires de France.

99. Kydland, Finn, und Edward Prescott. 1977. 'Rules rather than Discretion: the Inconsistency of Optimal Plans'. *Journal of Political Economy* 85: 473–491.

100. Lindbeck, Assar, und Dennis J. Snower. 1984. „Involuntary Unemployment as an Insider-Outsider Dilemma", Seminar Paper No. 309, Institute for International Economic Studies, University of Stockholm, Sweden.

101. Lindbeck, Assar, und Dennis J. Snower. 1988. *The Insider-Outsider Theory of Employment and Unemployment.* Cambridge, MA: MIT Press.

102. Lohmann, Susanne. 1992. 'Optimal Commitment in Monetary Policy: Credibility versus Flexibility'. *American Economic Review* 82: 268–273.

103. Lucas, Robert E. 1990. 'Supply-side Economics: an Analytical Review'. *Oxford Economic Papers* 42: 293–316.

104. Lucas, Robert E. 1988. 'On The Mechanics of Economic Development'. *Journal of Monetary Economics* 22: 3–42.

105. Luce, R. Duncan. 1959. *Individual Choice Behavior.* New York: Wiley.

106. Marsden. 1983. 'Taxes and Growth'. *Finance and Development* 20: 40–43.

107. Martin and Fardmanesh. 1991. „Economic Growth and Alternative Deficit-Reducing Expenditure Cuts: A Cross-Sectional Analysis", *Public Choice*, 223–231.

108. Mas-Colell, Andreu, D. Michael, and Whinston und Jerry R. Green. 1995. *Microeconomic Theory.* New York, Oxford: Oxford University Press.

109. Mertens, Karel, und Morten Ravn. 2013. 'The dynamic effects of personal and corporate income tax changes in the United States'. *American Economic Review* 103: 1212–1247.

110. Mélitz, Jaques. 1988. 'Monetary Discipline, Germany and the European Monetary System'. *Kredit und Kapital* 4: 881–912.

111. Motta, Massimo. 2004. *Competition Policy: Theory and Practice.* Cambridge, MA: Cambridge University Press.

112. Mueller, Dennis. 1990. *Public Choice II.* Cambridge, MA: Cambridge University Press.

113. Mukhopadhaya, Kaushik. 2003. 'Jury Size and the Free Rider Problem'. *The Journal of Law, Economics and Organization* 19: 24–44.

114. Murphy, Kevin M., Andrei Shleifer, und Robert W. Vishny. 1993. 'Why Is Rent-Seeking So Costly to Growth?'. *American Economic Review* 83: 409–414.

115. Myerson, Roger. 1999. 'Informational Origins of Political Bias towards Critical Groups of Voters'. *European Economic Review* 43: 767–778.

116. Neumark, David, und William Wascher. 2006. „Minimum Wages and Employment: A Review of Evidence from the new Minimum Wage Research" NBER Working Paper 12663.

117. Nitzan, Smuhel. 2001. 'The Invalidity of the Condorcet Jury Theorem under Endogenous Decision Skills'. *Economics of Governance* 2: 243–249.

118. Nitzan, Shmuel. 1994. 'Modelling Rent-Seeking Contests'. *European Journal of Political Economy* 10: 41–60.

119. Olson. 1995. „The Secular Increase in European Unemployment Rates", *European Economic Review*, 39, 3/4: 593–600.

120. Ordeshook, Peter C. 1988. *Game Theory and Political Theory*. Cambridge, MA: Cambridge University Press.

121. Perotti, Roberto. 1993. 'Political Equilibrium, Income Distribution and Growth'. *Review of Economic Studies* 60: 755–776.

122. Persico, Nicola. 2004. 'Committee Design with Endogenous Information'. *Review of Economic Studies* 71: 165–191.

123. Persson, Torsten, und Guido Tabellini. 1993. 'Designing Institutions for Monetary Stability'. *Carnegie-Rochester Conference Series on Public Policy* 39: 53–84.

124. Persson, Torsten, und Guido Tabellini. 1994. 'Is Inequality Harmful for Growth? Theory and Evidence'. *American Economic Review* 84: 600–621.

125. Persson, Torsten, und Guido Tabellini. 1994. 'Representative Democracy and Capital Taxation'. *Journal of Public Economics* 55: 52–70.

126. Piccione, Michele, and Ariel Rubinstein. 2007. Equilibrium in the Jungle. *Economic Journal* 117: 883–896.

127. Piketty, Thomas. 1999. 'The Information-Aggregation Approach to Political Institution'. *European Economic Review* 43: 791–800.

128. Prescott, Edward C., und Robert M. Townsend. 1984. 'Pareto Optima and Competitive Equilibria with Adverse Selection and Moral Hazard'. *Econometrica* 52: 21–45.

129. Pries, Michael J., und Richard Rogerson. 2005. „Hiring Policies, Labor Market Institutions, and Labor Market Flows" *Journal of Political Economy*, 113: 811–839.

130. Rajan, Raghuram G., und Luigi Zingales. 2003. *Saving Capitalism from The Capitalists: Unleashing the Power of Financial Markets to Create Wealth and Spread Opportunity*. New York: Crown Business Press.

131. Rebelo, Sergio. 1991. 'Long-run Policy Analysis and Long-run Growth'. *Journal of Political Economy* 99: 500–521.

132. Robertson, D., und J. Symons. 1992. 'Output, Inflation and the ERM'. *Oxford Economic Papers* 44: 368–373.

133. Rogoff, Kenneth. 1985. 'The Optimal Degree of Commitment to an Intermediate Monetary Target'. *Quarterly Journal of Economics* 100: 1169–1190.

134. Romer, Paul M. 1990. 'Endogenous Technological Change'. *Journal of Political Economy* 98: 71–102.

135. Romer, Paul M. 1986. 'Increasing Returns and Long-run Growth". *Journal of Political Economy* 94: 1002–1037.

136. Rotemberg, J., und G. Saloner. 1987. 'The Relative Rigidity of Monopoly Pricing'. *American Economic Review* 77 (5): 917–926.

137. Sachverständigenrat zur Begutachtung der gesamtwirtschaftlichen Entwicklung in der Bundesrepublik Deutschland (2006) *Jahresgutachten*, Wiesbaden.
138. Saint-Paul, Gilles. 2002. 'The Political Economy of Employment Protection'. *Journal of Political Economy* 110 (3): 672–704.
139. Saint-Paul, Gilles. 1995. 'Some Political Aspects of Unemployment'. *European Economic Review* 39 (3/4): 575–582.
140. Schmidt, Klaus M. 1997. 'Managerial Incentives and Product Market Competition.'. *Review of Economic Studies* 64: 191–213.
141. Schweizer, Urs. 1999. *Vertragstheorie*. Tübingen: Mohr Siebeck.
142. Scully, Gerald W. 1997. 'Democide and Genocide as Rent-Seeking Activities'. *Public Choice* 93: 77–97.
143. Shapiro, C., und J.E. Stiglitz. 1984. 'Equilibrium Unemployment as a Worker Disciplin Device'. *American Economic Review* 74: 433–444.
144. Shigeru, Fujita, und Garey Ramey. 2012. „Exogenous versus Endogenous Separation" *American Economic Journal: Macroeconomics* 4: 68–93.
145. Stiglitz, Joseph. 1994. *Whither Socialism?* Cambridge, London: MIT Press.
146. Summers, Lawrence H. 1981. 'Capital Taxation and Accumulation in a Life Cycle Growth Model'. *American Economic Review* 71: 533–544.
147. Tabellini, Guido, und Alberto Alesina. 1990. 'Voting on the Budget Deficit'. *American Economic Review* 80: 37–49.
148. Tibout, C.M. 1956. 'A Pure Theory of Local Public Goods'. *Journal of Political Economy* 64: 416–424.
149. Tullock, Gordon. 1969. 'Social Cost and Government Action'. *American Economic Review* 59: 189–97.
150. Ursprung, Heinrich W. 1992. Comment on Aghion and Howitt, „The Schumpeterian Approach to Technical Change and Growth". In *Economic Growth in the World Economy*, ed. Horst Siebert, 77–87. Tübingen: Mohr.
151. Ursprung, Heinrich W. (1991) „Economic Policies and Political Competition" in Hillman Arye L. (Hrsg.). *Markets and politicians: Politicized economic choice*. 1–25, Norwell, Mass. und Dordrecht: Kluwer Academic.
152. Vaubel, Roland (1993) „Die Deutsche Bundesbank als Modell für eine europäische Zentralbank?", in D. Duwendag and J. Siebke (Hrsg.). *Europa vor dem Eintritt in die Wirtschafts- und Währungsunion*. 23–79, Berlin: Duncker & Humblot.
153. Velasco, Andres, und Vincenzo Guzzo. 1999. 'The Case for a Populistic Central Banker'. *European Economic Review* 43: 1317–1344.
154. Walsh, Carl. 1995. 'Optimal Contracts for Central Bankers'. *American Economic Review* 85: 150–167.
155. Walsh, Carl. 1995. 'Is New Zealand's Reserve Bank Act of 1989 an Optimal Central Bank Contract?'. *Journal of Money, Credit and Banking* 27: 1179–1191.
156. Weber, Axel A. (1991) „EMS Credibility", *Economic Policy*, 12 April, 57–102.
157. Weber, Axel A. 1988. „The Credibility of Monetary Policies, Policymaker's Reputation and the EMS-Hypothesis: Empirical Evidence from 13 Countries", CentER-Discussion Paper No. 8803, Tilburg University.
158. von Weizsäcker, Robert K. 1992. 'Staatsverschuldung und Demokratie'. *Kyklos* 45: 51–67.
159. Wenger, Ekkehard. 1990. 'Die Rolle der Banken in der Industriefinanzierung und der Unternehmenskontrolle am Beispiel der Bundesrepublik Deutschland'. *Wirtschaftspolitische Blätter* 37: 155–168.

160. Wenger, Ekkehard (1995) „Übernahme- und Abfindungsregeln am deutschen Aktienmarkt –
Eine kritische Bestandsaufnahme im internationalen Vergleich" (gemeinsam mit R. Hecker),
ifo Studien – *Zeitschrift für empirische Wirtschaftsforschung*, 41: 51–87.

161. Wenger, Ekkehard. 1998. „The German System of Corporate Governance – A Model Which
Should not be Imitated" (gemeinsam mit Ch. Kaserer) in Black, S.W./Moersch, M. (Hrsg.),
Competition and Convergence in Financial Markets, 41–78, Amsterdam u.a.: Elsevier Science.

162. Wenger, Ekkehard. 2000. 'Fusionitits und Globalisierung'. *Zeitschrift für Wirtschaftspolitik* 49:
177–181.

163. Wyplosz, Charles. 1989. 'Asymmetry in the EMS: Intentional or Systemic?'. *European Economic Review* 33: 310–320.

164. Xu, Bin. 1994. „Tax Policy Implications in Endogenous Growth Models", IMF Working Paper
94/38.